DA ARTE DA
GUERRA

———

COLEÇÃO A OBRA-PRIMA DE CADA AUTOR

DA ARTE DA GUERRA

Nicolau Maquiavel

Tradução e notas
Leda Beck

Prefácio e consultoria
Bruno Pamfili

MARTIN CLARET

© *Copyright* desta tradução: Editora Martin Claret Ltda., 2014.
Título original: *Dell'arte della guerra*

DIREÇÃO	Martin Claret
PRODUÇÃO EDITORIAL	Carolina Marani Lima
	Mayara Zucheli
DIREÇÃO DE ARTE E CAPA	José Duarte T. de Castro
DIAGRAMAÇÃO	Giovana Gatti Leonardo
ILUSTRAÇÃO DE CAPA	Tomasz Bidermann / Shutterstock
TRADUÇÃO, NOTA BIOGRÁFICA E NOTAS	Leda Beck
CONSULTORIA	Bruno Pamfili
REVISÃO	Waldir Moraes
IMPRESSÃO E ACABAMENTO	Renovagraf

Este livro segue o novo Acordo Ortográfico da Língua Portuguesa.

Dados Internacionais de Catalogação na Publicação (CIP)
(Câmara Brasileira do Livro, SP, Brasil)

Machiavelli, Nicollò, 1469-1527.
  Da arte da guerra / Nicollò Machiavelli; tradução e notas: Leda Beck; prefácio e consultoria Bruno Pamfili. — São Paulo: Martin Claret, 2015. — (Coleção a obra-prima de cada autor; 105)

Título original: Dell'arte della guerra.
ISBN 978-85-440-0048-9

1. Ciência militar 2. Guerra 3. Macchiavelli, Niccolò, 1469-1527 4. Política – Teoria I. Pamfili, Bruno. II. Título III. Série.

15-01161   CDD-355.02

Índices para catálogo sistemático:
  1. Guerra: Ciência militar 355.02

EDITORA MARTIN CLARET LTDA.
Rua Alegrete, 62 – Bairro Sumaré – CEP: 01254-010 – São Paulo, SP
Tel.: (11) 3672-8144
www.martinclaret.com.br
1ª reimpressão – 2017

SUMÁRIO

Nota biográfica — 7
Prefácio — 13
Nota da tradutora — 21
Sobre os interlocutores — 25

DA ARTE DA GUERRA

Proêmio — 29
Livro primeiro — 33
Livro segundo — 69
Livro terceiro — 111
Livro quarto — 139
Livro quinto — 161
Livro sexto — 181
Livro sétimo — 213

Apêndice — 245

NOTA BIOGRÁFICA

Nicolau Maquiavel nasceu em 3 de maio de 1469, membro do ramo pobre dos marqueses da Toscana. Foi poeta, historiador, dramaturgo, diplomata e filósofo — um pensador, enfim, o típico homem da Renascença, com sólida formação humanista. Mais de 400 anos depois de seu nascimento, o historiador Roberto Ridolfi (1899-1991), autor de uma das mais respeitadas biografias do florentino, *Vita di Nicolò Macchiavelli*, baseou-se no retrato feito por Leonardo da Vinci para descrever seu personagem:

"Era bem proporcionado, de estatura média, magro, altivo e de expressão atrevida. Os cabelos eram negros, a pele, branca mas amorenada; cabeça pequena, rosto ossudo, testa alta. Os olhos, vivíssimos e a boca, fina, cerrada, pareciam sempre um pouco escarnecedores. Muitos retratos dele sobreviveram, mas só Leonardo, com o qual se encontrou em seus dias prósperos, teria podido traduzir em pensamento, com desenho e cores, aquele sorriso elegante e ambíguo".

O pai, Bernardo de Maquiavel, pequeno comerciante que era também doutor em leis, tinha uma respeitável biblioteca em casa, na aldeola de Sant'Andrea in Percussina, pouco mais de seis quilômetros ao sul de Florença. Entre os livros do *Albergaccio*, como era chamado o casarão da família na aldeia, havia especialmente uma cópia da *História de Roma* de Tito Lívio, da qual Maquiavel se serviria mais tarde para compor seus *Discursos*. Além de historiadores como Lívio e também Tucídides, Plutarco e Tácito, entre suas leituras estavam os poetas romanos Virgílio, Lucrécio, Ovídio e Tibulo, os filósofos antigos e, de maneira especial, seus quase contemporâneos Dante (1265-1321), Petrarca (1304-1374) e Bocaccio (1313-1375), todos toscanos como ele.

A poderosa família Médici, que dominava a política e os negócios de Florença havia quase um século, fora banida da cidade em 1494, quando o frei dominicano Jerônimo Savonarola, com apoio popular, implantou uma espécie de ditadura teocrática por quatro anos. A carreira pública de Maquiavel começou em 1498, apenas cinco dias depois da execução de Savonarola por heresia e da consequente restauração da República Florentina.[1] Ele tinha então 29 anos e pouco se sabe de sua vida antes disso.

Como secretário da Segunda Chancelaria, na qual eram tratados assuntos internos e militares, mas também algumas questões de política externa, conduziu uma intensa atividade política e diplomática nos 14 anos seguintes. Era responsável pela correspondência doméstica e internacional da república, pelo registro de julgamentos, pelas minutas dos conselhos e pela formulação e redação de acordos com outros estados. Foi também enviado em várias missões dentro da Toscana e em 23 ocasiões agiu como legado florentino em importantes embaixadas junto a príncipes estrangeiros.

---

[1] Florença era uma república desde 1115. Em 1434, Cósimo, o Velho, membro da família de banqueiros Médici, assume o poder e transforma a república em "Senhoria". Ele mantém as instituições republicanas, mas manipula os processos eleitorais dos cargos públicos para conservar o poder. Quando morre seu sucessor, Lourenço de Médici, o Magnífico, em 1492, Savonarola impõe sua ditadura teocrática por quatro anos. Seguem-se os 14 anos republicanos de Piero Soderini, um correligionário dos Médici, que então voltam diretamente ao poder até 1527, quando são novamente derrubados e a república é reinstaurada mais uma vez — por apenas três anos. Em 1537 o Papa Clemente VII — ele mesmo um Médici — acaba com a república ao fazer de Florença um ducado hereditário.

Nessas viagens, demonstrou uma extraordinária capacidade para perceber as estratégias de seus interlocutores e para propor linhas de ação apropriadas a Florença (que, como depois seria lamentado pelos florentinos, nem sempre foram adotadas), registrando suas impressões em detalhados relatórios. Seu papel foi sempre o de observador: sem a autoridade de um embaixador, recolhia informações, estudava eventos, lançava hipóteses sobre possíveis cenários futuros e comunicava tudo isso a Florença. Nesses anos, também começou a escrever sua obra histórica, política e literária.

Em 1501, casou-se com Marietta di Luigi Corsini, mulher de origem modesta, com a qual teve sete filhos. Em mais de 300 cartas que sobreviveram, de e para Maquiavel, há apenas uma de Marietta para o marido (e nenhuma dele para ela), onde a esposa se diz preocupada com ele e o lembra de "voltar para casa". Embora se refira com alguma frequência a *Madonna Marietta* em sua correspondência com amigos e filhos, pedindo-lhes que a saúdem em seu nome, que a ajudem a resolver problemas ou que a tranquilizem sobre sua própria saúde e sua ausência prolongada, os possíveis afetos pela esposa não refreiam seus impulsos amorosos: era notoriamente um sedutor e Florença inteira sabia de seus numerosos casos. A mais longa relação extraconjugal ocorreu já no fim de sua vida, com a jovem cantora e poetisa Bárbara Salutati, que lhe inspirou o poema *Barbèra* e as comédias *Clícia* e *Mandrágora*.

A partir de 1502, Maquiavel serviu o governo de Piero Soderini, eleito gonfaloneiro[2] de Florença. Dez anos mais

---

[2] O gonfalão era o estandarte da cidade medieval. Em Florença, durante a Renascença, o gonfaloneiro era o mais importante dos nove cidadãos escolhidos a cada dois meses para formar o governo. Seu mandato, porém, era normalmente semestral (mas podia durar mais) e suas funções incluíam gerenciar o sistema judiciário e custodiar a bandeira da cidade. O cargo permaneceu importante em Florença até a unificação do Reino da Itália, no século XIX, quando o gonfaloneiro foi substituído pelo prefeito, com funções semelhantes.

tarde, graças às inabilidades de Soderini, a milícia florentina foi devastada pelos espanhóis e pelas tropas pontifícias. Sob pressão dos acontecimentos, o governante renunciou e Maquiavel tentou mediar sua situação junto aos revigorados partidários dos Médici. Mas, a 16 de setembro de 1512, o Cardeal João de Médici entrou em Florença, repreendeu formalmente a administração Soderini e a república começou a cair. Maquiavel foi privado de seu posto de secretário e proibido por um ano de entrar no Palácio Velho, sede do governo da cidade.

No ano seguinte, seu nome apareceu numa lista de conspiradores contra os Médici. Foi preso e torturado e, quando sua inocência foi reconhecida, acabou por se retirar para o *Albergaccio*. De lá, ostracizado pelos Médici e distante dos negócios públicos, escreveu ao amigo Francisco Vettori e revelou que aproveitara o tempo livre para produzir o que chamou de "um opúsculo". Era *O príncipe*, que o próprio Vettori entregou a Lourenço II de Médici em 1515 e, depois, contou a Maquiavel que o governante florentino mal folheou o livro, interessando-se mais por dois cães que lhe haviam sido presenteados pouco antes.

Em 1516, ainda proibido de exercer qualquer cargo público, Maquiavel começou a frequentar as reuniões republicanas de jovens apaixonados por História antiga, os escritores e poetas dos *Orti Orcellari*.[3] No ano seguinte, retomou e terminou a composição dos *Discursos sobre a primeira década de Tito Lívio*, que iniciara em 1513 e interrompera para se dedicar a *O príncipe*. Em 1518, escreveu a comédia *A mandrágora*, a novela *O arquidiabo Belgafor* e o *Discurso ou diálogo sobre nossa língua*. Só em 1519, seis anos depois de seu afastamento, voltou à vida política:

---

[3] *Orti* significa "jardins". *Orcellari* é uma variante antiga do sobrenome Rucellai. Esses jardins, em Florença, eram parte do Palácio Venturi Ginori, então da família Rucellai, e se notabilizaram pelas reuniões políticas e literárias ali promovidas ao tempo de Maquiavel.

com a morte de Lourenço II, o Cardeal Júlio de Médici, novo senhor de Florença, pediu-lhe, em nome do papa, um parecer sobre uma possível reforma da constituição florentina. Maquiavel escreve, então, o *Discurso sobre a reforma do estado em Florença*.

No ano seguinte, concluiu o tratado *Da arte da guerra* e partiu em missão a Lucca, onde escreve uma biografia de Castruccio Castracani, um comandante mercenário local do século XIV. No final de 1520, foi encarregado pelo Estúdio Florentino[4] de redigir a história da cidade, trabalho que o ocupou pelos cinco anos seguintes: serão as *Histórias florentinas*, que ofereceu pessoalmente ao Papa Clemente VII em maio de 1521. Sugeriu ao pontífice, então, abraçar seu projeto de constituir uma milícia italiana capaz de se opor aos exércitos estrangeiros e o papa lhe pediu que obtivesse um parecer técnico junto ao historiador e diplomata Francisco Guicciardini. Em agosto, ao voltar a Florença, Maquiavel é completamente reabilitado no serviço público.

Retomou suas missões locais e internacionais e, em 1526, foi eleito magistrado, com a missão de fortificar Florença e preparar a defesa da cidade. Mas, no ano seguinte, em abril, os opositores dos Médici ocuparam a sede do governo, expulsaram novamente a família e restauraram a república a 18 de maio. Como sempre foi republicano, Maquiavel esperava assumir novamente seu posto no governo. Em vão. Foi rejeitado por ter colaborado com os Médici e porque *O príncipe* havia sido interpretado como um livro contra os interesses republicanos e populares.[5]

---

[4] O Estúdio era a universidade da cidade, fundada oficialmente em 1348 como *Studium Generale* (já existia informalmente desde 1321).

[5] A Igreja Católica foi a principal responsável pela demonização de Maquiavel e de seu pensamento. *O príncipe* foi proibido pela primeira vez em 1559 pelo Papa Paulo IV. Em 1578, o grande *Index* da Inquisição, uma lista de quase 600 livros vetados, proibiu a obra completa do florentino, que estava em boa companhia: o *Decamerão* de Boccaccio e um tratado de Dante Alighieri sobre o poder secular e religioso (*De Monarchia*) também constavam da lista.

Adoeceu, talvez de peritonite aguda, e morreu a 21 de junho de 1527, aos 58 anos, provavelmente devido a uma dose excessiva de babosa, aconselhada por seu amigo Guicciardini, que sofria do mesmo mal. Deixou a família em dificuldades econômicas e foi chorado por poucos amigos. No dia seguinte, seu corpo foi sepultado na igreja de Santa Croce, em Florença.

PREFÁCIO

BRUNO PAMFILI*

Julho de 1513. Nicolau Maquiavel está na sua quinta dos arredores de Florença, o *Albergaccio*. Está num exílio voluntário, mas na verdade forçado. Precisou deixar Florença, sua cidade, onde é ainda um estranho e quase um inimigo, e se retirar para um lugar seguro, pois havia sido preso poucos meses antes. Mas agora não tem emprego e vive na miséria. Passa longas jornadas num ócio forçado, "acafajestando-se" em jogos e passatempos na taverna da aldeia, como ele mesmo escreveu em carta ao amigo Francisco Vettori — aliás, a carta mais famosa da literatura italiana:

> "Quando cai a noite, volto para casa e entro em meu escritório; e, à porta, dispo-me das vestes cotidianas, cheias de lama e de lodo, e me enfio em panos reais e curiais; e, vestido decentemente, entro nas antigas cortes dos antigos homens [...] E, como Dante diz que não dá ciência ouvir o que depois fica no olvido, anotei o que achei mais importante na conversação com eles e compus o opúsculo *De Principatibus*".

---

* General do Exército italiano, Bruno Pamfili é mestre em Ciências Estratégicas pela Escola de Guerra da Itália, com graduação em História pela Universidade de Rhode Island, nos Estados Unidos, e em Ciências Biológicas pela Universidade de Trieste, onde lecionou Fisiologia Humana. Autor de vários artigos sobre história militar, inclusive a história dos armamentos no século XVI, também escreveu para publicações científicas sobre Medicina Militar e Fisiologia Humana. Foi professor e comandante da Escola de Aplicação do Exército Italiano, em Turim.

Trata-se de uma obra que, no manuscrito, tem pouco mais de vinte páginas, com título em latim, mas escrita em italiano, mais conhecida como *O príncipe*, obra fundamental na literatura política, lida, debatida, apreciada e criticada em todo o mundo há 500 anos. Este não é o momento de se deter nesta obra. Basta lembrar que, ao contrário do que muitos críticos afirmam, exprimindo uma condenação, Maquiavel não pretendeu exprimir um juízo moral sobre como achava que um chefe de Estado devia comportar-se. Jamais escreveu aquela frase que lhe é erroneamente atribuída e que o macula com cinismo amoral, "o fim justifica os meios"; essa frase foi escrita por um crítico italiano do século XIX, Francisco de Sanctis, e é o mais famoso exemplo dos equívocos cometidos sobre o verdadeiro pensamento de Maquiavel.

Ao contrário, o florentino descreve uma situação real, que requer uma solução com atos decididos, fortes, talvez violentos, mas fora e acima de qualquer consideração moral. Ele propõe um programa político que deve ser seguido por qualquer príncipe que queira levar à liberação da Itália (um conceito unitário que, embora lhe tenha sido atribuído por muitos críticos do XIX, Maquiavel ainda não possui); trata-se de um vade-mécum útil para o príncipe que, enfim, desejará empunhar armas.

Justamente as armas. Naquele tratado, bem mais famoso e conhecido (e por boas razões), estão contidos muitos dos conceitos que aflorarão, alguns anos depois, em 1519, numa obra considerada secundária e pouco lida mesmo na Itália, escrita também em vulgar, mas com título em latim (*De re militari*), mais conhecida como *Da arte da guerra*. Foi o seu terceiro e último tratado político, depois d'*O príncipe* e dos *Discursos sobre a primeira década de Tito Lívio*.

Houve um período da vida do escritor que foi determinante para a produção deste *Da arte da guerra*. Em fevereiro de 1514, Maquiavel voltou a Florença depois do exílio próximo em San Casciano, mas continua desocupado, em contraste com os dezesseis anos de frenética atividade que precederam o retorno dos Médici ao poder em Florença em 1512. Começa então, em 1514, o período dos *Orti Orcellari*[1] — ou dos *Ócios Literários*, como Maquiavel chamava os jardins do palácio de Cósimo Rucellai. Aqui reúnem-se escritores, juristas e eruditos, todos republicanos, para debater assuntos caros ao homem que era Maquiavel, e aqui ele ficava à vontade. Os amigos o estimavam, compreendiam os seus humores, respeitavam suas desventuras. Aqui nasceram suas várias obras e também os diálogos do *Da arte da guerra*, um livro que parece ser a continuação natural d'*O príncipe*, do qual retoma vários temas, especialmente dos capítulos XII, XIII e XIV, nos quais tratava da milícia, ou seja, do exército mercenário ou nacional.

É obra originalíssima, escrita sob a forma de diálogo, estruturada em sete livros (ou capítulos) e ambientada justamente naqueles jardins, "na parte mais secreta e sombreada". O autor imagina que o famoso capitão Fabrício Colonna (1450-1520), que efetivamente frequentou a família Rucellai, dialoga com outros amigos e se torna o protagonista. Mas o verdadeiro protagonista é o próprio Maquiavel. Cansado e amargurado com a vida, quer deixar de herança para os mais jovens e para as gerações futuras tudo que aprendeu com as experiências vividas e os estudos realizados, especialmente aquilo que os antigos lhe sugeriram. Pensa, e com razão, que não terá mais oportunidade para colocar em prática a sua extraordinária intuição política e quer evitar que tudo isso se perca. Por isso, e não por vaidade literária (o que seria um pecado venial, amplamente redimido pela espessura da obra), transfere seu pensamento para um diálogo.

Seu testamento é uma dádiva embebida de ressentimento contra a sua própria história humana: "O destino

---

[1] Ver nota 3 da Nota Biográfica.

não devia ter-me dado conhecimento disto, ou me devia ter facultado poder realizá-lo". Confia que seu país (e pensa mais Florença do que uma Itália cuja unificação ainda lhe é estranha) possa verdadeiramente fazer ressurgir a arte da guerra (que foi própria da Roma antiga), porque "esta província parece ter nascido para suscitar as coisas mortas, como se viu na poesia, na pintura e na escultura", como escreveu nos *Discursos sobre a primeira década de Tito Lívio*.

A obra é original e não encontra similar em precedentes literários ocidentais. Maquiavel não leu Sun Tzu, autor e general chinês do século VII a.C., mas leu Políbio (206-124 a.C.) e César (100-44 a.C.), que descreveram fatos de guerra inseridos num contexto puramente histórico e não técnico. Também leu Flávio Vegezio Renato, que, por volta do final do século IV, começo do V, escreveu uma obra em quatro volumes, *Epitoma rei militari*, onde trata dos mesmos temas abordados por Maquiavel e com o mesmo propósito. Também de Vegezio, leu um pequeno tratado intitulado *Digestorum artis mulomedicinae libri tres*, um curioso volume de veterinária aplicada às exigências bélicas. *Da arte da guerra* tampouco tem sucessores. Embora muitos, depois de Maquiavel, tenham tratado da guerra, faltou-lhes a intenção aparentemente didática, mas fundamentalmente política, que caracteriza o trabalho maquiaveliano. Será preciso esperar pelo general prussiano Carl von Clausewitz (1780–1831) para reencontrar as mesmas motivações.

Não é fácil a leitura do livro. Esta é, afinal, uma obra primorosamente técnica, onde se fala de temas específicos, que só poucos estudiosos podem enfrentar, especialmente porque trata de tática, estratégia e logística de um período já muito distante e completamente diferente daquilo que se vê hoje no moderno campo de batalha. Maquiavel não é um soldado, embora se tenha ocupado de exércitos e de soldados (infelizmente com resultados decepcionantes, como se viu na queda de Florença[2] e na rendição das tropas preparadas por ele). Seja-nos concedida uma comparação irreverente entre o escritor florentino e o general chinês, pois ambos viveram uma experiência semelhante. O rei de Sun Tzu fez um teste com ele: "Alinhe e manobre meu exército". Insolente, o general se recusa, pois quer colocar um outro exército em formação para a batalha, composto pelas numerosas concubinas do rei. Divide-as em duas colunas, com as duas favoritas à frente. Depois, comanda que se virem para um lado. As moças não obedecem e se põem a rir. O rei diz que é culpa do general, que não se faz entender. Sun Tzu repete a ordem e, de novo, não é ouvido. A culpa é, então, dos comandantes em campo, que não querem ouvir. Ordena, então, que as duas comandantes sejam decapitadas. Dito e feito. Na terceira ordem, as moças obedecem prontamente, com extrema precisão.

Situação parecida ocorreu com Maquiavel. Está no campo de João das Bandeiras Negras, um famosíssimo capitão de ventura, conhecido por sua ferocidade e pelo temor que incute nos soldados. Ele mesmo é um Médici, pai do futuro duque, e é estimadíssimo por Maquiavel. É ele que põe o escritor à prova. Confia-lhe três mil homens e pede que os coloque em formação. Em vão, por três horas, Maquiavel tenta fazer-se obedecer. Rindo, João lhe sugere ocupar-se do que sabe fazer e toma o comando. Com uma única ordem, põe todo o exército em colunas.

Esta é a diferença entre a teoria e a prática, entre a política e a arte da guerra, entre o dizer e o fazer. Mas este livro não deve ser lido sob esta óptica. Se o lemos dessa

---

[2] As milícias florentinas recrutadas no condado e treinadas por Maquiavel não entraram em campo no assédio a Pisa de 1509, tiveram péssimo desempenho em Prato em agosto de 1512 e debandaram diante do exército espanhol, provocando a queda de Florença no mesmo ano.

forma, provavelmente o consideraremos inútil ou, no limite, curioso como um objeto de antiquário.

Não é esta a chave de leitura. O seu valor, ainda atual, está na sua concepção política da guerra, que deriva do estudo da história, também ela uma mestra de vida.

Maquiavel sabe bem, porque o viu de um ponto privilegiado, junto aos poderosos de então, que a guerra é inútil. Mas também sabe, e tão bem quanto, que, dado o caráter belicoso dos homens, a guerra é inevitável. Por isso, o seu príncipe deve ser metade raposa (capaz de gerir com astúcia e até com o engano as tramas das intrigas políticas) e metade leão (comandante militar impávido e capaz de guiar um exército à vitória). Para fazer isso, o seu exército deve ser bem preparado. Daí derivam as minuciosas descrições das armas, dos homens, das divisões, das bagagens, dos acampamentos e de tudo mais que gira ao redor do exército. Mas não basta. Maquiavel viu muitas vezes, como no longuíssimo assédio a Pisa em 1509, que as tropas mercenárias não são confiáveis porque estão sempre prontas a se amotinar e a se vender pela melhor oferta. Mas são igualmente inúteis os soldados-cidadãos se não estiverem bem equipados, treinados e comandados. Na experiência das milícias florentinas, a avareza do governo não fornecia o material necessário nem permitia contratar bons generais, o que resultava em tropas mal pagas e mal comandadas, que muitas vezes debandaram.

É por isso que Maquiavel, neste livro como em outras obras políticas, impõe uma reavaliação radical da figura do soldado, indicando claramente seu papel social e político. O valor do livro não está na parte técnica, já superada pelo tempo, e sim na especificação da relação de interdependência entre teoria militar e teorias políticas. Guerra e paz são duas faces da mesma moeda. Como sempre, Maquiavel bebe dos antigos romanos: *se vis pacem para bellum* (se queres a paz, prepara-te para a guerra). Ele intui a estreita interdependência do problema político com o militar. Daí vem a afirmação da necessidade de que, para crescer e viver independentemente, um Estado deve também criar um exército válido. Nisso está a verdadeira originalidade da obra. É por causa dos diálogos *Da arte da guerra* que a obra merece o título de primeiro clássico moderno das coisas militares. Há mais, e este é, talvez, o elemento mais importante: a polêmica contra os exércitos e a favor das milícias civis, ou seja, um exército nacional, não mercenário, permite que o escritor aborde sob a óptica militar um tema que lhe é caro, o da corrupção das instituições políticas. Assim como a prevalência dos interesses particulares deflagrou ambições individuais e corrompeu as instituições civis, também o uso dos exércitos mercenários fez prevalecer a vileza típica dessas formações em detrimento da virtude dos exércitos-cidadãos. É preciso reformar o mundo militar e o mundo civil, diz ele. O Renascimento não deve limitar-se ao mundo das artes e da literatura, mas deve envolver toda a vida civil, permeando-a da sobriedade e da honestidade que marcaram a vida do autor e condicionaram sua existência.

Maquiavel ainda é atual? Vale a pena lê-lo? A resposta é certamente positiva. Seu estilo é direto e talhado para um leitor não especializado. Sabendo que escreve algo útil, ele procura usar modos de imediata evidência, inclusive provérbios, ricos de palavras comuns e de metáforas, comparações, imagens. Claro, é a língua do século XVI e nisso reside a habilidade do tradutor (especialmente se deve fazê-lo para uma língua como o português, que, embora latina, tem uma estrutura diferente da do italiano moderno e ainda mais distante do italiano renascentista) em transcrever adequadamente expressões e modos já em desuso e, ainda por cima, circunscritos a um âmbito específico como o militar. Mas o que conta é captar o sentido da história e o seu sentido de nação. Estes problemas são percebidos e tratados por Maquiavel de maneira original e, por sua modernidade e atualidade, são ainda hoje muito válidos e merecedores de exame aprofundado.

Finalmente, Maquiavel é um exemplo perfeito de homem da Renascença, como muitos nascidos naqueles anos e, curiosamente, quase todos no ambiente florentino. Ele é eclético e poliédrico. Escreve sobre história, política, militares, elabora relatórios e anotações úteis à chancelaria de seu país, mas também cria comédias e sátiras, como a *Mandrágora* e o *Belgafor*, que ainda hoje são encenadas com enorme sucesso. Será que não vale a pena escolher o tema que nos é mais próximo e aprender com ele aquilo que a experiência dos séculos passados lhe ensinou e que foi destilado e sublimado pelos séculos que nos separam dele, demonstrando, assim, sua grandeza?

NOTA DA TRADUTORA

LEDA BECK*

Boa parte do encanto da obra de Nicolau Maquiavel, que vai de tratados políticos e peças de teatro a textos mais áridos como este manual militar, reside justamente na linguagem: às vezes lírico, às vezes arrebatado, mas sempre claro e direto, Maquiavel exibe sua vasta erudição sem soberba e com uma naturalidade tão deliciosa que toda informação fica a serviço das ideias.

Nesta tradução para o português, portanto, aproveitou-se o parentesco de nossa língua com o italiano para manter a linguagem o mais próxima possível do original, recorrendo às vezes ao português medieval, o que pode causar alguma estranheza inicial no leitor. O desconforto passageiro advirá de algumas peculiaridades, como o uso alternado de diferentes pronomes, mesmo quando o sujeito a quem o narrador se dirige é aparentemente um só: quando se empolga na descrição de uma determinada batalha ou conquista conhecidos, com frequência usa o "tu"; mas, quando se põe a refletir sobre o fato histórico que acaba de narrar e traz suas lições para o presente, parece lembrar-se de que os leitores — ou interlocutores, já que *Da arte da guerra* foi construído sob a forma de diálogo — são vários

---

* Jornalista e tradutora, mestre em Humanas pela Universidade Stanford, onde defendeu uma dissertação no campo da História Medieval, Leda Beck traduziu para a Martin Claret, de Maquiavel, *O príncipe* e este *Da arte da guerra*.

e passa a adotar o "vós". Às vezes, pronomes diferentes convivem no mesmo parágrafo e até na mesma sentença. Essa característica foi mantida na tradução.

A concordância nominal controversa em muitas instâncias também pode causar estranheza, mas foi mantida, porque não compromete o entendimento. As regras de pontuação e o uso de conjunções tampouco estavam consolidados na época, até porque no final do século XV e começo do XVI ainda subsistia a oralidade na leitura. Muitas vezes, em períodos longos, o autor usa ponto e vírgula e dois-pontos no lugar de vírgulas e pontos, repetindo-os com frequência dentro de um mesmo parágrafo, o que ocasiona pausas recorrentes e algo dramáticas na leitura em voz alta. Da mesma forma, em enumerações, repete tantas vezes quantas necessárias a conjunção "e", como alguém faria ao falar. A maior parte dessa pontuação (e das conjunções) foi mantida, exceto nos casos em que comprometia o entendimento do conteúdo. O mesmo se dá com o emprego de maiúsculas: estado, parlamento, império romano e república, por exemplo, são sistematicamente grafados em minúsculas por Maquiavel. Mas, quando se refere a povos-nações, o autor escreve, por exemplo, "Romanos" ou "Alemães" — com maiúscula.

Optou-se também por traduzir todos os nomes de cidades e regiões (Senigália, Romanha e Ruão, por exemplo, em vez de Senigallia, Romagna e Rouen), assim como os nomes dos personagens citados, exceto nos casos em que não há tradução para o português (Zanobi, por exemplo). Os sobrenomes foram mantidos em italiano, com exceção de Machiavelli, aportuguesado já há muitos séculos, e Médici, que no Brasil é grafado com acento agudo.

Para além desses pontos, o vocabulário militar da Renascença italiana e particularmente florentina poderá também soar estranho aos ouvidos modernos.

Também se procurou preservar a sonoridade do discurso quinhentista, por meio da repetição de palavras e de um vocabulário que pode soar pouco familiar ao leitor brasileiro, até porque, muitas vezes, é um vocabulário específico da área militar do século XVI. No Livro Primeiro, por exemplo, discute-se o *deletto*, mantido no original, como desejava Maquiavel, ao alegar que a palavra — estranha até aos seus contemporâneos — era empregada pelos antigos romanos para designar o recrutamento de soldados entre a população.

Ele também prefere usar "homens a cavalo", em vez de cavaleiro, palavra que já existia na língua de seu tempo. Da mesma forma, usa "cavalos" quase sempre para designar a cavalaria e "armas" para designar tanto exércitos como as armas propriamente ditas. Em sua linguagem, homens "armados" ou "desarmados" são homens com ou sem armadura. O que chama de "exercício" é o treinamento militar e "ordem" é a formação dos soldados em colunas ou batalhões.

Esses são apenas alguns exemplos. Quando o significado de tais palavras ou expressões não é óbvio, definições e sinônimos serão encontrados nas notas de rodapé, que também contêm informação de contextualização histórica e, em alguns casos, a referência bibliográfica das citações feitas por Maquiavel.

SOBRE OS INTERLOCUTORES

Da arte da guerra foi escrito sob a forma de diálogo, mais no estilo dos diálogos de Cícero (106-43 a.C.), o orador romano, do que dos de Platão (c.427– c.347 a.C.), o filósofo grego. Com a polêmica dialética, Platão cria verdadeiras situações dramáticas, enquanto Cícero usa o diálogo apenas para animar um longo tratado. Mas Maquiavel parece valer-se um pouco dos dois tipos de diálogo, pois seus personagens, além de serem pessoas reais, são apaixonados pelo tema e debatem com grande entusiasmo.

O protagonista, que defende as ideias do próprio Maquiavel sobre a questão militar, é Fabrício Colonna (1450–1520), valoroso comandante miliciano que combateu os turcos em 1481, esteve a serviço da coroa de Aragão em Nápoles, venceu os franceses em Garilhano (1503) e se comportou heroicamente na batalha de Ravena (1512). Os outros interlocutores do diálogo são todos membros da elite política e intelectual da Florença do início do século XVI: Cósimo Rucellai, proprietário dos famosos jardins onde intelectuais republicanos se reuniam ao tempo de Maquiavel;[1] João Batista della Palla, funcionário da Senhoria de Florença; o poeta, político e agrônomo Luís Alamanni; e Zanobi Buondelmonti, de família florentina nobre sempre próxima ao poder, tanto nos tempos republicanos como sob os Médici. Maquiavel dedicou os seus *Discursos sobre a primeira década de Tito Lívio* a Rucellai e Buondelmonti; a este e a Alamanni foi dedicado o seu *Vida de Castruccio*.

---

[1] Os *Orti Orcellari*. Ver nota 3 da Nota Biográfica.

DA ARTE DA GUERRA

PROÊMIO

DE NICOLAU MAQUIAVEL,
CIDADÃO E SECRETÁRIO FLORENTINO,
SOBRE O LIVRO *DA ARTE DA GUERRA*

A LOURENÇO DI FILIPO STROZZI, PATRÍCIO FLORENTINO[1]

Muitos tiveram e têm esta opinião, Lourenço: que não há coisa alguma que tenha menor relação com outra, nem que seja tão dessemelhante dela, quanto a vida civil e a vida militar. Donde se vê, com frequência, que alguém que deseje seguir a carreira militar muda imediatamente não apenas de roupa, mas também de costumes, de usos, de voz, e se diferencia na presença de qualquer costume civil; porque não crê poder vestir roupa civil aquele que quer liberdade de movimentos para estar pronto a qualquer violência; nem pode ter usos e costumes civis aquele que julga tais costumes efeminados[2] e tais usos desfavoráveis às suas operações; nem parece conveniente manter a presença e as palavras comuns àquele que, com a barba e as

---

[1] Grande amigo de Maquiavel, Strozzi (1482–1549) foi um político e banqueiro italiano, riquíssimo patrício florentino. Ele foi um dos que lhe abriram a porta de entrada na casa dos Médici e, a partir de 1520, tornou-se seu patrono. *Da arte da guerra* foi publicado no ano seguinte.

[2] Em geral, Maquiavel usa o adjetivo "efeminado" em sentido depreciativo, significando covarde ou pusilânime. Outras vezes, parece usá-lo com o significado de civilidade e respeito à lei, como antônimo de grosseiro ou violento.

imprecações, quer meter medo aos outros homens; o que torna tal opinião,[3] nestes tempos, muito verdadeira. Mas, se se considerassem as antigas ordens,[4] não se encontrariam coisas mais unidas, mais conformes e que, por necessidade, tanto se amassem quanto estas; porque todas as artes[5] que se ordenam numa civilização em razão do bem comum dos homens, todas as ordens feitas para viver com temor das leis e de Deus, seriam vãs, se suas defesas não fossem preparadas; as quais, bem ordenadas, mantêm aquelas, ainda que não bem ordenadas. E assim, na direção oposta, as boas ordens, sem a ajuda militar, desordenam-se tanto quanto um soberbo e real palácio, mesmo ornado de gemas e de ouro, que, sem telhado, não se pode defender da chuva. E se, em qualquer outra ordem das cidades e dos reinos, se usava toda diligência para manter os homens fiéis, pacíficos e cheios de temor a Deus, na milícia ela deve duplicar; pois em qual homem deve a pátria buscar maior lealdade do que naquele que lhe deve prometer morrer por ela? Em qual deve haver mais amor pela paz do que naquele que só pode ser ofendido pela guerra? Em qual deve haver mais temor a Deus do que naquele que, todos os dias, submetendo-se a perigos infinitos, tem mais necessidade de Sua ajuda? Bem considerada por aqueles que fizeram as leis dos Impérios e pelos prepostos dos exercícios militares, essa necessidade fazia que a vida dos soldados fosse louvada pelos outros homens e, com muito estudo, seguida e imitada. Mas, como as regras militares foram completamente corrompidas e separadas, há muito tempo, dos antigos modos, nasceram estas opiniões sinistras, que

---

[3] A opinião sobre as diferenças entre a vida civil e a vida militar.

[4] A organização militar dos antigos romanos. Para Maquiavel, essa "ordem" — palavra usada por ele ao longo do livro inclusive para designar formações militares — era o modelo ideal de nação armada, que só voltaria a se tornar realidade no final do século XVIII.

[5] Por "arte", entenda-se "ofício".

fazem odiar a milícia e fugir da companhia daqueles que a praticam. E como julgo, com base no que vi e li, que não seja impossível adequar a milícia aos antigos modos e lhe dar alguma forma da virtude passada, deliberei, para não passar estes meus tempos ociosos[6] sem fazer alguma coisa, escrever o que entendo sobre a arte da guerra, para a satisfação daqueles que são amantes das antigas ações. E, embora seja coisa difícil tratar de matéria na qual não se é profissional, não creio seja um erro ocupar-me, com as palavras, de um assunto do qual muitos, com maior presunção, se ocuparam com ações; pois os erros que eu cometa escrevendo podem ser corrigidos por alguém sem danos, enquanto os erros cometidos por aqueles, com suas obras, só podem ser conhecidos com a ruína dos impérios. Portanto, Lourenço, considerareis as qualidades destes meus trabalhos e lhes dareis, com seu julgamento, a censura ou o elogio que vos parecerá que mereceram. Mando-vos estes trabalhos para demonstrar minha gratidão, embora minhas possibilidades não bastem para corresponder aos benefícios que de vós recebi, ainda mais que, sendo usual honrar com obras similares aqueles que resplandecem por nobreza, riquezas, engenho e liberalidade, sei que não tendes muitos pares em riquezas e nobreza, tendes poucos em engenho e nenhum em liberalidade.[7]

---

[6] Os "tempos ociosos" foram os seus sete anos de exílio da vida política, entre 1512 e 1519. A obra *Da arte da guerra* foi iniciada nesse período, mas só concluída em 1520.

[7] Ao tempo de Maquiavel, liberalidade significava generosidade.

LIVRO PRIMEIRO

Porque creio que se possa louvar qualquer homem depois da morte, sem ônus, na falta de qualquer suspeita ou razão para adulação, não hesitarei em louvar Cósimo Rucellai[1]: seu nome nunca será recordado por mim sem lágrimas, tendo conhecido nele as qualidades que se podem desejar num bom amigo dos amigos, num cidadão de sua pátria. Porque não sei que coisa sua (sem exceção, até, da alma) não despendesse pelos amigos de bom grado; não sei que empresa o desanimaria, se nela reconhecesse o bem de sua pátria. E confesso, livremente, não haver, entre tantos homens que conheci e apreciei, nenhum com maior entusiasmo pelas coisas grandes e magníficas. Nem se queixou com os amigos de outra coisa, na sua morte, senão de ter nascido para morrer jovem dentro de casa, e não honrado, sem ter podido, de acordo com seu ânimo, beneficiar alguém; pois sabia que dele não se poderia dizer outra coisa, senão que morreu um bom amigo. Nem por isso, porém, podemos dar fé de suas louváveis qualidades, nós ou qualquer outro que o conhecesse como nós, pois não existem obras suas. É verdade que a fortuna não lhe foi tão inimiga a ponto de que não deixasse algumas breves recordações da destreza do seu engenho, como demonstram alguns de seus escritos e composições de versos amorosos; nos quais, para não consumir o tempo em vão enquanto a fortuna não o conduzisse a preocupações mais altas, se exercitava em sua idade juvenil como se não estivesse

---

[1] Morto em 1519, aos 25 anos.

apaixonado; onde claramente se pode compreender com quanta felicidade descrevia seus conceitos e quanto teria sido honrado pela poética, se tivesse podido exercitá-la. Como a fortuna nos privou da companhia de um tão grande amigo, parece-me que não se possa dar outro remédio à situação do que desfrutar da sua memória o máximo que possamos e repetir algo que tivesse dito ou discutido sabiamente e com profundidade. E como não há coisa sobre ele mais fresca do que a conversa que teve com ele recentemente, em seus jardins, o senhor Fabrício Colonna (na qual esse senhor arguiu largamente sobre as coisas da guerra, e foi prudentemente e em boa parte inquirido por Cósimo); como estive presente, com alguns outros de nossos amigos, pareceu-me adequado registrá-la, de forma que, ao ler isto, os amigos de Cósimo que aqui se reuniram refresquem em seu espírito a memória das virtudes dele, e os outros em parte lamentem não ter intervindo, em parte aprendam muitas coisas úteis não apenas à vida militar, mas também à civil.

Digo, portanto, que Fabrício Colonna, ao voltar da Lombardia, onde por muito tempo havia militado para o rei católico, com grande glória para si, decidiu, ao passar por Florença, descansar alguns dias nesta cidade, para visitar a excelência do duque[2] e rever alguns cavalheiros com os quais, no passado, tivera alguma familiaridade.[3] Donde a Cósimo ocorreu convidá-lo a visitar seus jardins, não tanto para desfrutar de sua liberalidade quanto para poder falar com ele longamente, e com isso entender e aprender várias coisas, como se pode esperar de tal homem, parecendo-lhe

---

[2] Lourenço de Médici, o Jovem, duque de Urbino, ao qual Maquiavel dedicou seu *O príncipe*.

[3] De fato, em 1516, depois de servir a Fernando, o Católico, rei da Espanha, Colonna voltou da Lombardia e foi hóspede de Cósimo Rucellai em Florença por algum tempo.

poder passar um dia a pensar nas matérias que satisfaziam a seu espírito. Então Fabrício veio quando quis e foi recebido por Cósimo, junto com alguns outros amigos fiéis; entre os quais estavam Zanobi Buondelmonti, Batista della Palla e Luís Alamanni, todos jovens amados por ele e ardentemente dedicados aos mesmos estudos, cujas boas qualidades, porque se louvam a si mesmas a cada dia e a cada hora, omitiremos. Fabrício foi, portanto, honrado por todas aquelas honras maiores, segundo os tempos e o lugar; mas, passados os prazeres da convivência e tiradas as mesas e exauridos todos os festejos, os quais passam rapidamente entre grandes homens com a mente voltada para pensamentos honoráveis, e como o dia fosse longo e o calor muito, Cósimo julgou que seria bom, para satisfazer seu desejo e fugir do calor, conduzir todos para a parte mais secreta e sombreada de seu jardim. Ao chegarem e sentarem, alguns sobre a grama, que ali é fresquíssima, alguns em cadeiras dispostas à sombra de altíssimas árvores, Fabrício louvou o lugar como delicioso; e, ao considerar particularmente as árvores, não reconheceu algumas delas e se distraiu com isso. Cósimo percebeu e disse: "Porventura não tendes notícia de algumas dessas árvores; mas não vos surpreendais, porque algumas eram mais celebradas pelos antigos do que hoje". E lhe deu o nome dessas árvores, contando-lhe como seu avô Bernardo[4] trabalhara na cultura delas, ao que replicou Fabrício: "Julguei que fosse o que dizeis; e este lugar e esta atividade me faziam recordar alguns príncipes do Reino, que se deliciam com estas antigas sombras e culturas". E parou de falar e ficou pensando, até acrescentar: "Se não temesse ofender, diria minha opinião a respeito; mas não creio que ofenda ao falar com amigos para discutir as coisas e não para caluniá-las. Como seria

---

[4] Escritor e latinista, fundador dos *Orti Orcellari* (1448–1514).

melhor, diga-se em paz com todos, se buscassem imitar os antigos nas coisas fortes e ásperas, não nas delicadas e macias, e naquelas que faziam sob o sol, não à sombra, capturando os modos da antiguidade verdadeira e perfeita, não os da falsa e corrupta; pois, como esta atividade agradou aos meus romanos, a minha pátria ruiu". Ao que Cósimo respondeu... Mas, para fugir ao aborrecimento de ter de repetir tantas vezes *este disse* e *o outro acrescentou*, anotar-se-á somente o nome de quem fala, sem acrescentar nada mais. Disse, portanto...

Cósimo. Abristes o caminho para um assunto que eu desejava abordar, e vos peço que faleis sem constrangimento, porque vos vou perguntar sem constrangimento; e se eu, perguntando ou replicando, desculparei ou acusarei alguém, não será para desculpar ou para acusar, mas para obter de vós a verdade.

Fabrício. E eu ficarei muito feliz de vos dizer o que penso de tudo que me perguntardes; ficará a vosso juízo decidir se é verdadeiro ou não o que eu disser; porque aprenderei com vossas perguntas como vós aprendereis de minhas respostas; pois muitas vezes um sábio perguntador faz que se considerem muitas coisas e se conheçam muitas outras que, sem as perguntas, não se teriam jamais conhecido.

Cósimo. Quero voltar ao que dissestes antes; que meu avô e os seus teriam sido mais sábios ao imitar os antigos nas coisas ásperas do que nas delicadas; e quero desculpar a minha parte, porque a outra deixar-vos-ei desculpar. Não creio que houvesse, nos tempos de meu avô, homem que tanto detestasse o viver confortável quanto ele, e que tanto amasse aquela aspereza da vida que louvais; não obstante, ele sabia que não podia usá-la em sua pessoa, nem na de seus filhos, tendo nascido em meio a tanta corrupção que alguém que se quisesse separar dos usos comuns seria infame e vilipendiado por todos. Pois se alguém nu, no verão, sob o mais alto sol se espojasse na areia, ou no inverno, nos meses mais gelados, rolasse na neve, como fazia Diógenes,[5] seria considerado louco. Se alguém, como os espartanos, educasse seus filhos em campo aberto, fizesse-os dormir ao relento, andar com a cabeça e os pés desnudos, banhar-se em água fria para induzi-los a suportar o mal e para fazê-los amar menos a vida e temer menos a morte, seria ridicularizado e considerado mais uma fera do que um homem. Ainda, se se visse alguém nutrir-se de legumes e desprezar o ouro, como Fabrício,[6] seria louvado por poucos e seguido por nenhum. De forma que, chocado com o atual modo de viver, ele abandonou os antigos e, no que pôde imitar a antiguidade sem surpreender os outros, fê-lo.

Fabrício. Desculpastes galhardamente vosso avô e certamente dissestes a verdade; mas eu não me referia tanto a esses modos duros de viver quanto aos outros modos mais humanos, e que têm maior conformidade com a vida de hoje; os quais não creio fossem difíceis de introduzir para alguém citado entre os príncipes de uma cidade. Não me afastarei jamais de meus romanos para dar exemplos de qualquer coisa. Se se considerasse a vida deles e a ordem daquela república, ver-se-iam muitas coisas não impossíveis de introduzir numa civilização onde ainda restasse algo de bom.

Cósimo. Quais são as que gostaríeis de introduzir, semelhantes às antigas?

Fabrício. Honrar e premiar a virtude, não desprezar a pobreza, estimar os modos e as ordens da disciplina militar,

---

[5] Referência ao filósofo Diógenes de Sínope (400 ou 412–323 a.C.), também conhecido como Diógenes, o Cínico. O pouco que se sabe dele é o que foi registrado na obra *Vidas e opiniões de eminentes filósofos*, escrita por Diógenes Laércio no século III. A anedota citada aqui por Maquiavel foi extraída do texto de Laércio.

[6] Refere-se ao Fabrício que, em 280 a.C., foi embaixador de Roma junto ao Rei Pirro (318 – 272 a.C.), do Épiro, região da atual Grécia. Esse outro Fabrício era famoso por sua frugalidade e sua lealdade.

constranger os cidadãos a se amarem uns aos outros, a viver sem facções, a estimar menos o privado que o público, e outras coisas semelhantes que se poderiam facilmente adotar nestes tempos. Não é difícil persuadir a todos a adotar tais modos, quando se pensa neles o suficiente e se os penetra pelos meios devidos, porque neles aparece tanto a verdade que qualquer engenho comum pode ser capaz de adotá-los; quem se comporta assim planta árvores sob cuja sombra se está mais feliz e mais ledo do que sob estas.

Cósimo. Não quero replicar ao que dissestes, mas deixarei o juízo aos outros, que podem facilmente julgar; e voltarei minha fala a vós, que sois acusador dos que, nas ações graves e grandes, não imitam os antigos, pois creio que, desta maneira, verei minha intenção satisfeita mais facilmente. Gostaria, portanto, de saber de vós como se explica que, de um lado, danais aqueles que em suas ações não parecem com os antigos; e, de outro, na guerra, que é vossa arte e na qual sois julgado excelente, não se vê que tenhais usado alguma prática antiga ou que procureis alguma semelhança com essas.

Fabrício. Chegastes justamente onde vos esperava, porque o que eu disse não merecia outra pergunta, nem eu desejava outra. E, embora me pudesse salvar com uma desculpa fácil, para maior satisfação minha e vossa, pois a estação o comporta, prefiro fazer uma reflexão mais longa. Os homens que querem fazer uma coisa devem primeiro, com toda indústria, preparar-se, para que possam, quando a ocasião chegar, estar aparelhados para satisfazer o que se predispuseram a operar. E, como as preparações não são conhecidas quando são feitas com cautela, não se poderá acusar a pessoa de negligência, se não for descoberta antes da ocasião; nesta, pois, ao não operar, revelará que ou não se preparou o suficiente ou que esqueceu de pensar em alguma parte. E, como não me apareceu nenhuma ocasião para poder mostrar as preparações que fiz para enquadrar a milícia nas suas ordens antigas, se não a enquadrei não posso ser responsabilizado nem por vós nem por outrem. Creio que esta desculpa bastaria como resposta à vossa acusação.

Cósimo. Bastaria, se eu tivesse certeza de que a ocasião não surgiu.

Fabrício. Mas como sei que podeis duvidar se a ocasião ocorreu ou não, quero estender-me largamente, quando quiserdes com paciência escutar-me, sobre quais preparações são necessárias primeiramente, qual ocasião deve nascer, quais dificuldades impedem que as preparações frutifiquem e que a ocasião ocorra; e sobre como esta coisa, a um só tempo, por mais que sejam termos contrários, é dificílima e facílima de fazer.

Cósimo. Não podeis fazer nada mais grato a todos nós do que isso; e se o falar não vos fatigar, a nós o ouvir não fatigará jamais. Mas, como esta conversa deve ser longa, quero ajuda destes meus amigos, com vossa licença; eles e eu pedimo-vos uma coisa: que não vos aborreçais se, às vezes, com alguma pergunta inoportuna, vos interrompermos.

Fabrício. Fico muito contente, Cósimo, que, com estes outros jovens, me façais perguntas, porque creio que a juventude vos torne mais amigos das coisas militares e mais tendentes a crer no que direi. Quanto aos demais, por já terem a cabeça branca e os sangues congelados, em parte costumam ser inimigos da guerra e em parte são incorrigíveis, como os que creem que os tempos, e não os maus modos, constranjam os homens a viver assim. De modo que podem fazer-me perguntas seguramente e sem constrangimentos; o que, aliás, desejo, seja porque me dá algum repouso, seja porque terei prazer em não deixar em vossa mente nenhuma dúvida. Quero começar com vossas palavras, quando me dizíeis que, na guerra, que é minha arte, não havia usado nenhum modo antigo. Digo que, como esta é uma arte por meio da qual os homens de qualquer tempo não podem viver honestamente, só uma república ou um reino podem usá-la como arte; e tanto uma como outro, se são bem ordenados, jamais consentirão a um de seus cidadãos ou súditos usá-la como arte; nem poderá qualquer homem bom usar o exército para sua arte particular. Porque jamais será julgado bom aquele que se dedique a um exercício que, para dele extrair utilidade a qualquer tempo, lhe exige ser rapace, fraudulento, violento e ter muitas qualidades que necessariamente o tornam não bom; nem podem ser diferentes os homens que a usam como arte, tanto os grandes como os mínimos, porque esta arte não os alimenta na paz; donde é necessário que ou pensem que não existe paz ou aproveitem tanto nos tempos de guerra que se possam alimentar na paz. E qualquer uma destas alternativas não cabe em um homem bom; porque do desejo de se alimentar a qualquer tempo nascem os roubos, as violências, os assassinatos que tais soldados praticam tanto contra os amigos como contra os inimigos; e do não querer a paz nascem as mentiras dos capitães àqueles que os conduzem, para que a guerra dure; e se, no entanto, vem a paz, com frequência ocorre que os chefes, privados de salários e víveres, licenciosamente alçam uma bandeira de ventura e, sem nenhuma piedade, saqueiam uma província.[7] Não tendes na memória de vossas coisas como, encontrando-se muitos soldados sem soldo na Itália, por terem acabado as guerras, reuniram-se muitas brigadas, as quais se chamaram Companhias, e andavam extorquindo as terras e saqueando o país, sem que se pudesse fazer qualquer coisa a respeito? Não lestes que os soldados cartagineses, terminada a primeira guerra contra os Romanos, sob Mathô e Espêndio, dois chefes nomeados por eles após uma revolta, fizeram guerra ainda mais perigosa contra os próprios Cartagineses do que aquela que haviam acabado

---

[7] As "companhias de ventura" eram as milícias, que, quando não estavam em guerra a serviço de alguém, transformavam-se em bandos de brigantes.

de fazer contra os Romanos?[8] Nos tempos de nossos pais, Francisco Sforza, para poder viver honradamente em tempos de paz, não somente enganou os Milaneses dos quais era soldado, mas lhes tomou a liberdade e se tornou seu príncipe.[9] Semelhantes a ele foram todos os outros soldados da Itália, que usaram a milícia para sua arte particular; e se, mediante sua malignidade, não se tornaram todos duques de Milão, tanto mais condenáveis são, pois, se se examinam suas vidas, cometeram os mesmos atos sem produzir nada de útil. Sforza, pai de Francisco,[10] compeliu a Rainha Joana a se jogar nos braços do rei de Aragão, tendo-a abandonado de repente, em meio a seus inimigos e desarmada, só para desafogar sua própria ambição de

---

[8] De 241 a 238 a.C., o africano Mathô e o grego Espêndio lideraram uma grande revolta do exército mercenário de Cartago, que acabara de ser derrotado na Primeira Guerra Púnica. A revolta mercenária só terminou quando seus dois líderes foram capturados e crucificados.

[9] Francisco Sforza (1401–1466) era comandante mercenário a serviço do duque de Milão, Filipe Maria Visconti. Enviado a combater Florença em 1430, foi-lhe oferecido um contrato pelos florentinos. Para não perder o controle de Sforza, o duque lhe ofereceu em casamento sua filha Bianca Maria, que tinha apenas cinco anos na época. O contrato de noivado foi firmado em 1432, mas, em seguida, Sforza traiu Milão diversas vezes, servindo Florença, Veneza e o papa. Em 1440, quando perdeu os feudos que conquistara no reino de Nápoles, o mercenário viu-se obrigado a reconciliar-se com o duque de Milão e em 1441 casou-se com Bianca Maria, então já com 16 anos. Quando o duque morreu sem herdeiros em 1447, Sforza cercou a cidade e conquistou o ducado. A dinastia dos Sforza sobreviveu até 1535, com longos intervalos em que a cidade foi invadida e governada pelos franceses.

[10] Francisco Sforza era filho ilegítimo de Giacomo Attendolo (1369–1424), também conhecido pelo apelido Muzio (do diminutivo de Giacomo, Giacomuzio), e que, mais tarde, quando se tornou um famoso capitão mercenário, ficou conhecido como Muzio Sforza. Em 1411, conquistou sua cidade natal, Cotinhola, hoje na região italiana da Emília-Romanha, e obteve para ela o título de condado.

extorqui-la ou de lhe tomar o reino.[11] Braccio,[12] com as mesmas indústrias, tratou de ocupar o reino de Nápoles; e conseguiria, se não tivesse sido vencido e morto em Áquila. Desordens semelhantes nasceram justamente do fato de ter havido homens que usavam o exercício do soldo para sua própria arte. Não tendes um provérbio que fortalece meu ponto de vista, e que diz "a guerra faz os ladrões e a paz os enforca"? Pois aqueles que não sabem viver de outro exercício, e que não encontram quem os sustente nele e não tendo tanta virtude para, juntos, limitar-se a uma conquista honrada, são forçados pela necessidade a cair na estrada,[13] e a justiça é forçada a eliminá-los.

Cósimo. Fizestes-me tornar esta arte do soldo quase nula, e eu a tinha pressuposta a mais excelente e a mais honrada que se fizesse; de modo que, se não ma explicardes melhor, não ficarei satisfeito, porque, se for como dizeis, não sei onde nasce a glória de César,[14] de Pompeu, de Cipião, de Marcelo,[15] e de tantos capitães romanos que, devido à sua fama, são celebrados como deuses.

---

[11] Joana II, herdeira de Ladislau I de Nápoles, que morreu em 1414.

[12] Andrea Fortebraccio (1368–1424), conhecido como Braccio de Montone (cidade onde seu pai, o Conde Oddo Fortebraccio, tivera um castelo), foi um mercenário italiano muito bem-sucedido. Com suas atividades militares conseguiu acumular diversos títulos: governador de Bolonha, reitor de Roma, senhor de Perúgia, príncipe de Cápua, conde de Foggia e grande condestável do reino de Nápoles. Morreu em decorrência de ferimentos em combate, em Áquila, na região dos Abruzos, na Itália central.

[13] Cair na ilegalidade, formando grupos de brigantes.

[14] Caio Júlio César (100–44 a.C.) foi um patrício, general, cônsul e, finalmente, ditador romano, que teve papel crucial na transição da República para o Império ao estender seu território até o oceano Atlântico com a conquista da Gália.

[15] Cneu Pompeu Magno (106–48 a.C.) foi um general e senador romano, cujo filho Sexto Pompeu também se notabilizou como militar. Públio Cornélio Cipião, o Africano (236–183 a.C.), foi um general da Segunda Guerra Púnica e um estadista da República Romana; ganhou o apelido de "Africano" por ter derrotado Aníbal de Cartago. Marco Cláudio Marcelo (270–208 a.C.), vencedor dos gauleses em Casteggio (222 a.C.), na Lombardia, e conquistador de Siracusa (212 a.C.), morreu em Venúsia, na Basilicata, numa emboscada armada por Aníbal.

Fabrício. Ainda não terminei de dizer tudo a que me propus, que foram duas coisas: uma, que um homem bom não poderia usar esse exercício como sua arte; outra, que uma república ou um reino bem ordenados não permitissem jamais que seus súditos ou cidadãos o usassem como arte. Sobre a primeira disse tudo que me ocorreu; resta-me falar da segunda, quando responderei essa vossa última pergunta; e digo que Pompeu e César, e quase todos aqueles capitães que foram a Roma depois da última guerra cartaginesa, adquiriram fama como homens valentes, não como bons; e aqueles que viveram antes deles adquiriram glória como valentes e bons. O que ocorreu porque estes não tomaram o exercício da guerra como sua arte, e aqueles que nomeei primeiro usaram-no como sua arte. Enquanto a república viveu imaculada, jamais algum cidadão grande pretendeu, mediante tal exercício, valer-se da paz para infringir as leis, espoliar as províncias, usurpando e tiranizando a pátria e tirando proveito de qualquer maneira; nem alguém de fortuna infame pensou em violar o juramento, juntar-se a homens privados, não temer o Senado ou perpetrar algum insulto tirânico para poder viver, com a arte da guerra, em qualquer tempo. Mas aqueles que eram capitães, satisfeitos com o triunfo, com boa vontade voltavam à vida privada; e, os que eram membros, com maior vontade depunham as armas que não lhes pertenciam; e cada um voltava à sua arte, com a qual haviam ganhado a vida; nunca houve alguém que esperasse poder viver dos butins e desta arte. Quanto aos cidadãos grandes, pode-se fazer uma evidente conjetura, com base em Regolo Atílio;[16] o qual, sendo capitão dos exércitos romanos na África e tendo quase vencido os cartagineses, pediu licença ao Senado para voltar para suas fazendas, que estavam mal cuidadas pelos seus trabalhadores. Donde fica mais claro que o sol que, se ele tivesse usado a guerra

---

[16] Trata-se de Marco Atílio Regolo (c. 299–246 a.C.), famoso general romano da Primeira Guerra Púnica.

como sua arte e, por meio dela, tivesse pensado em se fazer útil, tendo apreendido tantas províncias, não teria pedido licença para cuidar de seus campos; porque a cada dia teria adquirido muito mais do que o valor daqueles. Mas como estes homens bons, que não usam a guerra como sua arte, não querem extrair dela senão fadiga, perigos e glória, quando alcançam glória suficiente desejam voltar para casa e viver de sua própria arte. Quanto aos homens baixos e aos soldados rasos, é visível que respeitavam a mesma regra, pois cada um deles participava voluntariamente e, quando não militava, podia querer militar e, quando militava, podia pedir uma licença. O que se demonstra de muitas maneiras, sobretudo ao ver que, entre os privilégios que o povo romano dava ao seu cidadão, estava o fato de que não era obrigado a militar contra a sua vontade.[17] Portanto, enquanto foi bem ordenada (o que ocorreu até os Graco[18]), Roma não

---

[17] No início da história de Roma, pelo menos até a reforma de Caio Mário (157-86 a.C.), todos os cidadãos romanos entre 17 e 60 anos de idade eram obrigados a prestar o serviço militar — apenas quando necessário e à própria custa — e consideravam isso uma honra. Mas nem todos eram cidadãos. Além disso, entre os cidadãos, somente as classes dos senadores e dos cavaleiros eram realmente obrigadas a participar, caso contrário não poderiam seguir a carreira política. Mário fez uma profunda reforma do sistema, que passou a recrutar também entre os membros das classes que não tinham posse alguma (e, portanto, não podiam pagar pelo próprio armamento). Em compensação, esses voluntários eram pagos com terras conquistadas pelo exército. A longo prazo, essa reforma e as reformas subsequentes tiveram o efeito de mudar de forma radical e irreversível a natureza das relações entre o Exército e o Estado romanos.

[18] Tibério Semprônio Graco (163–133 a.C), neto de Cipião, o Africano, foi eleito tribuno da plebe no mesmo ano em que foi assassinado pelos adversários da reforma agrária que conseguiu aprovar no Senado romano. Seu irmão mais novo, Caio Semprônio Graco (154–121 a.C.), também foi eleito tribuno da plebe em 123 a.C. e retomou a luta de Tibério. Dois anos depois também foi assassinado, junto com três mil cidadãos que o apoiavam. Só depois desses acontecimentos é que o exército romano deixou de ser um exército de cidadãos e passou a ser um exército profissional. Maquiavel atribui a decadência da República romana aos tumultos causados pelos irmãos Graco.

teve nenhum soldado que fizesse da guerra a sua atividade principal; e, no entanto, teve alguns poucos maus, e esses foram severamente punidos. Uma cidade bem ordenada deve, portanto, querer que este estudo da guerra seja usado nos tempos de paz como exercício e nos tempos de guerra por necessidade e por glória, e só deixar o público usar a guerra como arte do mesmo jeito que fez Roma. E qualquer cidadão que tem outro fim para tal exercício não é bom; e qualquer cidade que se governe de outra forma não está bem ordenada.

Cósimo. Estou bastante contente e satisfeito com o que dissestes até agora, e me agrada muito essa conclusão a que chegastes; creio que é verdadeira no que concerne à república; mas, quanto aos reis, já não sei, porque acredito que um rei gostaria de ter ao seu redor especialmente quem tomasse tal exercício por arte sua.

Fabrício. Por isso mesmo deve um reino bem ordenado fugir de tais artifícios, pois eles são justamente a corrupção do seu rei e, em última análise, ministros da tirania. E não citeis como exemplo algum reino atual, porque eu negarei que sejam reinos bem ordenados. Porque os reinos que têm boa ordem só dão poder absoluto a seus reis no que concerne aos exércitos; porque, nisto só, é necessária uma deliberação imediata e, para isto, que haja uma única autoridade. Nas outras coisas o rei não pode fazer coisa alguma sem conselheiros; e devem temer que, entre os que o aconselham, haja algum que nos tempos de paz deseje a guerra, porque não pode viver sem ela. Mas quero estender-me mais nesse assunto, pensar num reino todo bom, mas semelhante àqueles que existem hoje; onde os reis ainda devem temer os que tomam a arte da guerra como sua, porque o nervo dos exércitos, sem dúvida alguma, são as infantarias. De maneira que, se um rei não se organiza para que seus infantes, em tempo de paz, fiquem contentes de voltar para casa e viver de suas artes, haverá necessariamente de se arruinar; porque não há infantaria mais perigosa do que aquela composta pelos que fazem da guerra sua arte, porque serás forçado a sempre fazer guerra ou a pagá-los sempre, ou a correr o risco de que te tomem o reino. Não é possível estar sempre em guerra; não se pode pagá-los sempre; eis que é necessário correr o risco de perder o estado. Os meus Romanos, como disse, enquanto foram sábios e bons, não permitiram que seus cidadãos tomassem este exercício como sua arte, embora pudessem praticá-lo a qualquer tempo, porque a qualquer tempo faziam guerra. Mas, para escapar do dano que lhes podia causar esse exercício contínuo, como o tempo não variava, eles variavam os homens, e andavam temporizando com suas legiões, que, a cada quinze anos, sempre eram renovadas. E assim se valiam de seus homens na flor da idade, que é entre dezoito e trinta e cinco anos, tempo em que as pernas, as mãos e os olhos respondem um ao outro; e não esperava que, neles, diminuíssem as forças e crescesse a malícia, como fez depois, nos tempos corruptos. Pois Otaviano, primeiro, e depois Tibério,[19] pensando mais no próprio poder do que no bem público, começaram a desarmar o povo romano, para conseguir comandá-lo mais facilmente, e a manter continuamente os mesmos exércitos nas fronteiras do Império. E porque julgaram que essa medida não bastasse para frear o povo e o senado

---

[19] Caio Júlio César Otaviano Augusto (63 a.C.–14 d.C.), mais conhecido como Otaviano ou Augusto, foi o primeiro imperador romano. Recebeu o título de Augusto em 27 a.C. e permaneceu no poder até sua morte, constituindo o mais longo principado da história de Roma. Entre as muitas reformas administrativas, legais e culturais que promoveu, Otaviano também reorganizou as forças armadas de terra e de mar, inclusive o sistema de defesa das fronteiras do Império. Quanto a Tibério (42 a.C.–37 d.C.), filho adotivo de Otaviano e seu sucessor no trono, foi um grande general na juventude, conduzindo várias campanhas nos confins setentrionais do Império. No nascimento, chamava-se Tibério Cláudio Nero, mas Otaviano mudou seu nome para Tibério Júlio César e, quando chegou ao trono, também recebeu o título de Augusto.

romanos, criaram um exército chamado Pretoriano, o qual estacionava nos muros de Roma e era como um rochedo sobre a cidade. E porque, então, começaram a permitir que os homens desse exército usassem a milícia como sua arte, nasceu imediatamente a insolência daqueles, e se tornaram muito fortes no senado e danosos ao imperador; donde resultou que muitos foram mortos por sua insolência, porque davam e tomavam o império a quem lhes parecia; e até ocorreu que, ao mesmo tempo, houvesse muitos imperadores criados pelos vários exércitos. Dessas coisas procedeu, primeiro, a divisão do Império e, por fim, a ruína dele. Devem, portanto, os reis, se querem viver em segurança, ter suas infantarias compostas de homens que, quando é tempo de fazer guerra, voluntariamente vão à guerra por amor ao rei e, quando depois vem a paz, com mais boa vontade ainda voltam para casa. O que é importante é que ele sempre escolha homens que saibam viver de outra arte que não seja a guerra. E assim devem querer, na paz, que seus príncipes voltem a governar seus povos, os cavalheiros voltem ao cultivo de suas propriedades e os infantes voltem às suas artes pessoais: e que cada um deles faça a guerra de boa vontade para ter paz, e não procure perturbar a paz para ter guerra.

Cósimo. Este seu raciocínio me parece bem fundamentado mesmo; não obstante, sendo quase contrário ao que pensei até agora, ainda não tenho o espírito livre de qualquer dúvida; porque vejo muitos senhores e cavalheiros a nutrir-se, na paz, dos estudos da guerra, como vossos pares, que recebem provisões dos príncipes e das comunidades. Vejo, também, quase todos os homens d'armas[20] permanecerem com suas armas; vejo muitos infantes permanecerem na guarda das cidades e das fortalezas; de forma que me parece que há lugar, em tempo de paz, para cada um deles.

---

[20] Maquiavel chama de "homens d'armas" ou "gente d'armas" os cavaleiros com armaduras pesadas.

Fabrício. Não creio que creiais nisso, que em tempo de paz cada um deles tenha lugar; pois, já que não se pode acrescentar outra razão, o pequeno número daqueles que ficam nos lugares alegados por vós responder-vos-ia: qual a proporção das infantarias necessárias na guerra em relação àquelas adotadas na paz? Pois as fortalezas e cidades guardadas nos tempos de paz são muito mais guardadas na guerra; acrescentem-se a esses os soldados que se mantêm no campo, que são em grande número e que abandonam a guerra quando vem a paz. E quanto às guardas dos estados, que são em pequeno número, o Papa Júlio e vós demonstrastes a todos quanto se deve temer os que não querem saber fazer outra arte além da guerra;[21] e, pela insolência destes, privaram-nos de vossa guarda e os substituístes por Suíços, nascidos e educados sob as leis e eleitos pela comunidade, de acordo com eleições verdadeiras; assim, não digais mais que na paz há lugar para todos os homens. Quanto a manter todas as gentes d'armas com seus soldos na paz, esta solução parece mais difícil; não obstante, quem bem considerar tudo, encontra resposta fácil, porque esta maneira de manter as gentes d'armas é corrompida e não boa. A razão é porque são homens que fazem da guerra sua arte, e deles nasceriam mil inconvenientes nos estados em que estivessem, se tivessem suficiente companhia; mas, sendo poucos e não podendo formar um exército por si mesmos, não podem trazer tantos danos graves. Não obstante, fizeram-no muitas vezes, como eu vos contei de Francisco e de Sforza, seu pai, e de Braccio de Perúgia. Assim, não aprovo esse costume de manter as gentes d'armas, porque é corrupto e pode trazer grandes inconvenientes.

---

[21] O Papa Júlio II (1443–1513) "e vós", ou seja, os florentinos, livraram-se dos perigosos mercenários italianos. O papa contratou, em 1506, os mercenários suíços, menos perigosos, que se tornaram a famosa Guarda Suíça, a serviço do Vaticano até hoje.

Cósimo. Quereríeis ficar sem eles? Ou, tendo-os, como gostaríeis de tê-los?

Fabrício. Por meio de ordenança;[22] não como a do rei da França,[23] porque esta é perigosa e insolente como a nossa, mas semelhante às dos antigos; os quais criavam a cavalaria[24] com seus súditos e, em tempos de paz, mandavam-nos para casa, viver de suas artes, como explicarei mais longamente adiante, antes de terminar esta conversa. Assim, quando esta parte do exército pode viver desse exercício mesmo na paz, daí nasce a ordem corrupta. Quanto às provisões reservadas a mim e aos demais chefes, digo-vos que esta é igualmente uma ordem corruptíssima; pois uma república sábia não deve provisionar ninguém; ao contrário, deve usar como chefes, na guerra, seus próprios cidadãos e, na paz, querer que voltem às suas artes. Assim também deve agir um rei sábio, ou não as deve dar ou, se as der, deve ser por bons motivos: ou por prêmio por algum feito notável, ou por querer contar com um homem assim tanto na paz como na guerra. E como destes a mim como exemplo, quero exemplificar com minha pessoa; e digo que nunca usei a guerra como arte, porque minha arte é governar meus súditos e defendê-los, e, para poder defendê-los, amar a paz e saber fazer a guerra. E meu rei[25] não me premia e estima tanto porque entendo da guerra quanto porque sei aconselhá-lo na paz. Rei algum deve querer perto de si alguém que não seja assim, se for sábio e quiser governar-se

---

[22] Por meio de uma lei militar ou pela criação de um exército permanente bem disciplinado.

[23] As "companhias de ordenança" criadas por Carlos VII (1422–1461) constituem o primeiro núcleo do exército francês moderno. Aqui, Maquiavel descarta a solução francesa, que, à época, passava por uma decadência temporária.

[24] A cavalaria sempre foi considerada uma tropa de elite, técnica, enquanto a infantaria era a tropa popular.

[25] O rei espanhol Fernando, o Católico.

com prudência; porque, se tiver ao redor de si demasiados amantes da paz ou demasiados amantes da guerra, fá-lo-ão errar. Nesse meu primeiro raciocínio, e segundo minhas propostas, não vos posso dizer outra coisa; e, se isto não vos basta, convém buscarem alguém que vos satisfaça melhor. Podeis haver começado a saber quanta dificuldade existe na aplicação dos modos antigos às guerras atuais, e quais preparações convêm a um homem sábio, e que ocasiões se pode esperar para poder aplicá-las; mas, aos poucos, conhecereis melhor estas coisas, desde que não vos aborreça a conversa, comparando cada parte das antigas ordens com os modos atuais.

Cósimo. Se, antes de ouvir-vos, já desejávamos pensar sobre essas coisas, realmente o que dissestes até agora redobrou o desejo; portanto, agradecemos pelo que já recebemos e pedimos o restante.

Fabrício. Como vos agrada, quero começar a tratar desta matéria do princípio, para que melhor se entenda, podendo-se, assim, demonstrar mais largamente. O objetivo de quem quer fazer a guerra é poder combater qualquer inimigo no campo e poder vencer uma jornada. Para isso, convém ordenar um exército. Para ordenar o exército, é preciso encontrar os homens, armá-los, ordená-los em pequenas e grandes ordens,[26] e treiná-los, alojá-los e, finalmente, apresentá-los ao inimigo, esperando por ele ou caminhando em direção a ele. Nestas coisas consiste toda a indústria da guerra campal, que é a mais necessária e a mais honrada. E, para quem souber bem apresentar ao inimigo uma jornada, os demais erros que fizesse nos manejos da guerra seriam suportáveis; mas quem carece desta disciplina, ainda que seja muito bom nos outros detalhes, não conduzirá jamais uma guerra com honra; porque uma jornada que venças

---

[26] "Ordenar" os homens significa reparti-los em formações grandes e pequenas, como companhias, batalhões ou divisões.

cancela qualquer outra má ação; da mesma forma, se a perdes, tornam-se vãs todas as outras coisas boas antes operadas por ti. É, portanto, necessário, primeiro, encontrar os homens; convém adotar o *deletto*[27] deles, que assim o chamavam os antigos; nós diríamos seleção, mas, para chamar o processo pelo nome mais honrado, quero que usemos o nome de *deletto*. Queremos aqueles que impuseram regras à regra, que se elejam os homens dos lugares de clima temperado, ou seja, que tenham ânimo e prudência; porque os lugares quentes os fazem prudentes e não animados, e os frios, animados e não prudentes.[28] Esta regra é adequada a alguém que seja príncipe em qualquer lugar do mundo e, por isso, lhe seja lícito extrair os homens dos lugares que lhe parecerem bem; mas, para dar uma regra que qualquer um possa usar, convém dizer que toda república e todo reino deve escolher os soldados de seu próprio país, quente ou frio ou temperado que seja. Pois se vê, com os exemplos antigos, que em todo país é possível fazer bons soldados com o treinamento; pois, onde falta a natureza, a indústria supre, a qual, neste caso, vale mais que a natureza. E, escolhendo-os em outros lugares, não se pode chamar *deletto*, porque *deletto* significa extrair os melhores de uma província e ter a autoridade para eleger

---

[27] Recrutamento. A palavra *deletto*, que será utilizada aqui no original, é um latinismo que significa literalmente "seleção".

[28] Essa curiosa teoria sobre a influência do clima nas qualidades do soldado remonta a Públio Flávio Vegécio Renato, rico patrício romano e criador de cavalos, que viveu entre o final do século IV e meados do século V. Vegécio escreveu, a pedido do imperador reinante, um tratado militar em quatro livros, dos quais sobreviveram mais de 200 manuscritos e que foi traduzido em quase todas as línguas europeias e utilizado como referência pelo menos até Napoleão, no século XIX. Há controvérsias sobre qual imperador — Teodósio I, Valentiniano III ou Teodósio II — teria encomendado o *Epitoma rei militaris* (também conhecido como *De re militari*), que é essencialmente um resumo de obras anteriores de outros escritores militares romanos.

tanto aqueles que não querem como aqueles que querem militar. Não se pode, portanto, fazer esse *deletto* exceto nos lugares submetidos a ti, porque não podes pegar quem quiseres nos territórios que não são teus, ficando obrigado a escolher os que quiserem.

Cósimo. E se pode pegar ou largar até aqueles que querem participar; e por isso pode ser chamado *deletto*.

Fabrício. De certo modo, dizeis a verdade; mas considerai os defeitos que tem esse *deletto* em si, porque, muitas vezes, também ocorre que não é *deletto*. A primeira coisa: os que não são teus súditos e que militam voluntariamente não são os melhores, ao contrário, são os piores de uma província; pois se alguns são escandalosos, ociosos, sem freio, sem religião, fugitivos do império do pai, blasfemos, jogadores, nutridos por todo mal, esses são os que querem militar; cujos costumes não podem ser mais contrários a uma boa e verdadeira milícia. Quando tais homens se te oferecem de forma que chegas perto do número que havias planejado, podes escolhê-los; mas, como a matéria é má, não é possível que o *deletto* seja bom. Mas muitas vezes ocorre que não são tantos a ponto de inteirar o número de que necessitas; assim, ao ser forçado a aceitar todos, já não se pode chamar o processo de fazer *deletto*, mas sim de assalariar infantes. Com esta desordem são compostos hoje os exércitos na Itália e alhures, exceto na Magna,[29] onde não se assalaria ninguém por comando do príncipe, mas segundo a vontade de quem quer militar. Pensai, pois, agora, sobre como se podem introduzir os modos daqueles antigos exércitos num exército de homens reunidos de tal forma.

Cósimo. Que caminho escolher, então?

---

[29] A Alemanha. Germânia Magna era o nome da província romana cuja consolidação ocorreu no ano 12 d.C.

Fabrício. O que mencionei: escolher entre seus súditos e com a autoridade do príncipe.

Cósimo. Nas escolhas seria introduzida alguma forma antiga?

Fabrício. Sabeis bem que sim, desde que quem os comandasse fosse o príncipe deles ou um senhor comum num principado; ou um cidadão e, provisoriamente, capitão, numa república; caso contrário, é difícil fazer coisa boa.

Cósimo. Por quê?

Fabrício. Direi no tempo certo, mas por enquanto quero que vos baste isto: que não se pode operar bem de outra maneira.

Cósimo. Devendo-se, portanto, fazer esse *deletto* no próprio país, onde julgais seja melhor selecionar, na cidade ou no campo?

Fabrício. Os que escreveram a respeito concordam que é melhor escolhê-los no campo, pois são homens acostumados às inconveniências, nutridos pelos trabalhos, habituados a estar ao sol, fugir à sombra, usar o ferro, cavar uma fossa, carregar um peso, e não têm astúcia nem malícia. Mas, nesta parte, minha opinião seria que, como há dois tipos de soldados, a pé e a cavalo, se elegessem no campo os infantes e nas cidades os cavaleiros.

Cósimo. Em que idade os selecionaríeis?

Fabrício. Quando tivesse de montar uma nova milícia, entre dezessete e quarenta anos; quando estivesse montada e precisasse mantê-la, sempre a partir dos dezessete.

Cósimo. Não entendo bem essa diferença.

Fabrício. Dir-vos-ei. Quando tivesse de organizar uma milícia onde ela não existisse, seria necessário escolher todos os homens aptos, desde que tivessem idade militar, para poder treiná-los como explicarei adiante; mas, quando devesse fazer o *deletto* nos lugares onde a milícia já estivesse organizada, apenas para supri-la, então escolheria homens de dezessete anos, porque os mais velhos já estariam incorporados e treinados.

Cósimo. Portanto, faríeis algo similar ao que fazemos por aqui.[30]

Fabrício. Vós o dizeis bem. Mas também é verdade que eu os armaria, treinaria e organizaria de um modo que não sei se foi adotado por vós.

Cósimo. Então aprovais nossa organização?

Fabrício. Por quê? Quereríeis que eu a reprovasse?

Cósimo. Porque muitos homens sábios sempre a criticaram.

Fabrício. Dizeis um paradoxo, que um sábio critique a organização; pode muito bem ser considerado sábio e se enganar.

Cósimo. Sempre teve mau desempenho quando testada, o que nos fez ter tal opinião.[31]

Fabrício. Pode ser um defeito vosso, não da organização; o que conhecereis antes do fim desta conversa.

Cósimo. Faríeis um grande favor; até eu quero dizer-vos do que aqueles a acusam, de forma que possais melhor justificá-los. Dizem eles: ou ela é inútil, e confiando nela perderemos o estado; ou ela é virtuosa, e, por meio dela, quem a governa poderá facilmente tomar-nos o estado. Assim pensam os Romanos, que, mediante estas armas próprias, perderam a liberdade; assim pensam os Venezianos e o rei da França, que, para não obedecer a um seu cidadão, usam armas d'outrem, e o rei desarmou seus povos para podê-los mais facilmente comandar. Mas temem ainda mais a inutilidade do que isto. Para essa inutilidade, alegam duas razões principais: uma, por não serem especialistas; outra, por serem obrigados a militar; pois dizem

---

[30] A única diferença entre a sugestão de Fabrício e as milícias cidadãs que Maquiavel criou era a idade do serviço militar: em Florença, era obrigatório dos 17 aos 35 anos.

[31] Referência ao mau desempenho das milícias florentinas nas guerras contra Pisa e provavelmente também no saque de Prato, em 1512.

que não se aprende as coisas quando já se é adulto, e que nunca se fez nada de bom à força.

Fabrício. Todas essas razões alinhadas por vós vêm de homens que não conhecem as coisas de perto, como claramente vos demonstrarei. E antes, quanto à inutilidade, digo-vos que não há milícia mais útil que a própria, nem se pode organizar uma milícia própria senão deste modo. E, como isto é incontestável, com isto não quero perder muito tempo, porque todos os exemplos das histórias antigas o fazem por nós. E, porque alegam a inexperiência e a força, digo que têm razão, pois a inexperiência dá pouca bravura e a força dá descontentamento; mas a bravura e a experiência são adquiridas com o modo de armá-los, treiná-los e organizá-los, como no decorrer desta conversa vereis. Mas, quanto à força, deveis entender que os homens que aderem à milícia por comando do príncipe o fazem nem de todo à força, nem de todo voluntariamente; porque o exercício exclusivo da vontade traria os inconvenientes que mencionei acima: que não seria *deletto* e seriam poucos os voluntários; e o exercício exclusivo da força traria maus efeitos. Deve-se, porém, tomar um caminho intermediário, onde não haja nem só vontade nem só força, e que sejam escolhidos a partir do respeito que tenham pelo príncipe, em que temam mais o desprezo deste do que a pena prevista; e é sempre bom que seja uma força adequadamente misturada com a vontade, que não poderá gerar o descontentamento que tenha maus efeitos. Com isso não quero dizer que tal milícia não possa ser vencida, porque os exércitos romanos foram vencidos tantas vezes, e o exército de Aníbal foi vencido; de forma que se vê que não é possível organizar um exército sobre o qual se prometa que não possa ser vencido. Portanto, esses vossos homens sábios não devem misturar a inutilidade com o fato de terem perdido uma vez, mas acreditar que, assim como se perde, pode-se vencer e remediar a razão da derrota. E, quando buscassem por ela, veriam que o defeito não estava no modo, mas na imperfeição da ordem; e, como disse, deveriam providenciar a correção, não culpar a organização; entendereis aos poucos como se deve fazer isso. Quanto a suspeitar que tal organização não te tome o estado por intermédio de seu chefe, respondo que as armas empunhadas por seus cidadãos ou súditos, fornecidas mediante leis e regras, jamais fizeram danos, ao contrário, sempre foram úteis e se mantêm as cidades por mais tempo imaculadas com essas armas do que sem elas. Roma foi livre por quatrocentos anos e estava armada; Esparta, oitocentos; muitas outras cidades estavam desarmadas e foram livres por menos de quarenta anos. Porque as cidades precisam das armas; e, quando não têm armas próprias, contratam as forasteiras; e estas danificarão o bem público mais rapidamente do que as próprias, porque são mais fáceis de corromper e delas se pode valer mais depressa um cidadão que se torne poderoso; e tem matéria mais fácil de manipular, devendo oprimir homens desarmados. Além disso, uma cidade deve temer mais dois inimigos do que um só. Aquela que se vale das armas forasteiras teme, ao mesmo tempo, o forasteiro que assalariou e o cidadão; e, para crer que este temor exista, recordai-vos do que disse há pouco sobre Francisco Sforza. Aquela que usa as próprias armas teme apenas seu cidadão. Mas, de todas as razões que se poderiam alinhar, serve-me esta: jamais alguém ordenou uma república ou reino sem acreditar que aqueles que os habitavam haveriam de defendê-los com as armas. E, se os Venezianos tivessem sido sábios nisto como em todas as suas outras ordens, teriam construído uma nova monarquia no mundo. Os quais merecem tanto mais censura quanto foram armados por seus primeiros legisladores. Mas, não tendo domínio em terra, estavam armados no mar, onde fizeram suas guerras virtuosamente e, com as armas na mão, aumentaram sua pátria. Mas, quando chegou a hora de fazer guerra em terra para defender Vicenza, para onde deveriam ter enviado um seu cidadão para combater em terra, assalariaram como seu capitão o marquês de Mântua.³² Foi este o incidente sinistro que lhes cortou as pernas, impedindo-os de subir até o céu e de se ampliar. E se o fizeram por desconfiar que, apesar de saberem fazer a guerra no mar, não a saberiam fazer em terra, eis uma desconfiança não sábia; porque é mais fácil um capitão de mar, habituado a combater com os ventos, com as águas e com os homens, tornar-se capitão de terra, onde se combate apenas com os homens, do que um de terra tornar-se de mar. E os meus Romanos, sabendo combater em terra e não no mar, quando veio a guerra com os Cartagineses, que eram potentes no mar, não assalariaram Gregos ou Espanhóis, sabidos em mar, mas impuseram aquela experiência aos seus cidadãos que lutavam bem em terra, e venceram. Se [os venezianos] o fizeram para que um de seus cidadãos não se tornasse tirano, foi um temor pouco ponderado; porque, além das razões que há pouco mencionei a propósito, se um cidadão com as armas de mar nunca se fizera tirano nessa cidade à beira-mar, muito menos far-se-ia com as armas de terra. E, diante disso, deviam saber que não eram as armas em mãos de seus cidadãos que os transformavam em tiranos, mas sim que o que tiraniza uma cidade são as más ordens³³ do governo; e, como tinham bom governo, não tinham por que temer suas armas. Os venezianos tomaram, portanto, uma decisão imprudente; o que lhes tirou muita glória e muita felicidade. Quanto ao erro que comete o rei de França, de não disciplinar seus povos na guerra³⁴ (que os vossos alegam como exemplo), não há, à parte alguma particular paixão, quem não considere que esse reino tem esse defeito

---

³² Francisco Gonzaga (1466–1519), quarto marquês de Mântua, era *condottiero*, ou seja, capitão mercenário. Alugava seus serviços à potência que melhor pagasse ou que mais segurança oferecesse ao seu território.

³³ Instituições, leis.

³⁴ Referência ao hábito de Carlos VII da França de contratar mercenários suíços, em vez de investir exclusivamente nas próprias companhias.

ou que apenas essa negligência o torne fraco. Mas fiz uma digressão grande demais, e talvez tenha escapado ao meu propósito; mas o fiz para demonstrar-vos que só se pode ter base nas próprias armas, e que as próprias armas só podem ser ordenadas por meio de uma ordenança, nem se pode por outras vias introduzir formas de exército em algum lugar, nem por outro modo ordenar uma disciplina militar. Se tivésseis lido as disposições que os primeiros reis adotaram em Roma, principalmente Sérvio Túlio, saberíeis que a ordem das classes não passa de uma ordenança para poder imediatamente reunir um exército para defesa daquela cidade.[35] Mas voltemos ao nosso *deletto*. Digo novamente, se tivesse de organizar um velho exército, escolheria os homens a partir de dezessete anos; devendo criar um novo, escolheria de todas idades entre dezessete e quarenta, para poder usá-lo imediatamente.

Cósimo. Diferenciaríeis a arte dos escolhidos?

Fabrício. Estes escritores fazem essa diferença, porque não querem convocar passarinheiros, pescadores, cozinheiros, ociosos e quaisquer outros que pratiquem artes de consolação; mas querem que se escolham, além dos trabalhadores da terra, ferreiros, ferradores, carpinteiros, açougueiros, caçadores e similares.[36] Mas eu faria pouca

---

[35] Quando o etrusco Sérvio Túlio (?–539 a.C.) tornou-se rei de Roma em 578 a.C., a cidade tinha uma única legião, com três mil soldados. Para aumentar seu exército e garantir suas conquistas territoriais, Túlio realizou o primeiro censo da população, que dividiu em cinco classes, usando essa classificação para o recrutamento militar. A elite entrava com o pequeno contingente da cavalaria e os membros das outras quatro classes militavam a pé, provendo a própria alimentação e o próprio armamento. As centúrias em que as várias classes se subdividiam eram, pelo menos na origem, também um enquadramento militar.

[36] Vegécio (ver nota 28 do Livro Primeiro), de fato, escreveu: "Na minha opinião, gostaria que fossem excluídos da milícia os pescadores, os passarinheiros, os pasteleiros e os cozinheiros, os tecelões e, em geral, todos aqueles que exercem profissões de mulher. Em vez disso, far-se-á uma boa coisa preferindo os ferreiros, os carpinteiros, os lenhadores e os caçadores de bestas selvagens" (*Epitoma rei militaris*, I, vii).

diferença no que se refere a conjeturar a qualidade do homem a partir de sua arte; e sim quanto a qual arte seria mais útil. E por esta razão os camponeses habituados a trabalhar a terra são mais úteis que qualquer outro; porque, de todas as artes, é esta que se adota nos exércitos mais do que as outras. Depois dessa, vêm os ferreiros, carpinteiros, ferradores, fresadores; dos quais é bom ter muitos, porque a arte deles vem a calhar em muitas coisas, sendo coisa muito boa ter um soldado do qual se extraia duplo serviço.

Cósimo. Como distinguir os que são bons e os que não são bons para militar?

Fabrício. Quero falar do modo de fazer uma nova convocação, para depois fazer um exército; porque, em parte, falamos até agora da seleção que se faria para lidar com uma velha convocação. Digo, portanto, que a qualidade de alguém que deves escolher como soldado se conhece ou por experiência, mediante alguma ilustre obra dele, ou por conjetura. A prova de virtude não pode ser encontrada nos homens que se escolhe pela primeira vez e que nunca foram selecionados antes; desses, encontram-se poucos ou nenhum nas novas convocações. É necessário, portanto, faltando esta experiência, recorrer à conjetura; a qual se extrai da idade, da arte e da presença. Já falamos das duas primeiras, falta falar da terceira; e digo, porém, que alguns quiseram que o soldado fosse grande, entre os quais Pirro; outros escolheram-nos apenas pela galhardia do corpo, como fazia César; galhardia de corpo e de espírito que se conjetura da composição dos membros e da graça do aspecto. Mas os que escrevem a respeito dizem que se desejam olhos vivos e alegres, o colo nervoso, pouco ventre, flancos rotundos, pernas e pés esbeltos; partes que costumam sempre tornar o homem ágil e forte, que são as duas coisas que mais se desejam num soldado. Deve-se sobretudo prestar atenção aos costumes, e que nele estejam a honestidade e a vergonha, senão se escolhe um instrumento de escândalo e um princípio de corrupção; porque ninguém acredita que, na educação desonesta e no espírito bruto, possa caber alguma virtude que seja de alguma forma louvável. Não me parece supérfluo, ao contrário, creio que seja necessário, para que entendais melhor a importância desse *deletto*, dizer-vos como os cônsules romanos escolhiam as legiões romanas no princípio de suas gestões;[37] nesse *deletto*, já que, entre os que deviam ser escolhidos, estavam misturados os veteranos e os novos, devido às guerras contínuas, podiam proceder com a experiência dos velhos e com as conjeturas sobre os novos. E se deve notar isto: que esses *deletti* são feitos ou para uso imediato ou para treinar os eleitos e usá-los quando necessário. Já falei e voltarei a falar de tudo o que se faz para usá-los quando necessário, porque minha intenção é mostrar-vos como se pode organizar um exército nos lugares onde não haja milícia, onde não se pode fazer um *deletto* para uso imediato; mas, naqueles onde seja costume ter exércitos, por intermédio do príncipe pode-se bem tê-los para uso imediato, como se observava em Roma e como se observa hoje entre os Suíços. Porque nestes *deletti*, se há novos homens, há também muitos dos outros, acostumados a estar nas organizações militares, de forma que, misturados juntos os novos e os velhos, compõem um corpo unido e bom; não obstante, depois que começaram a manter estações fixas de soldados,[38] os imperadores colocaram acima dos novos milicianos, que eram chamados recrutas, um mestre para treiná-los, como se vê na vida de Maximino imperador.[39] Coisa que, enquanto Roma foi livre, não era organizada

---

[37] Os cônsules romanos, que tinham mandato de um ano, assumiam suas funções a cada primeiro de janeiro — e eram sempre dois.
[38] Exércitos permanentes.
[39] Caio Júlio Vero Maximino (173–238), mais conhecido como Maximino I ou Maximino Trácio, reinou por apenas três anos a partir de 235. Foi o primeiro imperador bárbaro, ou seja, que não era cidadão romano nem sequer senador. Foi também o primeiro imperador romano que jamais esteve em Roma, sempre ocupado em vitoriosas campanhas militares. Morreu assassinado por seus próprios soldados.

no exército, mas sim dentro da cidade; e, sendo comuns nela os exercícios militares em que os jovens treinavam, ocorria que, quando escolhidos para ir à guerra, estavam tão acostumados com a milícia falsa que podiam facilmente adaptar-se à verdadeira. Mas como, depois, aqueles imperadores acabaram com esses exercícios, precisaram usar os termos que vos demonstrei. Voltando, portanto, ao modo do *deletto* romano, digo, então, que os cônsules romanos, aos quais era imposta a tarefa da guerra ao assumir a função, querendo organizar seus exércitos (porque era costume que cada um deles tivesse duas legiões de homens romanos, as quais eram o centro nervoso de seus exércitos), criavam vinte e quatro tribunos militares, e colocavam seis em cada legião, os quais tinham as funções que têm hoje aqueles que chamamos de condestáveis.[40] Reuniam, então, todos os homens romanos capazes de portar armas, e punham os tribunos de cada legião separados uns dos outros. Em seguida, sorteavam as tribos,[41] nas quais já se havia feito o *deletto*, e de cada tribo escolhiam os quatro melhores, entre os quais era eleito um pelos tribunos da primeira legião; entre os outros três, era eleito um pelos tribunos da segunda legião; dos outros dois, era eleito um para a terceira legião; e o último ficava para a quarta legião. Depois desses quatro, escolhiam-se outros quatro; dos quais, primeiro, um era escolhido pelos tribunos da segunda legião; o segundo entre eles, pela terceira; o terceiro deles pela quarta; o quarto ficava para a primeira. Depois, escolhiam-se outros quatro: o primeiro era selecionado pela terceira; o segundo, pela quarta; o terceiro, pela primeira, o quarto ficava para a segunda; e assim variava sucessivamente esse modo de

---

[40] O título medieval de condestável corresponderia ao moderno coronel.

[41] O povo romano era dividido em tribos que, na origem, eram apenas três e depois chegaram a 35, compreendendo todos os itálicos a quem era concedida a cidadania romana.

escolher, até que a eleição estivesse equilibrada e as legiões se igualavam. E, como dissemos acima, esse *deletto* podia ser feito para ser usado imediatamente, porque era feito entre homens dos quais boa parte era experimentada na verdadeira milícia e todos eram treinados na falsa; e este *deletto* podia ser feito por conjetura e por experiência. Mas onde seja necessário montar uma milícia pela primeira vez, e por isso escolhê-los para uso imediato, só se pode fazer esse *deletto* por conjetura, a qual se faz a partir da idade e da presença.

Cósimo. Creio totalmente ser verdadeiro aquilo que dissestes. Mas, antes que passeis a outro argumento, quero perguntar-vos sobre uma coisa de que me fizestes recordar, ao dizer que, onde não houvesse homens habituados a militar, o *deletto* deveria ser por conjetura; pois ouvi em muitos lugares culparem nossa ordenança, principalmente pelo número, porque muitos dizem que se deve extrair um número menor; do que se deduziria o seguinte: que seriam melhores e melhor escolhidos; não seria tão desconfortável para os homens; poder-se-ia dar-lhes algum prêmio, com o qual ficariam mais contentes, e poderiam ser melhor comandados. Gostaria de ouvir vossa opinião sobre isso, se preferiríeis um número maior ou menor, e quais modos teríeis para escolhê-los em um e outro número.

Fabrício. Sem dúvida, o número grande é melhor e mais necessário que o pequeno; ao contrário, melhor dizendo, onde não se pode ordenar uma grande quantidade, não se pode ordenar uma ordenança perfeita; e facilmente vos anularei todas as razões alinhadas por aqueles. Digo, portanto, em primeiro lugar, que o menor número onde haja muita população, como, por exemplo, na Toscana, não significa que os tenhais melhores, nem que o *deletto* seja mais apurado. Pois, querendo julgá-los pela experiência, ao escolher os homens, encontrar-se-iam pouquíssimos nesse lugar com provável experiência, seja porque poucos estiveram numa guerra, seja porque, desses poucos, pouquíssimos passaram por provas que os fizessem merecer ser escolhidos antes dos outros; de modo que, para quem deve escolhê-los em lugares assim, convém que deixe de lado a experiência e os escolha por conjetura. Frente a essa necessidade, portanto, gostaria de explicar, se aparecessem diante de mim vinte jovens de boa presença, com que regra pegaria ou largaria algum deles; de forma que, sem dúvida, creio que qualquer homem admitiria que seja menor erro pegá-los todos, armá-los e treiná-los, já que não se pode saber qual deles é melhor, e fazer mais tarde o *deletto* certo, quando, durante o treinamento, se conhecessem aqueles de mais espírito e de mais vida. De modo que, tudo considerado, o cerne deste caso de poucos para ter os melhores é completamente falso. Quanto a reduzir o desconforto do lugar e dos homens, digo que a ordenança, que seja pouca ou muita, não produz desconforto algum; porque esta ordem não afasta os homens de seus afazeres, não os obriga a ponto de que não possam ocupar-se de seus interesses, pois só é obrigatória nos dias de ócio, quando todos devem reunir-se para se exercitar; o que não causa danos nem ao lugar nem aos homens, ao contrário, aos jovens daria prazer, pois nos feriados, quando estão por aí vilmente ociosos, iriam com prazer a esses exercícios, porque tratar com armas é um belo espetáculo e agrada aos jovens. Quanto a poder pagar bem o número menor e, por isso, mantê-los mais obedientes e mais contentes, respondo que não se pode convocar tão poucos, que se possam pagar continuamente e que esse pagamento os satisfaça. Por exemplo, se se convocasse uma milícia de cinco mil infantes, para poder pagá-los de forma que se acreditasse que estariam contentes, seria preciso dar-lhes ao menos dez mil ducados por mês. Em primeiro lugar, esse número de infantes não basta para fazer um exército; esse pagamento é insuportável para um estado e, de outro lado, não é suficiente para manter os homens contentes e agradecidos a ponto de se poder usá-los à vontade. De modo que, ao fazer isso, gastar-se-ia demasiado, ter-se-iam poucas forças e não seriam suficientes para se defender ou tomar alguma iniciativa. Se lhes desses mais ou convocasses um maior número, tanto maior seria a tua impossibilidade de os pagar. Se lhes desses menos ou convocasses um menor número, tanto menos contentamento haveria neles e, para ti, menos utilidade teriam. Portanto, aqueles que pensam em fazer uma ordenança e, enquanto ela está parada, pagá-la, pensam em coisas ou impossíveis ou inúteis. Mas é bem necessário pagá-los quando são convocados para levá-los à guerra. Mesmo se essa ordem desse aos seus conscritos algum desconforto nos tempos de paz (que não vejo como), eles terão, em compensação, todo aquele bem que traz uma milícia convocada numa aldeia, porque sem ela não está segura coisa alguma. Concluo que os que querem o pouco número para poder pagá-lo, ou por qualquer outra das razões alegadas por vós, não entendem do assunto, pois, na minha opinião, farão que qualquer número sempre diminua entre suas mãos, devido aos infinitos impedimentos que têm os homens, de modo que o pouco número tornar-se-ia nada. Por outro lado, com uma grande ordenança, podes, à tua escolha, valer-te dos poucos e dos muitos. Além disso, ela te servirá de fato e para a tua reputação, pois o grande número sempre te dará mais prestígio. Acrescente-se a isto que, ao fazer a ordenança para poder exercitar os homens, se convocas poucos homens em muitas aldeias, os conscritos estarão tão distantes entre si que não poderás, sem dano gravíssimo para eles, reuni-los para exercitá-los; e, sem esse exercício, a ordenança é inútil, como se dirá oportunamente.

Cósimo. Sobre esta minha pergunta, basta o que dissestes; mas desejo agora que me resolvais uma outra dúvida. Dizem que essa multidão de homens armados serve apenas para causar confusão, discórdia e desordem no campo.

Fabrício. Essa é outra opinião vã, pela razão que vos direi. Esses homens armados podem causar desordem de dois modos: ou entre eles, ou contra os outros. As duas coisas podem ser facilmente obstadas, onde a própria ordenança não as obste; pois, quanto à discórdia entre eles, esta ordem elimina-a, não a nutre, pois, ao ordená-los, dar-lhes-eis armas e chefes. Se a aldeia onde os ordenais é tão covarde que não haja armas entre seus homens, esta ordem os torna mais ferozes contra o forasteiro, mas não os torna de forma alguma mais desunidos, porque os homens bem ordenados temem as leis, armados ou desarmados; nem jamais se altercarão, se os chefes que lhes derdes não causarem a altercação; e como fazer isto será explicado adiante. Mas, se a aldeia em que são ordenados é belicosa e desunida, esta ordem haverá de uni-los; porque eles têm armas e chefes próprios, mas são inúteis na guerra e seus chefes nutrem as divergências. E a ordenança lhes dá armas úteis para a guerra e chefes que extinguem as divergências; porque, nessa aldeia, sempre que alguém é ofendido, recorre ao seu chefe, que, para manter a própria reputação, recomenda a vingança, não a paz. O chefe público[42] faz o contrário; de forma que elimina a razão da divergência e prepara a razão da união; e as províncias unidas e efeminadas[43] perdem a vileza e mantêm a união; as desunidas e tumultuosas unem-se e sua ferocidade, que soem adotar desordenadamente, se converte em utilidade pública. Quanto a querer que não causem danos a outrem, deve-se considerar que só podem fazê-lo mediante os chefes que as governam. Para que os chefes não façam desordem, é necessário cuidar para que não adquiram excessiva autoridade. E deveis considerar que esta autoridade se adquire ou por natureza ou por acaso. E, quanto à natureza, convém prover para que quem nasceu num lugar não seja preposto aos homens convocados nesse lugar, mas seja chefe dos lugares onde não tenha nenhuma conveniência natural. Quanto ao acaso, deve-se

---

[42] Em contraposição ao chefe "privado", que lidera uma facção.
[43] Ver nota 2 do Proêmio.

organizar a coisa de modo que, a cada ano, os chefes façam uma permuta de governo a governo;[44] porque a autoridade contínua sobre os mesmos homens gera entre eles tanta união que facilmente pode ser convertida em prejuízo do príncipe. O exemplo do reino dos assírios e do império romano mostra como essas permutas podem ser úteis a quem as usa e danosas a quem não as observa; vê-se que aquele reino durou mil anos sem tumulto e sem nenhuma guerra civil; o que não resulta de outra coisa senão das permutas que faziam anualmente, de lugar a lugar, os capitães encarregados dos exércitos. Nem foi por outra razão que, no império romano, uma vez extinto o sangue de César,[45] nasceram tantas guerras civis entre capitães de exército e tantas conspirações dos ditos capitães contra os imperadores, tudo para conservar os mesmos capitães nos mesmos governos. E se alguns daqueles primeiros imperadores, que mantinham o império com seu prestígio, como Adriano, Marco, Severo[46] e semelhantes, tivessem esta visão e houvessem introduzido o costume de permutar os capitães naquele império, sem dúvida o tornariam mais tranquilo e mais duradouro; porque os capitães teriam sem dúvida menos oportunidades para criar tumulto, os imperadores teriam menos razões para temer e o senado, nas sucessões, teria mais autoridade para eleger o imperador e, em consequência, tudo seria melhor. Mas não se conseguem eliminar os maus costumes, adquiridos por ignorância ou pela pouca diligência dos homens, nem pelos maus nem pelos bons exemplos.

---

[44] Que a cada ano haja um rodízio entre os chefes.

[45] Refere-se ao fim da linhagem da família dita Júlia, uma das mais antigas de Roma, que entrou para a História pelas mãos de seu filho mais famoso, Caio Júlio César (ver nota 14 do Livro Primeiro).

[46] Imperadores romanos Públio Hélio Traiano Adriano (76–138), César Marco Aurélio Antonino Augusto (121–180) e Lúcio Septímio Severo (146–211).

Cósimo. Não sei se, com minhas perguntas, quase vos afastei de vosso plano, porque, do *deletto*, passamos a outro assunto e, se eu não tivesse pedido desculpas há pouco, acreditaria merecer alguma reprimenda.

Fabrício. Não se aborreça por isso; pois toda esta ponderação era necessária para poder pensar na ordenança; a qual, sendo condenada por muitos, convinha fosse defendida, se se quisesse que a primeira parte do *deletto* ocorresse. E, antes que eu chegue às outras partes, quero refletir sobre o *deletto* dos homens a cavalo. Entre os antigos, isto se fazia entre os mais ricos,[47] levando em conta a idade e a qualidade do homem; e escolhiam trezentos por legião, tanto que os cavalos romanos em cada exército consular não passavam da soma de seiscentos.[48]

Cósimo. Faríeis convocação de cavalos,[49] para exercitá-los em casa e se valer deles com o tempo?

Fabrício. É, aliás, necessário; e não se pode fazer de outro modo quando se quer armas que sejam suas, para não precisar usar as daqueles que delas fazem sua arte.[50]

Cósimo. Como os escolheríeis?

---

[47] Os *equites* (cavaleiros) eram de fato os mais ricos entre os cidadãos romanos.

[48] Maquiavel extraiu essa informação da obra Histórias, do geógrafo e historiador grego Políbio (203–120 a.C.). Hoje, no entanto, sabe-se que os cavaleiros chegavam a ser até 700 por legião e, portanto, 1.400 num exército consular, formado por duas legiões. Maquiavel desejava instituir também milícias a cavalo no exército florentino, mas a catástrofe de 1512 impediu-o de realizar seu projeto. Em agosto desse ano, o exército da Liga Santa entrou na Toscana e devastou a cidade de Prato, que entrou em decadência pelos dois séculos seguintes. Em consequência, Florença voltou ao controle da família Médici, depois de um período republicano iniciado em 1494, durante o qual Maquiavel fez a maior parte de sua carreira.

[49] Entenda-se cavaleiros. Ao longo da obra, Maquiavel também se refere à cavalaria como "cavalos".

[50] Ou seja, para não precisar recorrer a cavalarias mercenárias.

Fabrício. Imitaria os Romanos; selecionaria entre os mais ricos, dar-lhes-ia chefes, da mesma forma que, hoje, se dá aos outros, e os armaria e treinaria.

Cósimo. Seria bom dar a estes alguma indenização?

Fabrício. Sim, seria bom; mas apenas o suficiente para alimentar o cavalo; pois os teus súditos poderiam aborrecer-se contigo se lhes causasses despesas. Mas seria necessário pagar-lhes o cavalo e as suas despesas.

Cósimo. Quantos escolheríeis e como os armaríeis?

Fabrício. Passastes a outro assunto. Dir-vos-ei na hora certa, que será quando terei dito como se devem armar os infantes ou como prepará-los para uma jornada.

LIVRO SEGUNDO

Uma vez encontrados os homens, creio ser necessário armá-los; e, para fazê-lo, creio ser necessário examinar as armas usadas pelos antigos, e delas escolher as melhores.[1] Os Romanos dividiam suas infantarias em pesadamente armadas e ligeiramente armadas. As das armas ligeiras chamavam com um vocábulo, *Veliti*. Sob este nome estavam todas as que atiravam com a funda,[2] com a besta,[3] com os dardos, e a maior parte deles, para sua defesa, levava a cabeça coberta e um pequeno escudo circular no braço. Combatiam fora da ordem unida e longe dos que carregavam armadura pesada; a qual era proteção que chegava até os ombros, uma couraça cujas laterais chegavam até os joelhos; e tinham as pernas e os braços cobertos por perneiras e braçadeiras, com um escudo de duas braças[4] de comprimento e uma de largura, o qual tinha uma proteção de ferro por cima, para poder aparar

---

[1] Ao tempo de Maquiavel, já existiam armas de fogo, mas eram de uso muito limitado. Os armamentos mais comuns ainda eram os medievais, que, salvo ligeiras variações, correspondiam basicamente aos da Antiguidade clássica.

[2] Os fundibulários (do latim *funditores*). Também eram chamados de fundeiros, fundaeiros ou fundistas, mas esta última palavra adquiriu outra acepção modernamente — a de atleta que corre longas distâncias. A funda é um tipo mais sofisticado de estilingue (ou bodoque) e, entre os antigos romanos, era a arma que se colocava já nas mãos do menino.

[3] A besta, também chamada balesta ou balestra, é uma espécie de arco equipado com gatilho para arremessar setas ou pedras.

[4] A braça florentina tinha 58 centímetros.

um golpe, e outra por baixo, de forma que, ao roçar pelo chão, não se desgastasse.[5] Para atacar, tinham uma espada no flanco esquerdo, com uma braça e meia de comprimento, e um estilete no flanco direito. Tinham um dardo na mão, que chamavam de *pilo*, que lançavam no inimigo no início da batalha. Estas eram as armas romanas, com as quais ocuparam o mundo todo. E, embora alguns escritores antigos lhes pusessem na mão, além dessas armas, uma lança, não sei como uma lança pesada pode ser usada por quem já carrega o escudo; porque o escudo impede que se a maneje com as duas mãos e com uma só não serve a grande coisa, dado o seu peso. Além disso, combater com lanças em grupo e em formação é inútil, a não ser no fronte, onde há espaço livre para estender toda a lança; o que não se pode fazer dentro da formação, porque a tendência natural das tropas em combate é a de sempre se aglutinar, como lhes direi oportunamente; porque se teme menos isto, embora seja inconveniente, do que a dispersão, onde o perigo é evidentíssimo. De forma que todas as armas mais longas do que duas braças são inúteis nos combates corpo a corpo; porque se tivesses a lança e quisesses usá-la com as duas mãos, desde que o escudo não incomodasse, não poderíeis ferir com ela um inimigo muito próximo de vós. Se a tomais com uma mão, para servir-vos também do escudo, só podeis segurá-la pelo meio e, assim, haverá tanta lança para trás que os que vos seguem impedir-vos-ão de manejá-la. E para saber se é verdade que os Romanos não tinham essas lanças ou que, tendo-as, delas se valessem pouco, lede todas as batalhas campais descritas por Tito

---

[5] Maquiavel descreve o grande escudo retangular romano (havia outros, menores), feito de madeira forrada de couro. O grande escudo pesava entre cinco e dez quilos e, com frequência, os soldados o apoiavam no chão, o que poderia desgastar a madeira e o couro. Por isso, além da proteção no topo, contra golpes, a base do escudo também era coberta com metal.

Lívio na sua *História*,⁶ e vereis, nelas, que raríssimas vezes mencionam-se as lanças; ao contrário, sempre diz que, uma vez lançados os dardos, pegavam logo a espada. Mas quero deixar essas lanças e me ater à espada para ataque e, para defesa, ao escudo e às outras armas citadas acima.

Os Gregos não se armavam tão pesadamente para a defesa como os Romanos, mas, para o ataque, baseavam-se mais na lança do que na espada; principalmente as falanges da Macedônia, cujas lanças se chamavam sarissas,⁷ com até dez braças de comprimento, com as quais abriam a formação inimiga e mantinham a ordem nas próprias falanges. E, embora alguns escritores digam que eles também tinham escudos, não sei, pelas razões mencionadas acima, como podiam segurar sarissas e escudos. Além disso, na jornada de Paulo Emílio contra Persa,⁸ rei da Macedônia, não me lembro que seja feita menção a escudos, mas só a sarissas e às dificuldades do exército romano para vencê-las. De modo que conjeturo que, não sendo uma falange macedônia, hoje seria comparável um batalhão de Suíços, os quais têm nas

---

⁶ Tito Lívio (59 a.C. –17 d.C.) foi um historiador romano, autor de uma monumental história de Roma, *Ab urbe condita*. São 142 "livros" (capítulos) que cobrem da fundação da cidade, tradicionalmente datada a 21 de abril de 753 a.C., até a morte, em 9 a.C., de Druso, enteado do Imperador Augusto. Maquiavel cita Lívio profusamente, nem sempre lhe atribuindo crédito.

⁷ As sarissas eram lanças de quatro a sete metros de comprimento, usadas por exércitos gregos e macedônios. As falanges da Macedônia, cuja invenção é comumente atribuída a Filipe II da Macedônia, eram sólidas formações de até nove mil soldados fortemente armados e distribuídos em fileiras grandes e compactas. Os guerreiros da primeira fileira eram protegidos justamente por uma barreira de sarissas, mantidas em riste pelos soldados das cinco fileiras subsequentes, de forma que essa falange era um bloco impossível de atacar frontalmente — e seu ataque era impossível de conter.

⁸ Perseu, o último rei da Macedônia, foi vencido pelo cônsul romano Paulo Emílio em 168 a.C., na batalha de Pidna. O ponto fraco da falange da Macedônia eram os flancos, que foi justamente onde os romanos atacaram.

espadas todo o seu esforço e toda a sua potência. Além das armas, os Romanos também ornavam suas infantarias com plumas; as quais tornam o aspecto de um exército belo para os amigos e terrível para os inimigos. As armas dos homens a cavalo, naquela primeira antiguidade romana, eram um escudo redondo, com a cabeça coberta e o resto do corpo desarmado. Tinham a espada e uma lança com ferro somente na ponta, longa e fina, donde não conseguiam firmar o escudo; ao se agitar, a lança podia quebrar e, por estarem desarmados, eles eram expostos a ferimentos. Depois, com o tempo, armaram-se como os infantes; mas tinham um escudo menor e quadrado e a lança mais firme e com dois ferros, de forma que, quebrando-se uma ponta, podiam valer-se da outra. Com estas armas, tanto a pé como a cavalo, os meus Romanos ocuparam o mundo todo; e é crível, pelo fruto que se viu, que fossem o exército mais bem armado de todos os tempos. E Tito Lívio nas suas *Histórias* dá fé várias vezes disso, quando diz, ao comparar os exércitos inimigos: "Mas os Romanos por virtude, por geração de armas e disciplina eram superiores"; e, no entanto, eu refleti mais particularmente sobre as armas dos vencedores do que as dos vencidos. Parece-me bem refletir agora apenas sobre o atual modo de armar. Para sua defesa, os infantes têm um peito de ferro e, para ataque, uma lança de nove braças de comprimento, chamada pique, com uma espada no flanco, mais redonda do que aguda na ponta. Esse é o armamento comum das infantarias de hoje, porque são poucos os que têm as costas e os braços protegidos, nenhum deles, a cabeça; e esses poucos, em vez do pique, portam uma alabarda, a lança que, como sabeis, tem três braças de comprimento e o ferro recurvo, como um machado. Há entre eles os fuzileiros,[9] os quais, com o ímpeto do fogo, têm o

---

[9] No original, *scoppiettieri*, que usavam o *scoppio*, como diziam os florentinos (*schioppo* em italiano), palavra que resultou em "escopeta" no português e no espanhol. Trata-se de uma espingarda curta, de um ou dois canos. As armas de fogo ainda eram raras e pouco confiáveis.

mesmo ofício que tinham antigamente os fundibulários e os besteiros.[10] Este modo de armar foi criado por povos alemães e principalmente pelos Suíços; os quais, sendo pobres e querendo viver livres, tinham e têm a necessidade de combater a ambição dos príncipes da Magna;[11] que, por serem ricos, podiam alimentar cavalos, coisa que não podiam fazer aqueles povos, devido à sua pobreza; donde resulta que, estando a pé e querendo defender-se de inimigos que estão a cavalo, convinha-lhes pesquisar nas antigas ordens e encontrar armas que os defendessem da fúria dos cavalos. Essa necessidade levou-os a manter ou recuperar as antigas ordens, sem as quais, como afirma qualquer pessoa prudente, a infantaria é completamente inútil. Prezam, portanto, como armas, os piques, utilíssimos não apenas para deter os cavalos, mas para vencê-los. E, por virtude dessas armas, e dessas ordens, os Alemães[12] tornaram-se tão audaciosos que quinze ou vinte mil deles assaltariam qualquer grande número de cavalos; e disso, de vinte e cinco anos para cá, viram-se muitas experiências. E foram tão poderosos os exemplos da virtude deles, fundada nessas armas e nestas ordens, que, depois que o rei Carlos[13] passou pela Itália, toda nação os imitou; tanto que os exércitos espanhóis adquiriram grandíssima reputação.

Cósimo. Qual modo de armar louvais mais: o alemão ou o antigo romano?

Fabrício. O romano, sem dúvida; e vos direi o bem e o mal de um e de outro. Os infantes alemães armados assim podem sustar e vencer os cavalos; são mais expeditos para caminhar e entrar em formação, por não estarem carregados de armas. Por outro lado, estão expostos a todos os

---

[10] Ver notas 2 e 3 do Livro Segundo.
[11] *Magna Germania* — a Alemanha.
[12] Maquiavel identifica os suíços de seu tempo com os alemães.
[13] Carlos VIII da França, em 1494. O exército francês usava batalhões de mercenários suíços.

golpes, de longe e de perto, por estarem desarmados; são inúteis nas batalhas das terras[14] e a qualquer confrontação onde haja resistência firme. Mas os Romanos sustavam e venciam os cavalos, como estes; estavam seguros contra golpes de perto e de longe, por estarem cobertos de armas; podiam golpear melhor e suportar melhor os golpes, pois tinham escudos; nos combates corpo a corpo, podiam mais ativamente valer-se da espada do que estes com o pique; e mesmo tendo a espada, por estarem sem o escudo, ela se torna nesse caso inútil. Podiam seguramente assaltar as terras, com a cabeça coberta e podendo cobri-la ainda melhor com o escudo. De forma que não tinham outro incômodo além do peso das armas e o aborrecimento de carregá-las; coisas que superavam ao acostumar o corpo ao desconforto e fortalecê-lo para poder suportar as dificuldades. E sabeis como os homens não sofrem com as coisas às quais estão habituados. E deveis entender isto: que as infantarias podem ter de combater infantes e cavalos, e são sempre inúteis aquelas que não poderão sustar os cavalos ou que, podendo sustá-los, devam, apesar disso, temer infantarias que estejam melhor armadas ou melhor ordenadas do que elas. Agora, se considerásseis a infantaria alemã e a romana, encontraríeis na alemã a atitude, como dissemos, para vencer os cavalos, mas desvantagem quando combate com uma infantaria ordenada como eles e armada como a romana. De forma que haverá esta vantagem de uma sobre a outra: que os Romanos poderão superar infantes e cavalos, os Alemães, só os cavalos.

Cósimo. Desejaria que oferecêsseis algum exemplo específico, de forma que entendêssemos melhor.

Fabrício. Digo assim: que encontrareis, em muitos lugares de nossas histórias, as infantarias romanas tendo vencido inumeráveis cavalos, e nunca as encontrareis

---

[14] As "terras" são fortalezas ou cidades fortificadas.

vencidas por homens a pé, por defeito seu no armar ou por vantagem do inimigo nas armas. Pois, se o modo de eles se armarem tivesse defeito, seria necessário ocorrer uma de duas coisas: ou que, encontrando quem se armasse melhor que eles, não avançassem mais com as conquistas, ou que adotassem modos estrangeiros e deixassem os próprios. E, como não aconteceu nem uma coisa nem outra, resulta que se pode facilmente conjeturar que o modo de armar deles fosse melhor que qualquer outro. O mesmo não se pode dizer das infantarias alemãs, porque já se os viu fazerem má prova sempre que quiseram combater homens a pé, ordenados e obstinados como eles; o que resulta da vantagem destes sobre os exércitos inimigos. Filipe Visconti, duque de Milão, tendo sido atacado por dezoito mil Suíços, mandou ao seu encontro o Conde Carmignuola, que, na época, era seu capitão. Este, com seis mil cavalos e poucos infantes, foi encontrá-los e, chegando às vias de fato com eles, foi rechaçado com pesados danos. Daí o Carmignuola, como homem prudente, logo conheceu a potência das armas inimigas, quanto prevaleciam sobre os cavalos e a fraqueza dos cavalos contra homens a pé assim ordenados; e reagrupou a sua gente, e foi encontrar os Suíços e, quando se aproximou, fez descer do cavalo a sua gente d'armas; e combatendo assim com eles, todos, apenas três mil, matou-os; os quais, vendo-se consumir sem remédio, jogaram as armas por terra, renderam-se.[15]

Cósimo. De onde vem tanta desvantagem?

Fabrício. Eu vo-lo disse há pouco; mas como não haveis entendido, repetirei. As infantarias alemãs, como se disse há pouco, quase desarmadas para defender-se, têm, para

---

[15] O Carmignuola é Francisco di Bussone, conde de Carmanhola; o episódio narrado é a batalha de Arbedo (1422), que de fato terminou com a rendição da infantaria suíça.

ofender, o pique e a espada. Vêm encontrar o inimigo com essas armas e com sua ordem, o qual, se está bem armado para defender-se, como estavam os homens d'armas do Carmignuola, que os fez descer dos cavalos, vem com a espada e nas suas ordens a encontrá-las; e não tem outra dificuldade senão aproximar-se dos Suíços o suficiente para atingi-los com a espada; pois, quando se aproxima, seguramente os combate, porque o alemão não pode usar o pique contra o inimigo que está muito perto, devido ao comprimento da lança, e lhe convém levar a mão à espada, a qual lhe é inútil, pois está desarmado e tem diante de si um inimigo todo armado.[16] Assim, quem considera a vantagem e a desvantagem de um e do outro verá como o desarmado não tem remédio algum; e vencer o primeiro confronto e passar as primeiras pontas dos piques não é muito difícil, se estiver bem armado quem os combate; porque as batalhas[17] caminham (entendereis melhor quando eu vos demonstrar como elas funcionam) e, caminhando, necessariamente [os exércitos inimigos] se encostam e se atacam no peito; e, se os piques matam ou jogam por terra alguém, os que permanecem em pé são tantos que bastam para a vitória. Disso resulta que o Carmignuola venceu com grande estrago entre os Suíços e poucas perdas entre os seus.

Cósimo. Considerais que os do Carmignuola eram homens d'armas, os quais, embora estivessem a pé, estavam cobertos todos de ferro, e assim puderam passar pela prova; sim, penso que seria preciso armar uma infantaria como eles, se se quisesse passar pela mesma prova.

Fabrício. Se vos lembrásseis do que eu disse sobre como os Romanos se armavam, nem pensaríeis nisso; porque um

---

[16] Quando diz que o suíço ou alemão está "desarmado", Maquiavel quer dizer que não usava armadura.

[17] A batalha, para Maquiavel, é uma das possíveis formações militares. Corresponderia à companhia em um exército moderno.

infante com a cabeça coberta por ferro, o peito protegido pela couraça e pelo escudo, as pernas e os braços armados, está muito mais apto a se defender dos piques e a entrar entre eles do que um homem d'armas a pé. Quero dar alguns exemplos modernos. Infantarias espanholas tinham descido da Sicília para o reino de Nápoles, para encontrar Consalvo, que estava sob sítio dos franceses em Barletta. Foi ao seu encontro o monsenhor de Ubignì com suas gentes d'armas e com cerca de quatro mil infantes alemães.[18] Os Alemães atacaram. Com seus piques baixos abriram as infantarias espanholas; mas estas, ajudadas por seus broquéis[19] e pela agilidade de seus corpos, misturaram-se com os Alemães, a ponto de poder tocá-los com a espada; donde resultou a morte de quase todos e a vitória dos Espanhóis. Todos sabem quantos infantes alemães morreram na jornada de Ravena;[20] o que resultou das mesmas razões: porque as infantarias espanholas aproximaram-se das infantarias alemãs à distância da espada, e as teriam consumido todas, se os infantes alemães não fossem socorridos pelos cavalos

---

[18] Referência a um episódio da guerra de 1502, na Itália meridional, entre espanhóis e franceses. Consalvo é Gonçalo Fernández de Córdoba (1453–1515), dito o Grande Capitão, que em 1504 seria nomeado vice-rei de Nápoles pelo rei da Espanha, Fernando I, o Católico. O monsenhor de Ubignì (pronuncia-se *ubinhí*) é Robert Stuart d'Aubigny (1470–1544), cujo nome é pronunciado *obinhí*, um marechal francês de origem escocesa nomeado condestável do reino das Duas Sicílias por Carlos VIII da França (ver nota 13 do Livro Segundo). Barletta é uma cidade da região italiana da Apúlia. Como militar, d'Aubigny participou das chamadas "guerras da Itália", iniciadas em 1494 por uma invasão francesa e descritas por Maquiavel como "horrendas". O marechal não era membro do clero: recebera da Igreja o título honorífico de "monsenhor", como muitos outros reis, príncipes e cavaleiros da época.

[19] Pequenos escudos redondos, com uma ponta cortante no centro.

[20] Famosa batalha de 1512, vencida pelos franceses com um exército espanhol e pontifício. Ravena é uma cidade da região italiana da Emília-Romanha.

franceses; não obstante, os Espanhóis, em formação compacta, abrigaram-se em lugar seguro. Concluo, portanto, que uma boa infantaria deve não apenas poder sustar os cavalos mas não deve ter medo dos infantes; o que, como já disse muitas vezes, resulta das armas e da ordem.

Cósimo. Dizei, então, como os armaríeis.

Fabrício. Usaria as armas romanas e as alemãs, e gostaria que metade fosse armada como os romanos e metade, como os alemães. Pois se, em seis mil infantes, como vos direi logo mais, eu tivesse três mil infantes com os escudos à romana e dois mil com piques e mil fuzileiros à alemã, me bastariam; porque eu colocaria os piques na frente de batalha, ou onde temesse mais os cavalos; e me serviria daqueles do escudo e da espada para dar cobertura aos piques e para vencer a jornada, como vos mostrarei. Tanto que acreditaria que uma infantaria assim ordenada superaria hoje qualquer outra infantaria.

Cósimo. O que está dito nos basta quanto às infantarias, mas, quanto aos cavalos, desejamos entender qual vos parece melhor armamento, o nosso ou o antigo?

Fabrício. Creio que nestes tempos, com respeito às selas encouraçadas e aos estribos, que não eram usados pelos antigos, se esteja mais seguro a cavalo do que então. Creio que se arme também melhor, de forma que hoje um esquadrão de homens armados, pesando muito, vem a ser mais dificilmente sustado do que os antigos cavalos. Com tudo isso, não obstante, julgo que não se deva dar mais valor aos cavalos do que se dava antigamente; pois, como se disse acima, muitas vezes, nos nossos tempos, envergonharam-se com os infantes, e se envergonharão sempre que encontrem uma infantaria armada e ordenada como acima. Tigrane, rei da Armênia, tinha cento e cinquenta mil cavalos, muitos armados com catafratos,[21] como nossos homens d'armas,

---

[21] O catafrato é uma armadura revestida de escamas de ferro.

contra o exército romano, do qual era capitão Lúculo; e, do outro lado, os romanos não chegavam a seis mil, com vinte e cinco mil infantes, tanto que Tigrane, vendo o exército dos inimigos, disse: "São cavalos suficientes para uma embaixada"; não obstante, nas vias de fato, foi arruinado. E quem descreve aquela batalha[22] vilipendia os catafratos, provando-os inúteis, porque diz que, por ter o rosto coberto, eram pouco aptos a ver e ofender o inimigo e, por estarem sob o peso das armas, não podiam, ao cair, levantar-se nem se valer de si mesmos. Digo, portanto, que aqueles povos, ou reinos, que estimaram mais a cavalaria do que a infantaria, sempre são frágeis e expostos a toda ruína, como se viu na Itália de nossos tempos; a qual foi predada, arruinada e corrida por forasteiros, não por outro pecado do que por ter cuidado pouco da milícia a pé, e ter colocado seus soldados todos a cavalo. Bem que se deve ter cavalos, mas em segundo lugar e não como primeiro fundamento do seu exército; porque são necessários e utilíssimos para fazer descobertas, correr e desgastar o território inimigo, manter seu exército atribulado e infestado e sempre com as armas na mão, impedir seu abastecimento; mas, quanto às jornadas e às batalhas campais que constituem a importância da guerra e o propósito do ordenamento dos exércitos, são mais úteis para perseguir o inimigo, uma vez arruinado, do que para fazer qualquer outra coisa que se faça nelas, e são muito inferiores à virtude da infantaria.

Cósimo. Ocorrem-me duas dúvidas; uma, que sei que os Persas só operavam os cavalos na guerra, e, no entanto, repartiram o mundo com os Romanos; a outra, que gostaria que me dissésseis como a cavalaria pode ser sustada por infantes e de onde vem a virtude destes e a fraqueza daquela.

---

[22] Em 69 a.C., a batalha de Tigranocerta, antiga capital da Armênia, hoje desaparecida, opôs o Rei Tigrane II (140–55 a.C.), dito o Grande, a Lúcio Licínio Lúculo (117–56 a.C.). Plutarco descreveu a batalha em sua obra *Vidas paralelas*, no capítulo "Vida de Lúculo".

Fabrício. Ou vos disse, ou quis dizer-vos, que meu raciocínio sobre as coisas da guerra não passa dos termos da Europa. Assim sendo, não me vejo obrigado a refletir sobre os costumes da Ásia. Mas posso dizer-vos isto: que a milícia dos Persas era o oposto da Romana, porque os Persas militavam todos a cavalo e, ao combater, procediam confusos e desorganizados; e era um modo de combater instável e cheio de incerteza. Os Romanos estavam, pode-se dizer, quase todos a pé e combatiam muito juntos e em equilíbrio; e um ou outro venceu de acordo com o sítio grande ou pequeno; porque neste os Romanos eram superiores, naquele, os Persas; os quais puderam fazer grandes provas com aquela milícia, com respeito à região que deviam defender; a qual era grandíssima, porque as marinas distavam mil milhas, os rios ficavam a duas ou três jornadas um do outro, a mesma coisa com as terras e os habitantes raros; de modo que um exército romano, pesado e lento por causa das armas e da ordem, não podia cobrir esse território sem seu grave dano, já que quem o defendia estava a cavalo e era rapidíssimo; de modo que estava hoje num lugar e amanhã escondido a cinquenta milhas; donde resulta que os Persas podiam vencer apenas com a cavalaria e a ruína do exército de Crasso e os perigos do de Marco Antônio.[23]

Mas eu, como vos disse, não pretendo nesta reflexão falar da milícia fora da Europa; mas quero deter-me sobre o que ordenaram os Romanos e os Gregos outrora e o que hoje fazem os Alemães. Mas vamos à outra pergunta vossa, em que desejais entender qual ordem e qual virtude

---

[23] Marco Licínio Crasso (c. 114–53 a.C.) foi derrotado e morto pelos persas na batalha de Carre (hoje Harran, na Turquia). Treze anos depois, Marco Antônio (83-30 a.C.), o famoso amante de Cleópatra, deu início a suas campanhas persas, que se estenderam até 33 a.C., quando conquistou a Armênia, depois de sua fragorosa derrota contra os persas em 36 a.C.

natural faz que os infantes superem a cavalaria. E vos digo, em primeiro lugar, que os cavalos não podem ir, como os infantes, a qualquer lugar. São mais lentos que os infantes para obedecer, quando é necessário variar a ordem; pois, se é preciso recuar quando se está avançando ou avançar quando se está recuando, ou, estando parados, mover-se, sem dúvida os cavalos não o podem fazer como os infantes. Os cavalos não podem, se forem desordenados por algum estímulo externo, voltar à formação sem dificuldade, mesmo que o estímulo desapareça; o que os infantes fazem rapidissimamente. Além disso, acontece muitas vezes de um homem corajoso estar sobre um cavalo vil e um vil sobre um corajoso; donde resulta que essas disparidades de ânimo causem desordem. Nem se maravilhe alguém que uma formação cerrada de infantes sustente qualquer ataque de cavalos, porque o cavalo é um animal sensato e conhece os perigos e entra neles de má vontade. E se consideraríeis quais forças o fazem andar em frente e quais forças o contêm, vereis sem dúvida que são maiores as que o retêm do que aquelas que o propelem; porque a espora o faz andar e, do outro lado, a espada ou o pique o contêm. De tal forma que se viu, pelas experiências antigas e modernas, que uma formação cerrada de infantes é seguríssima, até insuperável pelos cavalos. E se contra-argumentásseis que o ímpeto com que vem o faz mais furioso para colidir com quem o queira sustar, o faz respeitar menos o pique que a espora, digo que, se o cavalo em marcha começa a ver que terá de colidir com as pontas dos piques, ou freará o curso por si mesmo, de modo que quando se sentir atingido parará de fato, ou, junto aos piques, virará à direita ou à esquerda. Se quereis fazer uma experiência sobre isso, tentai fazer correr um cavalo contra um muro; logo constatareis que, com qualquer ímpeto que queirais, ele cederá. César, quando teve de combater os Suíços[24] na França, desmontou e

---

[24] Na época, os helvéticos.

fez desmontar todos e fez remover os cavalos da formação, como coisa mais adequada para fugir do que para combater. Mas, não obstante os impedimentos naturais dos cavalos, o capitão que conduz os infantes deve escolher caminhos que tenham o maior número possível de impedimentos para os cavalos; e raramente ocorrerá que o homem não possa estar seguro devido à qualidade da região. Pois, se se caminha pelas colinas, o sítio te libera do ímpeto que temeis; se se vai pelas planícies, raras são as planícies que, devido às culturas ou aos bosques, não te deem segurança; porque todo obstáculo, toda barreira, mesmo frágil, obsta aquele ímpeto, e toda cultura, sejam vinhas ou outras árvores, impede os cavalos. E se vens em jornada, isso te atrapalha mais que caminhando, porque qualquer pouco de impedimento que tenha o cavalo, perde seu ímpeto. Não obstante, não quero esquecer de vos dizer uma coisa: como os Romanos prezavam tanto suas formações e confiavam tanto nas suas armas que, se devessem escolher entre um lugar inóspito para proteger-se dos cavalos, onde não pudessem dispor suas formações, ou um onde devessem temer mais os cavalos, mas onde pudessem espalhar-se em formação, sempre escolhiam este e deixavam aquele.

Mas porque é tempo de passar ao treinamento, tendo armado estas infantarias segundo o uso antigo e moderno, vejamos a quais treinamentos os Romanos as submetiam, antes de conduzir as infantarias numa jornada. Mesmo sendo bem selecionadas e ainda melhor armadas, devem exercitar-se com grande estudo, porque sem este treinamento soldado algum jamais foi bom. Estes exercícios devem ser tripartidos: um para enrijecer o corpo e adequá-lo ao desconforto, e torná-lo mais veloz e destro; outro, para aprender a operar as armas; o terceiro, para aprender a observar as formações nos exércitos, tanto no caminhar como no combater e no alojar-se. Os quais são as três principais ações de um exército; pois, se um exército caminha, aloja-se e combate ordenadamente e praticamente, honrará seu capitão, ainda que a jornada não tenha um bom final. A estes treinamentos, portanto, todas as repúblicas antigas proveram, por costume e por lei, de forma a não deixar para trás parte alguma. Exercitavam, portanto, os jovens para fazê-los velozes no correr, para fazê-los destros no saltar, para fazê-los fortes na luta corpo a corpo. E essas três qualidades são quase necessárias num soldado; porque a velocidade o habilita a ocupar os lugares antes do inimigo, a surpreendê-lo, a persegui-lo quando é derrotado. A destreza o habilita a se esquivar do golpe, a saltar uma fossa, a superar uma barreira. A força o faz portar melhor as armas, ferir o inimigo, sustentar um ímpeto. E sobretudo, para tornar o corpo mais apto ao desconforto, se acostumavam a transportar grandes pesos. Hábito necessário, porque nas expedições difíceis convém, muitas vezes, que o soldado, além das armas, carregue também os víveres para muitos dias; e se não for afeito a esta tarefa não poderia fazê-lo; e por isso não poderia fugir de um perigo ou atingir com fama uma vitória. Quanto a aprender a operar as armas, eram treinados desta maneira. Queriam que os jovens vestissem armas que pesassem mais que o dobro das verdadeiras, e por espada davam-lhes um bastão chumbado, que era, em comparação com aquela, pesadíssimo. Faziam que cada um fincasse um pau na terra, com três braças de altura, e bem fincado, de forma que os golpes não o balançassem nem derrubassem; contra esse pau o jovem se exercitava com o escudo e o bastão, como se fosse contra um inimigo; e ora o atacava como se quisesse ferir a cabeça ou a cara, ora como se quisesse atingir o flanco, ora as pernas, ora se punha por trás, ora pela frente. E tinham, neste exercício, esta orientação: de se tornarem hábeis em cobrir a si mesmos e ferir o inimigo; e, como as armas falsas eram pesadíssimas, as verdadeiras, depois, pareciam mais leves. Queriam os Romanos que seus soldados ferissem com ponta e não com corte, seja para que o golpe fosse mais mortal e tivesse menos defesa, seja para desproteger-se menos quem ferisse, seja para recuperar-se mais rapidamente do que com o corte. Não vos surpreendais que os antigos pensassem nessas coisas mínimas, porque, quando se pensa que os homens terão de chegar às vias de fato, qualquer pequena vantagem é oportuna; e eu vos recordo o que dizem a respeito os escritores, em vez de ensinar-vos eu mesmo. Estimavam os antigos não haver coisa mais feliz numa república do que muitos homens treinados nas armas; porque não é o esplendor das gemas e do ouro que submete os inimigos a ti, mas somente o temor das armas. Depois, os erros que se fazem nas outras coisas podem, às vezes, ser corrigidos; mas aqueles que se fazem na guerra, onde a pena sobrevém imediatamente, não se podem emendar. Além disso, o saber combater torna os homens mais audazes, porque ninguém teme fazer aquelas coisas que lhe parece ter aprendido a fazer. Queriam, portanto, os antigos que seus cidadãos se exercitassem em cada ação bélica, e faziam-nos lançar, contra o pau, dardos mais pesados que os verdadeiros; exercício que, além de tornar os homens hábeis no lançamento, também torna os braços mais articulados e mais fortes. Ensinavam-nos, ainda, a usar o arco, a funda, e para todas as coisas tinham mestres encarregados, de modo que, depois, quando estivessem prontos para ir à guerra, tivessem já o ânimo e a disposição de soldados. Não lhes restava aprender outra coisa senão andar em formação e se manter nela, caminhando ou combatendo; o que aprendiam facilmente, misturando-se com aqueles que, por terem militado mais tempo, sabiam ficar em formação.

Cósimo. Quais exercícios usaríeis para eles hoje?

Fabrício. Muitos daqueles que foram citados, como: correr e exercitar os braços, fazê-los saltar, fazê-los cansar-se sob o peso de armas mais pesadas que as comuns, fazê-los atirar com a besta e com o arco; ao que acrescentaria o fuzil, instrumento novo, como sabeis, e necessário. E a estes exercícios acostumaria toda a juventude de meu estado, mas, com mais indústria e mais solicitude, aquela parte que eu tivesse selecionado para militar; e sempre nos dias ociosos se exercitariam. Gostaria ainda que aprendessem a nadar, o que é coisa muito útil, porque nem sempre há pontes sobre os rios, nem sempre os navios estão armados; de forma que, se o teu exército não sabe nadar, ficas privado de muitas comodidades, e te são tomadas muitas ocasiões para bem operar. Não por outra razão ordenaram os Romanos que os jovens se exercitassem no Campo de Marte,[25] pois, tendo o Tibre próximo, podiam, cansados do exercício em terra, restaurar-se na água e, ao nadar, continuar a treinar. Como os antigos, eu ainda faria exercitar-se aqueles que militam a cavalo; o que é extremamente necessário, porque, além de saber cavalgar, saibam valer-se de si mesmos a cavalo. E, para isso, colocavam cavalos de pau em formação, sobre os quais se adestravam, saltando sobre eles armados e desarmados, sem ajuda alguma; o que permitia que, de repente, a um aceno de um capitão, a cavalaria se pusesse a pé e, a um aceno, remontasse a cavalo. E tais exercícios, tanto a pé como a cavalo, como eram fáceis então, não seriam difíceis hoje a uma república ou um príncipe que os quisesse pôr em prática na sua juventude, como por experiência se vê em algumas cidades do Poente[26] onde permanecem vivos tais modos com esta ordem. Estas dividem todos os seus habitantes em várias partes, e cada parte nomeiam com uma especialidade nas armas que usam em guerra. E, como usam piques, alabardas, arcos e fuzis, chamam-nas piqueiros, alabardeiros, fuzileiros e arqueiros. Convém, portanto, a todos os habitantes declarar para qual ordem querem ser convocados. E como nem todos, ou por velhice

---

[25] Ainda hoje, um dos distritos de Roma, no norte da capital italiana.
[26] Cidades da Europa ocidental, particularmente na Suíça e na França.

ou por outro impedimento, estão aptos à guerra, fazem uma seleção em cada ordem, e a esses chamam Jurados; os quais ficam obrigados e exercitar-se, nos dias ociosos, nas armas que os nomeiam. E cada um tem um lugar designado pelo governo para fazer os exercícios; e os que são da ordem, mas não são Jurados, contribuem com os dinheiros das despesas necessárias para tal exercício.[27] Portanto, podemos fazer o que eles fazem; mas nossa pouca prudência não nos deixa tomar algum bom partido. Resulta desses exercícios que os antigos tivessem boas infantarias e que agora os do Poente sejam melhores infantes do que os nossos; porque os antigos os exercitavam, ou em casa, como faziam as repúblicas, ou nos exércitos, como faziam os comandantes, pelas razões que se disseram acima. Mas nós não queremos exercitá-los em casa; no campo, não podemos, por não serem nossos súditos e não podermos obrigá-los a outros exercícios que não os que queiram. Razão pela qual se negligenciaram primeiro os exercícios e, depois, as ordens, e os reinos e repúblicas, sobretudo os italianos, vivem em tanta fragilidade. Mas voltemos à nossa ordem; e, seguindo nessa matéria dos exercícios, digo que, para fazer bons exércitos, não basta ter endurecido os homens, tê-los feito fortes, velozes e destros; que é preciso ainda que aprendam a estar em formação, a obedecer sinais, sons e ordens do capitão, e a manter a formação e a obediência quando parados, em retirada, andando em frente, combatendo e caminhando; porque sem essa disciplina, com cada diligência cuidadosamente observada e praticada, nunca exército algum foi bom. E sem dúvida os homens ferozes e desordenados são muito mais fracos do que os tímidos e ordenados; porque a ordem afasta dos homens o temor, a desordem diminui a coragem. E, para que entendais melhor o que em seguida se dirá, deveis

---

[27] Maquiavel descreve o sistema suíço da época.

entender que toda nação, ao ordenar seus homens para a guerra, criou em seu exército, ou em sua milícia, um membro[28] principal; o qual, se variaram seu nome, não variaram o número de homens, porque todos o compuseram com seis a oito mil homens. Esse membro foi chamado de legião pelos Romanos, falange pelos Gregos, caterva pelos Franceses. Em nossos tempos, pelos Suíços, os únicos a reter alguma sombra da antiga milícia, é chamado na língua deles o que significa batalhão na nossa.[29] É verdade que depois cada cidade o dividiu em várias batalhas e adrede os ordenou. Parece-me, portanto, que devemos basear nosso falar sobre esse nome como o mais conhecido, e depois, segundo as ordens antigas e modernas, ordená-lo da melhor maneira possível. E, como os Romanos dividiam a sua legião, que era composta de cinco ou seis mil homens, em dez coortes, quero que dividamos o nosso batalhão em dez batalhas e que o componhamos de seis mil homens a pé; e daremos a cada batalha quatrocentos e cinquenta homens, dos quais quatrocentos armados com armamento pesado e cinquenta com armamento leve. As armas pesadas sejam trezentos escudos com as espadas, e que se chamem escudados; e cem com os piques, e que se chamem piques ordinários; as armas leves sejam cinquenta infantes armados de fuzis, bestas e partisanas[30] e com escudos redondos; e estes, de um nome antigo, que se chamem vélites[31] ordinários. Todas as dez batalhas, portanto, acabam

---

[28] Uma formação militar que sirva de base, de núcleo.

[29] Esse antigo batalhão suíço, divisível em batalhas, corresponde, por sua força, aos atuais grandes regimentos ou a uma brigada reduzida. A batalha é, portanto, algo intermediário entre o batalhão e a companhia atuais.

[30] A partisana é uma arma semelhante à lança, mas com uma longa empunhadura em madeira e a ponta em metal, tendo uma larga lâmina central entre duas lâminas simétricas e retilíneas, que terminam, na base, em duas aletas recurvas.

[31] Soldado de infantaria ligeira no exército romano.

por ter três mil escudados, mil piques ordinários e quinhentos vélites ordinários; todos juntos chegam a quatro mil infantes. E dizemos que queremos fazer o batalhão de seis mil, mas é preciso acrescentar outros mil e quinhentos infantes, dos quais farei mil com os piques, os quais chamarei piques extraordinários, e quinhentos armados à ligeira, os quais chamarei vélites extraordinários. E, assim, minhas infantarias viriam a ser compostas, como há pouco disse, metade de escudos e metade de piques e outras armas. Preporia a cada batalha um condestável,[32] quatro centuriões e quarenta decuriões; e ainda um chefe dos vélites ordinários, com cinco decuriões; para os vélites extraordinários, dois condestáveis, cinco centuriões e cinquenta decuriões. Ordenarei depois um chefe geral para todo o batalhão. Gostaria que cada condestável tivesse a bandeira e o trompete. Um batalhão seria, portanto, composto de dez batalhas, três mil escudados, mil piques ordinários, mil extraordinários, quinhentos vélites ordinários, quinhentos extraordinários; e assim chegaria a seis mil infantes, entre os quais estariam mil e quinhentos decuriões,[33] e ainda quinze condestáveis com quinze trombeteiros e quinze bandeiras, cinquenta e cinco centuriões, dez chefes dos vélites ordinários, e um capitão de todo o batalhão com sua bandeira e seu trombeteiro. E vos expliquei esta ordem muitas vezes de propósito, para que, mais tarde, quando vos mostrarei os modos de ordenar as

---

[32] Do latim *comes stabuli* (conde do estábulo, oficial responsável pelos animais usados pelo exército), responsável pelas escuderias do rei, o condestável era, no século XVI, uma patente militar similar ao atual major ou coronel-brigadeiro; o centurião (responsável por cem homens) corresponde ao atual capitão e o decurião comanda uma decúria ou esquadra (dez homens). Curiosamente, em vez de usar o italiano *decurione*, Maquiavel forja o neologismo *capodieci* (literalmente, chefe de dez).

[33] Seriam, na verdade, 600 decuriões; trata-se, provavelmente, de um erro de transcrição do manuscrito.

batalhas e os exércitos, vós não vos confundais. Digo, portanto, como aquele rei ou aquela república que queiram ordenar seus súditos em armas devem ordená-los com estas armas e com estas partes, e fazer em seus territórios tantos batalhões quantos possam. E, uma vez ordenados segundo a distribuição supracitada, querendo exercitá-los nas ordens, bastaria exercitá-los batalha por batalha. E, embora o número de homens em cada uma não possa, por si, tomar a forma de um exército médio, mesmo assim cada homem pode aprender a fazer o que lhe compete particularmente; pois nos exércitos observam-se duas ordens: uma, o que devem fazer os homens em cada batalha, e a outra, o que depois deve fazer a batalha quando está com as outras num exército. E os homens que fazem bem a primeira facilmente observam a segunda; mas, sem saber aquela, não se pode nunca chegar à disciplina da segunda. Pode, portanto, como disse, cada uma destas batalhas aprender sozinha a manter a ordem das fileiras em qualquer tipo de movimento e de lugar e, depois, aprender a saber reunir-se, entender o trombeteiro, mediante o qual se comanda nos combates; saber entender, por meio dele, como os condenados entendem pelo apito, o que devem fazer, ou estar parados, ou avançar, ou recuar, ou para onde apontar as armas e o corpo. De modo que, sabendo manter bem as fileiras, de tal forma que nem o movimento nem o lugar as desordenem, entendendo bem os comandos do chefe mediante seu trombeteiro e sabendo voltar imediatamente ao seu lugar, estas batalhas podem depois facilmente operar num exército médio, como disse, uma vez reduzidas a uma forma compacta e tendo a fazer tudo que seu corpo deve, junto com outras batalhas. E como essa prática universal não deve ser subestimada, poder-se-ia, uma ou duas vezes por ano, reunir todo o batalhão e lhe dar a forma de um exército inteiro, exercitando-o por alguns dias como se fosse fazer jornada, colocando o fronte, os flancos e as forças auxiliares em seus lugares. E como um capitão ordena seu exército para a jornada ou por conta do inimigo que vê ou por aquele que não vê mas antevê, deve-se exercitar o seu exército de um modo e de outro, e instruí-lo de maneira que possa caminhar e, se a necessidade exigisse, combater, mostrando aos teus soldados como deveriam governar-se se assaltados deste ou daquele lado. E, quando os instruísse a combater contra o inimigo que vissem, mostrar-lhes como iniciar o combate, para onde devem recuar quando rechaçados, quem deve entrar no lugar deles, a que comandos devem obedecer, e treiná-los de modo que, com as batalhas e os assaltos falsos, acabem por desejar os verdadeiros. Porque o exército corajoso não o é porque nele estão homens corajosos, mas sim por ter ordens bem ordenadas; porque, se estou entre os primeiros combatentes e sei, ao ser rechaçado, para onde devo recuar e quem haverá de tomar meu lugar, sempre combaterei com coragem, vendo que o socorro está perto. Se estiver entre os combatentes segundos, o fato de terem sido rechaçados os primeiros não me desanimará, porque terei pressuposto que poderia acontecer e o terei desejado, para que sejam estes a dar a vitória a meu senhor e não aqueles. Estes exercícios são necessariíssimos onde se faça um novo exército; e, onde haja um exército velho, são necessários, porque se vê como, embora conhecessem desde crianças a ordem de seus exércitos, mesmo assim aqueles capitães dos Romanos exercitavam-nos continuamente dessa maneira, antes de enfrentarem o inimigo. E Iósafo,[34] na sua História,

---

[34] Refere-se a Tito Flávio José (c. 37–c. 100) ou Joseph ben Matityahu ("José filho de Matias"), seu nome hebraico. Nascido em Jerusalém, de uma família da nobreza sacerdotal judia e próxima ao movimento dos fariseus, que observavam rigorosamente a Torá mas eram hostis aos movimentos nacionalistas hebreus, Flávio José notabilizou-se por ter convencido seus companheiros de armas a suicidar-se diante de uma iminente derrota para os romanos, durante uma revolta dos hebreus. Agiu de forma a ser o último sobrevivente de seu grupo de combatentes e, em vez de se matar, seduziu o

diz que os contínuos exercícios dos exércitos faziam que toda aquela turba que segue o campo por ganhos fosse útil nas jornadas; porque todos sabiam estar nas ordens e combater observando-as. Mas nos exércitos de homens novos, que reunistes para combater imediatamente ou que ordenastes para combater mais tarde, sem estes exercícios, nada restará nem das próprias batalhas nem do exército como um todo; pois, sendo as ordens necessárias, convém, com redobrados indústria e esforço, mostrá-las a quem não as conhece e conservá-las em quem já as conhece, como se vê que muitos excelentes capitães empenharam-se em fazer, tanto conservando como ensinando.

Cósimo. Parece-me que esta reflexão vos tenha desviado, pois, não tendo ainda declarado os modos pelos quais se exercitam as batalhas, já falastes do exército inteiro e das jornadas.

Fabrício. Dizeis a verdade; e a razão foi mesmo o apreço que tenho por estas ordens, e a dor que sinto ao ver que não são aplicadas; não obstante, não duvideis que retomarei o rumo. Como já vos disse, o mais importante no exercício das batalhas é saber manter bem as colunas. Para fazer isso, é necessário exercitá-las nas ordens chamadas caracóis.[35] E, como vos disse que uma dessas batalhas é composta de quatrocentos infantes armados de armas pesadas, vou deter-me neste número. Devem, portanto, reduzir-se a oitenta fileiras de cinco homens por fileira. Depois, andando rápida ou lentamente, fazê-los reunir-se em caracol e voltar à

---

comandante militar romano Tito Flávio Sabino Vespasiano (9–79 d.C.) ao prever sua ascensão ao trono, o que de fato ocorreu no ano 69. Permaneceu ligado à família de Vespasiano, mudou seu nome para Flávio José e passou o resto da vida em Roma, escrevendo obras de história favoráveis aos romanos, mas que também explicavam aos leitores a história e as crenças dos hebreus.

[35] Jargão militar romano para as conversões e contramarchas militares.

forma anterior; o que se pode demonstrar melhor com os fatos do que com as palavras. O que, aliás, nem é muito necessário, porque qualquer com prática em exércitos sabe como procede esta ordem; a qual só serve para acostumar os soldados a manter as fileiras. Mas vamos montar uma dessas batalhas.

Digo que se dá a elas três formas principais. A primeira, a mais útil, é fazê-la maciça e lhe dar a forma de dois quadros; a segunda é fazer o quadro com a frente em bico; a terceira é fazê-lo com um vazio no meio, que chamam de praça.[36] O modo de fazer a primeira forma pode ser de dois tipos. Uma é duplicar as fileiras: isto é, que a segunda fileira entre na primeira, a quarta na terceira, a sexta na quinta, e assim sucessivamente; de forma que as oitenta fileiras com cinco por fileira tornem-se quarenta fileiras com dez por fileira. Em seguida, fazê-los duplicar outra vez da mesma forma, metendo uma fileira na outra; e assim restam vinte fileiras de vinte homens por fileira. Isto forma dois quadros aproximados, pois, embora cada um deles tenha a mesma quantidade de homens, eles ficam juntos lado a lado, mas distam até duas braças uma fileira da outra; de maneira que o quadro é mais longo da frente ao fundo do que de um flanco a outro. E, como hoje falaremos muitas vezes das partes dianteira, traseira e lateral destas batalhas e do exército inteiro, sabei que, quando digo frente ou fronte, quero dizer a parte dianteira; quando digo retaguarda, a parte traseira; quando digo flancos, as partes laterais. Os cinquenta vélites ordinários da batalha não se misturam com as outras fileiras, mas, uma vez formada a batalha, distendem-se por seus flancos. O outro modo de reunir a batalha é este; e, porque é melhor que o primeiro, quero meter-vos diante dos olhos exatamente como se deve ordenar. Creio que vos recordais do número de homens,

---

[36] Formações militares da época para combate.

dos chefes de que é composta e de que armas está armada. A forma, portanto, que deve ter esta batalha é de vinte fileiras de vinte homens por fileira: cinco fileiras de piques na frente e quinze fileiras de escudos atrás; dois centuriões estão na frente e dois atrás, os quais têm a função que os antigos chamavam de *tergiduttori*.[37] O condestável, com a bandeira e o trombeteiro, estará no espaço entre as cinco filas dos piques e as quinze dos escudos; dos decuriões, haverá um em cada flanco de fileira; os canhotos à direita; os destros, à esquerda. Os cinquenta vélites estarão nos flancos e na retaguarda da batalha. A querer agora que, estando os infantes a marchar no ordinário, esta batalha se reúna nesta forma, convém ordenar-se assim: organizar os infantes em oitenta fileiras de cinco por fileira, como explicamos há pouco, deixando os vélites ou na frente ou atrás, mesmo que estejam fora desta ordem; e se deve ordenar que cada centurião tenha vinte fileiras atrás de si e que cinco fileiras de piques estejam imediatamente atrás de cada centurião, e o resto sejam escudos; o condestável esteja com o trombeteiro e a bandeira naquele espaço entre os piques e os escudos do segundo centurião, e que ocupem os lugares de três escudados. Dos decuriões, vinte estejam nos flancos das fileiras do primeiro centurião à direita, e vinte estejam nos flancos das fileiras do último centurião à direita. E deveis entender que o decurião que vai guiar os piques deve ter um pique; e os que guiam os escudos devem ter armas semelhantes. Estando, portanto, as fileiras reduzidas a esta ordem e querendo, ao caminhar, reduzi-las em batalha para fazer fronte, deves fazer que pare o primeiro centurião com as primeiras vinte fileiras, e o segundo continue a caminhar e, virando à direita, prossiga ao longo dos flancos das vinte fileiras paradas,

---

[37] Literalmente, capitães da retaguarda. A palavra não costuma ser traduzida.

até confrontar-se com o outro centurião, onde também para; e o terceiro centurião continua a caminhar, virando ele também à direita, e, ao longo dos flancos das fileiras paradas, caminha até confrontar-se com os outros dois centuriões; e, parando ele também, o outro centurião segue com suas fileiras, também virando à direita ao longo dos flancos das fileiras paradas, até confrontar-se com os outros e então para; e imediatamente só dois centuriões partem da frente e vão à retaguarda da batalha, a qual fica organizada justamente do modo e na ordem que há pouco vos demonstramos. Os vélites distendem-se pelos flancos dela, segundo se dispõe no primeiro modo; modo que se chama duplicação em linha reta; este é chamado duplicação pelos flancos. O primeiro modo é mais fácil, este é mais ordenado e vem mais a propósito e podes melhor corrigi-lo a teu modo; porque nisso convém obedecer ao número, porque cinco te fazem dez, dez, vinte, vinte, quarenta, de modo que, ao duplicar em linha reta, não podes fazer um fronte de quinze, nem de vinte e cinco, nem de trinta, nem de trinta e cinco, mas deves ir aonde o número te leva. E, no entanto, às vezes acontece de convir fazer o fronte com seiscentos ou oitocentos infantes, de modo que a duplicação por linha reta te desordenaria. Mas gosto mais disto; e aquela maior dificuldade, te convém facilitá-la com a prática e o exercício.[38]

Digo-vos, então, que é mais importante que qualquer outra coisa ter soldados que saibam meter-se na ordem comandada; e é necessário mantê-los nessas batalhas, exercitá-los nelas e fazê-los andar com determinação para a frente e para trás, passar por lugares difíceis sem perturbar a ordem; porque os soldados que sabem fazer isso bem são soldados práticos e, mesmo que jamais tenham enfrentado o inimigo, podem ser chamados de soldados velhos.[39] E,

---

[38] Ver Figura 1 no Apêndice.
[39] Veteranos.

ao contrário, aqueles que não sabem manter essas ordens, mesmo que tivessem ido a mil guerras, deve-se sempre estimar como soldados novos. Isto quanto a mantê-los juntos, quando estão caminhando nas fileiras pequenas. Mas, uma vez juntos, se a ordem é perturbada por algum acidente que resulte do sítio ou do inimigo, devem imediatamente reordenar-se, esta é a importância e a dificuldade, e é aí que são necessários muito exercício e muita prática, e é nisso que os antigos colocavam tanto estudo. É necessário, portanto, fazer duas coisas: primeira, ter esta batalha cheia de contrassenhas;[40] e a outra é manter sempre esta ordem: que os mesmos infantes estejam sempre nas mesmas fileiras. Por exemplo, se um infante começou na segunda fileira, que em seguida esteja sempre nela; e não somente na mesma fileira, mas no mesmo lugar; e, para observar isso, como já disse, são necessárias muitas contrassenhas. Em primeiro lugar, é necessário que a bandeira seja de tal modo contrassenhada que, comparada com as outras batalhas, seja reconhecida por elas. Segundo, que o condestável e os centuriões tenham plumas na cabeça, diferentes e reconhecíveis; e o mais importante é fazer que se conheçam os decuriões. Os antigos tinham tanto cuidado com isso que até escreviam o número na viseira,[41] chamando-os primeiro, segundo, terceiro, quarto, etc. E não se satisfaziam com isso; cada soldado também tinha escrito no escudo o número da sua fileira e o número do lugar que lhe cabia naquela fileira.[42] Portanto, estando os homens assim contrassenhados e habituados a estes termos, é coisa fácil, uma vez desordenados, reordená-los

---

[40] Tochas, flâmulas e todas as indicações externas mencionadas em seguida.

[41] Viseira móvel do elmo medieval, que se abaixava para proteger o rosto.

[42] Nos exércitos modernos, esses números ficam na manga, na ombreira e/ou no quepe.

todos imediatamente; porque, estando parada a bandeira, os centuriões e os decuriões localizam a olho o seu lugar; e, estando os da esquerda na esquerda e os da direita na direita, com as distâncias a que estão habituados, os infantes, guiados pela sua regra e pelas diferenças das contrassenhas, podem estar logo nos próprios lugares; da mesma forma que, se desmontas as ripas de um barril que contrassenhaste antes, com grandíssima facilidade as reordenarás. Essas coisas, com a diligência e com o exercício, ensinam-se logo e logo se aprendem, e, uma vez aprendidas, dificilmente se esquecem; porque os homens novos são guiados pelos velhos e, com o tempo, uma província inteira, com esses exercícios, tornar-se-ia prática na guerra. É necessário, ainda, ensinar-lhes a dar meia-volta em um tempo e a fazer, quando convenha, um fronte da retaguarda e dos flancos e, dos flancos e da retaguarda, um fronte. O que é facílimo, porque basta que cada homem se volte na direção que lhe é comandada; e, para onde viram o rosto, aí vem a ser o fronte. É verdade que, quando se voltam para o flanco, as ordens ficam fora de proporção, porque do peito às costas há pouca distância e de um flanco a outro há muita distância; o que é todo o contrário da ordem comum das batalhas. Porém, convém que a prática e a discrição os arrume. Mas isto é pouca desordem, porque facilmente eles mesmos a remediam. Mas o mais importante, e que precisa de mais prática, é quando uma batalha quer voltar-se toda como se fosse um corpo sólido. Aqui convém ter grande prática e grande discrição, pois, para girar, por exemplo, para a canhota, é preciso que se pare a ala canhota e que os que estão mais próximos dos parados caminhem tão devagar que aqueles que estão à direita não precisem correr; senão tudo se confundiria.

Mas como ocorre sempre, quando um exército caminha de um lugar para outro, que as batalhas que não estão no fronte devam combater não pela frente, mas ou pelos flancos ou pela retaguarda, de modo que uma batalha de repente deve transformar os flancos ou a retaguarda em fronte (e, se quiser que tais batalhas em tal caso mantenham sua proporção, como se demonstrou acima, é necessário que tenham os piques no flanco que será fronte e os decuriões, centuriões e condestável em seus lugares, uma vez dada a ordem); porém, para querer fazer isto, ao reuni-las é preciso ordenar assim as oitenta fileiras de cinco por fila: colocar todos os piques nas primeiras vinte fileiras e, dos decuriões destas, colocar cinco no primeiro lugar e cinco no último; as outras sessenta fileiras, que vêm atrás, são todas de escudos e vêm a ser três centúrias. Quer-se, portanto, que a primeira e a última fileiras de cada centúria sejam decuriões; o condestável com a bandeira e o trombeteiro estará no meio da primeira centúria dos escudos; os centuriões, ordenados à frente de cada centúria. Assim ordenados, quando quisésseis que os piques fossem para o flanco canhoto, deveis duplicá-los centúria por centúria a partir do flanco direito; se quisésseis que viessem do flanco direito, deveríeis duplicá-los a partir do canhoto. E, assim, esta batalha fica com os piques em um flanco, com os decuriões no fronte e na retaguarda, com os centuriões à frente e com o condestável no meio. Esta forma tem ao caminhar; mas, vindo o inimigo e o momento em que ela quer fazer, do flanco, fronte, basta fazer virar o rosto de todos os soldados para o flanco onde estejam os piques; e surge então a batalha com as fileiras e com os chefes, do modo como foi ordenada acima; porque, a partir dos centuriões, estão todos em seus lugares e os centuriões entram imediatamente e sem dificuldade.[43]

Mas quando deva, ao caminhar adiante, combater na retaguarda, convém ordenar as fileiras de modo que, colocadas na batalha, os piques venham por trás; e, para fazer isto, não se deve ter outra ordem senão, ao ordenar

---

[43] Ver Figura 2 no Apêndice.

a batalha, onde o comum é que cada centúria tenha cinco fileiras de piques diante de si, que as tenha por trás, e em todas as outras partes observar a ordem que descrevi antes.

Cósimo. Dissestes, se bem me recordo, que esse modo do exercício é para poder depois reunir essas batalhas todas juntas em um exército, e que essa prática serve para poder ordenar-se naquele. Mas, se ocorresse que esses quatrocentos e cinquenta infantes devessem combater separadamente, como os ordenaríeis?

Fabrício. Quem os guia deve então julgar onde quer colocar os piques, e aí colocá-las. O que não repugna em parte alguma a ordem supracitada; pois, embora essa seja a ordem que se observa para fazer uma jornada junto com outras batalhas, não obstante não é regra que sirva a todos os modos que te ocorresse manejar. Mas, ao mostrar-vos os outros dois modos, por mim apresentados, de ordenar as batalhas, satisfarei ainda mais à vossa pergunta; porque ou não se usam nunca ou se usam quando uma batalha está sozinha e não em companhia das outras.

E para tratar do modo de ordená-la com duas alas, digo que deves ordenar as oitenta fileiras a cinco por fileira, deste modo: colocar lá no meio um centurião e, depois dele, vinte e cinco fileiras que sejam duas de piques à esquerda e três de escudos à direita; e, depois das primeiras cinco, são colocados nas vinte seguintes vinte decuriões; todos entre os piques e os escudos, exceto os que carregam os piques, os quais podem ficar junto aos piques. Depois dessas vinte e cinco fileiras assim ordenadas, ponha-se um outro centurião; o qual tenha atrás de si quinze fileiras de escudos. Depois destas, o condestável em meio ao trombeteiro e à bandeira; o qual tem ainda atrás de si outras quinze fileiras de escudos. Depois destas, ponha-se o terceiro centurião; e que tenha atrás de si vinte e cinco fileiras, em cada uma das quais haverá três escudos à esquerda e dois piques à direita; e, depois das primeiras cinco fileiras, que sejam vinte decuriões colocados entre os piques e os escudos. Depois dessas fileiras, vem o quarto centurião. Se quiser, portanto, dessas fileiras assim ordenadas, fazer uma batalha com duas alas, deve-se parar o primeiro centurião e as vinte e cinco fileiras que o seguem. Depois, deve-se mover o segundo centurião com as quinze fileiras escudadas que estão atrás dele, virar à direita e, subindo pelo flanco das vinte e cinco fileiras, andar o suficiente para chegar à décima quinta fileira e aí parar. Depois, move-se o condestável com as quinze fileiras de escudados que o seguem e, girando também para a direita, sobe-se ao longo do flanco direito das quinze fileiras movidas antes, caminhando até emparelhar com elas e aí parar. Depois, mova o terceiro centurião com as vinte e cinco filas e com o quarto centurião que estão atrás dele e, ainda girando para a direita, caminhe ao longo do flanco direito das quinze últimas fileiras de escudados e não pare quando emparelhar com elas, mas siga caminhando, até que as últimas fileiras das vinte e cinco emparelhem com as fileiras da retaguarda. Isto feito, o centurião que era chefe das primeiras quinze filas dos escudados sai de onde estava e vai para a retaguarda no ângulo esquerdo. E assim se obtém uma batalha de vinte e cinco fileiras paradas, a vinte infantes por fileira, com duas alas, uma em cada canto do fronte; e cada uma terá dez fileiras de cinco por fileira, e restará um espaço entre as duas alas, da largura de dez homens posicionados ombro a ombro. Entre as duas alas, estará o capitão; em cada ponta de ala, um centurião. São duas fileiras de piques e vinte decuriões em cada flanco. As duas alas servem para manter a artilharia e as carroças entre elas, quando a batalha as tivesse. Os vélites devem estar ao longo dos flancos, sob os piques. Mas, para transformar essa batalha com duas alas numa batalha com praça, basta pegar oito das quinze fileiras de vinte por fileira e colocá-las alinhadas com a ponta das duas alas; as quais, então, tornam-se taludes para a praça. Nessa praça ficam as carroças, o capitão e a bandeira; mas já não a artilharia, a qual se coloca no fronte ou ao longo dos flancos. Estes são os modos que se deve adotar numa batalha, quando, sozinha, deve passar por lugares suspeitos. Não obstante, a batalha compacta, sem alas e sem praça, é melhor. Porém, querendo manter a salvo os desarmados, aquela alada é necessária.[44]

Os Suíços fazem ainda muitas formas de batalha; entre as quais fazem uma em forma de cruz, pois, nos espaços que ficam entre os ramos desta, mantêm a salvo dos inimigos os seus fuzileiros. Mas como tais batalhas são boas entre eles para combater, e como minha intenção é mostrar como mais batalhas compactas combatem, não quero estender-me em demonstrá-las.

Cósimo. Parece-me ter compreendido bastante bem o modo como se deve exercitar os homens nessas batalhas; mas, se bem me lembro, dissestes como, além das dez batalhas, acrescentaríeis ao batalhão mil piques extraordinários e quinhentos vélites extraordinários. Não gostaríeis de descrever e treinar estes?

Fabrício. Gostaria, e com grandíssima diligência. E os piques eu treinaria pelo menos bandeira por bandeira, nas ordens das batalhas, como os outros; porque destes servir-me-ei mais do que das batalhas ordinárias em todas as escaramuças específicas, como escoltar, predar e coisas parecidas. Mas os vélites eu os treinaria separadamente, sem reuni-los; pois, sendo ofício deles combater individualmente, não é necessário que convenham com os outros nos exercícios comuns, porque seria suficiente treiná-los bem nos exercícios particulares. Deve-se, pois, como vos disse antes e não me canso de repetir, treinar seus homens nessas batalhas, de modo que saibam manter as fileiras, conheçam seus lugares, voltem imediatamente a eles quando sítio ou inimigo os perturbem; porque, quando se sabe fazer isto, facilmente se aprende em seguida o lugar

---

[44] Ver Figura 3 no Apêndice.

que deve ter uma batalha e qual é seu ofício nos exércitos. E quando um príncipe ou uma república trabalhará com diligência nestas ordens e nestas exercitações, o resultado será sempre que em seu país haverá bons soldados; e estes serão superiores a seus vizinhos e serão os que darão e não receberão as leis dos outros homens. Mas, como vos disse, a desordem em que se vive faz que se negligenciem e não se estimem essas coisas; e, assim, nossos exércitos não são bons; e se, por acaso, houvesse chefes ou membros naturalmente virtuosos, não o poderiam demonstrar.

Cósimo. Que carroças quereríeis que cada uma dessas batalhas tivesse?

Fabrício. Em primeiro lugar, não gostaria que nem centurião nem decurião fossem a cavalo; e, se o condestável quisesse cavalgar, gostaria que montasse um mulo e não um cavalo. Permitir-lhe-ia bem duas carroças e uma para cada centurião e duas para cada três decuriões, porque tantos alojamos por alojamento, como em seu lugar explicaremos; de forma que cada batalha viria a ter trinta e seis carroças; as quais gostaria que transportassem necessariamente as tendas, os vasilhames de cozinhar, machados e pás de ferro suficientes para fazer os alojamentos e, depois, se houvesse lugar, tudo mais que quisessem.

Cósimo. Creio que os chefes ordenados por vós em cada uma dessas batalhas sejam necessários; não obstante, eu duvidaria que tantos comandantes não se confundissem.

Fabrício. Isso ocorreria se não se reportassem a um, mas, reportando-se, fazem ordem; ao contrário, sem eles, é impossível manter-se; pois um muro que se incline para todos os lados precisa mais de muitos suportes, e grossos, embora não tão fortes, do que de poucos, embora fortes, porque a virtude de um só não remedia a ruína distante. E, assim, convém que, nos exércitos, e entre cada dez homens, haja um com mais vida, mais coração, ou pelo menos mais autoridade, o qual, com o ânimo, com as palavras, com o exemplo, mantenha os outros firmes e dispostos a combater.

E que essas coisas que eu disse sejam necessárias num exército, como os chefes, as bandeiras, os trompetes, vê-se que as temos todas em nossos exércitos; mas nenhuma faz o seu ofício. Primeiro, os decuriões, para que façam o que são ordenados, é necessário que cada um tenha distintos os seus homens, aloje-se com eles, participe dos combates, esteja em formação com eles; pois, colocados em seus lugares, são como linha e têmpera[45] a manter as fileiras retas e firmes, e é impossível que desordenem, ou, desordenando, que não voltem logo a seus lugares. Mas, hoje, nós só nos servimos deles para pagar-lhes um soldo maior que o dos outros e para permitir que façam seus combates particulares. O mesmo ocorre com as bandeiras, que existem mais para fazer bonito do que para uso militar. Mas os antigos se serviam delas como guias e para reordenar-se; porque cada um, com a bandeira firme, sabia que lugar tinha junto à sua bandeira e voltava sempre a ele. Também sabiam se deviam mover-se ou parar, conforme a bandeira se movia ou parava. Pois é necessário que um exército tenha muitos corpos e que cada corpo tenha sua bandeira e seu guia; tendo isso, ele terá muito ânimo e, em consequência, muita vida. Devem, pois, os infantes caminhar segundo a bandeira e a bandeira mover-se segundo o trompete; trompete que, bem ordenado, comanda o exército; o qual, andando com os passos que respondem aos tempos daquela, preserva facilmente as formações. Donde os antigos tinham flautins, pífanos e trompetes modulados perfeitamente; porque, assim como quem dança procede com o tempo da música e, andando com ela, não erra, também um exército, obedecendo o trompete ao mover-se, não se desordena. E, porém, variavam o som, dependendo de quererem variar o movimento e dependendo de quererem acirrar ou aquietar ou parar o ânimo dos homens. E como

---

[45] Metáfora emprestada da arte do desenho e da caligrafia.

os sons eram vários, assim variamente os nomeavam. O som dórico gerava constância, o frígio, fúria; daí que digam que, estando Alexandre à mesa e soando um som frígio, acendeu-se-lhe tanto o ânimo que levou as mãos às armas.[46] Seria preciso recuperar todos esses modos;[47] e, se for difícil, não se deveria deixar para trás pelo menos aqueles que ensinassem os soldados a obedecer; cada um pode variar e ordenar os modos como queira, desde que, com a prática, os soldados se acostumem a reconhecê-los. Mas, hoje, da maioria desses sons, não se recupera outro fruto senão o rumor.

Cósimo. Desejaria ouvir de vós, se acaso haveis pensado nisso, de onde nasce tanta vileza e tanta desordem e tanta negligência, nestes tempos, desse exercício.

Fabrício. Dir-vos-ei de bom grado o que penso. Sabeis que, dos homens excelentes na guerra, foram nomeados muitos na Europa, poucos na África e menos na Ásia. Isso nasce do fato de que estas últimas duas partes do mundo tiveram um principado ou dois, e poucas repúblicas; mas a Europa só teve alguns reinos e infinitas repúblicas. Os homens tornam-se excelentes e mostram sua virtude à medida que são adotados e empurrados para a frente por seu príncipe, que seja república ou rei. Convém, portanto, que onde haja muitas podestades surjam muitos homens valentes; onde haja poucas, poucos.[48] Na Ásia, encontram-se

---

[46] Passagem extraída da obra do engenheiro e escritor italiano Roberto Valtúrio (1405 – 1475), que publicou em 1472 um tratado militar, *De re militari*, compilando informações de obras militares romanas. O Alexandre em questão é Alexandre III (356 – 323 a.C.), dito Alexandre Magno, o grande comandante macedônio.

[47] Um modo é um conjunto ordenado de intervalos musicais, variando apenas a nota inicial. Na teoria musical da Grécia antiga, os modos eram chamados de harmonias e cada uma delas tinha um nome étnico. A harmonia dórica, por exemplo, era formada pelas notas mi-ré-do-si/la-sol-fa-mi.

[48] Em outras palavras, a pluralidade dos estados gera as guerras, enquanto a unicidade dos impérios tende a eliminá-las.

Nino,⁴⁹ Ciro,⁵⁰ Artaxerxes,⁵¹ Mitridate⁵² e pouquíssimos outros que lhes fazem companhia. Na África, nomeiam-se, deixando de lado a antiguidade egípcia, Massinissa, Iugurta⁵³ e os capitães nutridos pela república cartaginesa; os quais, com respeito aos da Europa, ainda são pouquíssimos; pois na Europa os homens excelentes são inumeráveis, e tantos mais seriam se, junto com eles, se enumerassem também aqueles que foram extintos pela maldade do tempo; porque o mundo foi mais virtuoso onde houve

---

⁴⁹ Nino é o legendário fundador da cidade de Nínive, capital do império assírio. Segundo o historiador grego Ctesias, teria reinado por 52 anos a partir de 2189 a.C. (há registros de povoamento da área de Nínive a partir do sexto milênio a.C.).

⁵⁰ Ciro II da Pérsia (590 – 528 a.C.), conhecido como Ciro o Grande, imperador persa, foi um grande comandante militar, amante da arte e da cultura, cujo reinado se destacou por respeitar a autonomia local dos povos conquistados.

⁵¹ Artaxerxes I Longímano (? – 424 a.C.) foi um rei da Pérsia que se notabilizou por ter assinado com os gregos um tratado de paz em que libertava do domínio persa as colônias gregas na Anatólia e no litoral do mar Egeu, entre outras, deixando o Egeu totalmente sob controle da Grécia (o apelido de Longímano deriva do fato de que sua mão direita era maior que a esquerda).

⁵² Mitridate VI (132 – 63 a.C.), também conhecido como Mitridate o Grande e Mitridate Eupatore Dioniso, foi rei do Ponto (região na margem sul do mar Negro, dentro da atual Turquia) a partir de 111 a.C. e um dos mais formidáveis adversários da República Romana: foram necessários 40 anos e três guerras ditas mitridáticas para derrotá-lo.

⁵³ Massinissa (c. 238 – 148 a.C.) foi um soberano berbere, primeiro rei da Numídia (unificada em 206 a.C, durante a Segunda Guerra Púnica), situada no que é hoje a Argélia. Aliado de Roma, foi um dos principais responsáveis pelas grandes vitórias de Cipião o Africano. Massinissa deixou o reino para seu filho Mcipisa, que morreu em 119 a.C., nomeando três herdeiros: seus filhos Aderbal e Iempsale e seu sobrinho bastardo Jugurta (160-104 a.C.), que matou os primos e controlou a Numídia mediante corrupção de oficiais romanos, até ser derrotado definitivamente em 105 a.C. Morreu no Cárcere Mamertino, em Roma, estrangulado, segundo Eutrópio, ou de inanição, de acordo com Plutarco.

mais Estados que tenham favorecido a virtude ou por necessidade ou por outra paixão humana. Surgiram, pois, na Ásia poucos homens, porque aquela província era toda um único reino, no qual, devido a seu tamanho, estando a maior parte do tempo ocioso, não podiam nascer homens excelentes nos feitos. Na África sucede o mesmo; embora aí se os nutra mais, graças à república cartaginesa. Pois das repúblicas saem mais homens excelentes que dos reinos, porque naquelas, no mais das vezes, honra-se a virtude, temida nos reinos; de onde resulta que, numa, os homens virtuosos se nutrem, na outra, desapareçam. Portanto, quem considerar a parte da Europa, descobrirá que sempre foi cheia de repúblicas e de principados, os quais, pelo temor que um tinha do outro, eram constrangidos a manter vivas as ordens militares e a honrar os que prevaleciam nelas. Pois na Grécia, para além do reino dos Macedônios, havia muitas repúblicas, e em cada uma delas nasceram homens excelentíssimos. Na Itália, havia os Romanos, os Samnitas, os Toscanos, os Gauleses Cisalpinos.[54] A França e a Magna eram cheias de repúblicas e de príncipes; a Espanha também. E, embora se contem poucos outros comparáveis aos Romanos, isso nasce da maldade dos escritores, os quais seguem a fortuna, e a eles, no mais das vezes, basta honrar os vencedores. Mas não é razoável que, entre os Samnitas e os Toscanos, que combateram com o povo romano por mais de cento e cinquenta anos antes de serem vencidos, não nascessem muitíssimos homens excelentes. E assim,

---

[54] Os samnitas eram um antigo povo itálico, que habitava a região da atual Calábria. Os "toscanos" são, na verdade, os etruscos. Os gauleses são os franceses; com o adjetivo "cisalpinos", Maquiavel obedece à descrição da França feita por Júlio César, que via gauleses para além dos Alpes (transalpinos) e para aquém dos Alpes (cisalpinos), sempre em relação a Roma. César dividia a França (ou Gália) em três partes: a atual Bélgica, a Aquitânia e os celtas habitantes da região alpina hoje italiana (os cisalpinos).

da mesma forma, na França e na Espanha. Mas a virtude que os escritores não celebram em homens específicos, celebram geralmente nos povos, exaltando até as estrelas a obstinação deles para defender a própria liberdade.

Sendo, portanto, verdadeiro que, onde há mais impérios, surjam mais homens valentes, segue-se necessariamente que, desaparecendo aqueles, desapareça aos poucos a virtude, ocorrendo menos a razão que torna virtuosos os homens. Tendo, depois, crescido o império romano, e tendo eliminado todas as repúblicas e os principados da Europa e da África, não deixou nenhuma via para a virtude, senão Roma. Donde resultou que os homens virtuosos começaram a ser tão poucos na Europa como na Ásia; virtude que, em seguida, entrou em extrema decadência, pois, estando toda a virtude concentrada em Roma, como esta corrompeu-se, veio a ser corrupto quase o mundo inteiro; e puderam os povos bárbaros vir a predar aquele Império, que havia eliminado a virtude dos outros e não soube manter a sua. E embora, depois, aquele Império, pela inundação daqueles bárbaros, se dividisse em muitas partes, essa virtude não renasceu aí; por um lado, porque a duras penas se restabelecem as ordens quando são destruídas; por outro, porque o modo de viver de hoje em dia, com respeito à religião cristã, não impõe a necessidade de se defender como antigamente; porque, então, os homens vencidos em guerra ou eram mortos ou permaneciam para sempre como escravos, levando uma vida miserável; as terras conquistadas ou eram desoladas ou seus habitantes eram expulsos, dispersos pelo mundo, seus bens, confiscados; tanto que os vencidos sofriam toda miséria extrema. Assustados por esses temores, os homens mantinham os exercícios militares vivos e honravam quem era excelente neles. Mas, hoje, esse medo, na maior parte, perdeu-se; dos vencidos, matam-se poucos; nenhum deles fica muito tempo preso, porque facilmente se libertam. As cidades, ainda que se tenham rebelado mil vezes, não se destroem;

deixam-se os homens nos seus bens, de forma que o maior mal que se teme é um imposto; assim, os homens não querem submeter-se às ordens militares e sofrer sob elas, para fugir a perigos que temem pouco. Além disso, essas províncias da Europa estão sob pouquíssimos chefes, com relação a então; porque toda a França obedece a um rei, toda a Espanha a um outro, a Itália está dividida em poucas partes; de forma que as cidades fracas se defendem aliando-se a quem vence, e os estados fortes, pelas razões expostas, não temem uma última ruína.

Cósimo. E, no entanto, viram-se muitas terras saqueadas de vinte e cinco anos para cá, e perderem reinos; exemplo que deveria ensinar aos outros a viver e retomar algumas das ordens antigas.

Fabrício. É como dizeis; mas, se notais quais terras foram saqueadas, vereis que não são dos chefes de Estado, mas de membros: como se vê que foi saqueada Tortona, não Milão, Cápova e não Nápoles, Brescia e não Vinegia, Ravena e não Roma.[55] Exemplos que não fazem mudar de propósito quem governa, ao contrário, reforça a opinião deles de que se podem recuperar com os impostos; e por isso não querem submeter-se aos cuidados dos exercícios da guerra, em parte porque não é necessário, em parte porque é um enredo que não lhes interessa. Os outros, que são servos, a quem tais exemplos deveriam amedrontar, não têm poder para remediar o problema; e os príncipes que perderam o estado já não têm tempo para isso, e os que o mantêm não sabem e não querem; porque querem, sem nenhum desconforto, estar com sua fortuna e não com sua virtude, a fortuna governa tudo, e querem que ela os comande, não eles comandarem aquela. E quanto seja verdadeiro o que acabo de dizer, considerai a Magna; na

---

[55] Tortona e Cápua foram tomadas e saqueadas pelos franceses respectivamente em 1499 e 1501; Brescia e Ravena, em 1512.

qual, por haver muitos principados e repúblicas, há muita virtude, e tudo o que na atual milícia é bom depende do exemplo daqueles povos; os quais, sendo todos ciosos de seus estados, temendo a servidão (o que não se teme alhures) todos se mantêm senhores e honrados. Quero que baste ter dito isso para mostrar as razões da presente vileza, na minha opinião. Não sei se vos parece o mesmo, ou se vos nasceu, deste raciocínio, alguma dúvida.

Cósimo. Nenhuma; ao contrário, entendi tudo muito bem. Só desejo, voltando ao nosso tema principal, saber como ordenaríeis os cavalos com essas batalhas, e quantos e como capitaneados e como armados.

Fabrício. Talvez vos pareça que eu os deixei para trás; do que não vos deveis surpreender, porque tenho duas razões para falar pouco deles: uma, porque o nervo e a importância do exército é a infantaria; outra, porque esta parte da milícia é menos corrupta que a dos infantes; pois, se não é mais forte que a antiga, é igual. Já se falou, pouco antes, do modo de treiná-los. E, quanto a armá-los, eu os armaria como se faz no presente, tanto os cavalos ligeiros como os homens d'armas.[56] Mas, os cavalos ligeiros, gostaria que fossem todos besteiros, com alguns fuzileiros entre eles; os quais, embora em outros manejos de guerra sejam pouco úteis, são para isto utilíssimos: para assustar aldeões e tirá-los de uma passagem guardada por eles, porque terão mais medo de um fuzileiro do que de vinte outros armados. Mas, quanto ao número, digo que, sem imitar a milícia romana, eu não ordenaria mais de trezentos cavalos por batalhão; dos quais, gostaria que fossem cento e cinquenta homens d'armas e cento e cinquenta cavalos ligeiros; e a cada uma dessas partes daria um chefe, fazendo depois entre eles quinze decuriões por ala, dando a cada uma seu corneteiro e sua bandeira. Gostaria que cada dez homens

---

[56] Homens d'armas, neste caso, correspondem aos lanceiros.

d'armas tivessem cinco carroças e cada dez cavalos ligeiros, duas; as quais, como as dos infantes, transportariam as tendas, os vasilhames, e os machados e as pás e, sobrando lugar, as outras ferramentas deles. Não penseis que isto seja desordem, já que vemos que hoje os homens d'armas têm a seu serviço quatro cavalos, porque tal coisa é uma adulteração;[57] pois vê-se, na Magna, esses homens d'armas sozinhos com seus cavalos; só têm, a cada vinte, uma carroça que vai atrás deles com as coisas de que necessitam. Os cavalos dos Romanos eram igualmente sós; é verdade que os triários[58] alojavam-se perto da cavalaria, sendo obrigados a ajudá-la no governo dos cavalos; o que podemos facilmente imitar, como se demonstrará na distribuição dos alojamentos. Podemos, portanto, fazer o que faziam os Romanos e que fazem ainda hoje os Alemães; aliás, não fazendo, erra-se. Estes cavalos, ordenados e descritos junto com o batalhão, poderiam às vezes ser reunidos, quando se reunissem as batalhas, e fazê-los ensaiar alguns assaltos; o que seria mais para que se reconhecessem juntos do que por outra necessidade. Mas, por ora, já se disse o bastante sobre esta parte; e passemos a dar forma a um exército, para poder apresentar a jornada ao inimigo e esperar vencê-la; coisa que é o fim para o qual se ordena a milícia e se põe tanto estudo nela.

---

[57] Ao tempo de Maquiavel, cada cavaleiro tinha a seu serviço de quatro a cinco servidores também a cavalo.

[58] Os triários, em geral soldados veteranos e fortemente armados, formavam a terceira e última linha da infantaria do exército da Roma republicana.

LIVRO TERCEIRO

Cósimo. Já que vamos mudar de assunto, quero que se mude o perguntador, porque não quero ser considerado presunçoso; o que sempre critiquei nos outros. Deponho, pois, a ditadura, e dou esta autoridade a quem a queira entre estes outros amigos meus.

Zanobi. Para nós, seria gratíssimo que continuásseis; ademais, já que não quereis, dizei ao menos qual de nós deve suceder-vos.

Cósimo. Quero dar esse encargo ao senhor.

Fabrício. Recebo-o com prazer, e quero que sigamos o costume veneziano[1]: que o mais jovem fale primeiro, porque, sendo este um exercício de jovens, estou convencido de que os jovens estejam mais aptos a pensar nele, assim como estão prontos a fazê-lo.

Cósimo. Então é com você, Luís. E como me agrada esse sucessor, assim também vos satisfareis com esse perguntador. Mas peço que voltemos ao assunto e não percamos mais tempo.

Fabrício. Estou certo de que, para poder demonstrar bem como se ordena um exército para fazer jornada, seria necessário narrar como os Gregos e os Romanos ordenavam as fileiras em seus exércitos. Não obstante, como vós mesmos podeis ler e considerar estas coisas mediante os escritores antigos, deixarei muitos detalhes de lado, e só mencionarei as coisas deles que me parece necessário

---

[1] Refere-se às reuniões consultivas da Sereníssima República de Veneza.

imitar, se quisermos em nossos tempos dar à nossa milícia algo de perfeição. O que fará que, a tempo, eu mostre como um exército se ordena para a jornada, e como enfrenta os verdadeiros combates, e como se pode treiná-lo nas manobras. A maior desordem que fazem os que ordenam um exército para a jornada é dar-lhe apenas um fronte e obrigá-lo a um ímpeto e uma fortuna. O que resulta do fato de terem perdido o modo que adotavam os antigos para receber uma fileira na outra; pois, sem esse modo, não se pode nem socorrer os primeiros, nem defendê-los nem ter sucesso no combate; o que era otimamente observado pelos Romanos.[2] Para mostrar esse modo, digo que os Romanos tinham cada legião tripartida em hastados, príncipes e triários; dos quais, os hastados eram colocados no primeiro fronte do exército, em formação compacta; atrás deles, ficavam os príncipes, mas em formação menos espessa: depois destes, colocavam os triários, em formação tão aberta que podiam receber entre eles os príncipes e os hastados.[3] Além desses, tinham os fundibulários e os besteiros e os outros armados da ligeira;[4] os quais não estavam nestas ordens, mas eram colocados à frente do exército, entre os cavalos e os infantes. Estes, portanto, ligeiramente armados, iniciavam o combate; se venciam, o que ocorria raramente, conquistavam a vitória; se fossem rechaçados, recuavam pelos flancos do exército ou pelos intervalos

---

[2] Trata-se do ordenamento de várias linhas de batalha, de forma que, quando vacile, a primeira linha possa recuar para os vazios da segunda, que será tanto seu abrigo como seu reforço.

[3] A legião romana, com 4.200 infantes, dividia-se em 30 manípulos, dez de hastados (armados de hasta, ou seja, lança ou pique), dez de príncipes e dez de triários (ver nota 58 do Livro Segundo). A diferença entre as três categorias era de duas ordens: mais jovens e mais pobres à frente; veteranos e ricos atrás.

[4] Os vélites, únicos que, ao tempo dos romanos, tinham em combate as funções especificadas por Maquiavel. A "ligeira" é a cavalaria ligeira.

adrede ordenados, e se retiravam entre os desarmados. Depois da partida deles, eram os hastados que enfrentavam o inimigo; os quais, se fossem superados, retiravam-se aos poucos para dentro da formação dos príncipes, e junto com estes renovavam o combate. Se estes também tivessem dificuldades, retiravam-se todos para dentro da rarefação da formação dos triários, e todos juntos, feito uma montanha, recomeçavam o combate; e, se perdiam, não havia mais remédio, porque não havia mais jeito de se refazer.[5] Os cavalos ficavam nos cantos do exército, postos como se fossem duas asas num corpo; e ora combatiam com os cavalos, ora socorriam os infantes, de acordo com a necessidade. Este modo de se refazer três vezes é quase impossível de superar, porque é preciso que por três vezes a fortuna te abandone e que o inimigo tenha tanta virtude que três vezes te vença. Os Gregos, com suas falanges, não tinham esse modo de se refazer; e embora elas tivessem muitos chefes e muitas ordens, não obstante compunham um corpo, ou melhor, um fronte. Seu modo de socorrer um ao outro não era o de recuar uma formação na outra, como os Romanos, mas o de entrar um homem no lugar do outro. O que faziam deste modo: a falange deles era dividida em fileiras; e digamos que colocassem por fileira cinquenta homens, enfrentando depois com seu fronte o inimigo; de todas as fileiras, as primeiras seis podiam combater porque suas lanças, que se chamavam sarissas,[6] eram tão longas que a ponta das lanças da sexta fileira ultrapassava a primeira. Ao combater, portanto, se alguém da primeira caía por morte ou por ferida, imediatamente entrava em seu lugar quem estava atrás, na segunda fileira, e, no lugar que ficava vazio na segunda, entrava quem estava

---

[5] Vem daí a expressão latina *Res ad triarios redit* (numa tradução livre, "a coisa está nas mãos dos triários"), citada por Tito Lívio (ver nota 6 do Livro Segundo), para indicar uma situação de muita dificuldade.

[6] Ver nota 7 do Livro Segundo.

atrás na terceira; e assim sucessivamente, rapidamente as fileiras de trás restauravam os defeitos daquelas da frente; de modo que as fileiras sempre ficavam inteiras e nenhum lugar ficava vago de combatente, com exceção da última fila, que se ia consumindo, por não ter por trás quem a restaurasse; de modo que os danos sofridos pelas primeiras fileiras consumiam as últimas, e as primeiras permaneciam sempre inteiras; e assim, devido à sua formação, era mais provável consumir do que romper estas falanges, já que o corpo compacto as tornava inamovíveis.

No princípio, os Romanos usaram as falanges e instruíram suas legiões à semelhança daquelas. Depois, já não lhes agradou essa ordem e dividiram suas legiões em mais corpos, em coortes e em manípulos; porque julgaram, como disse há pouco, que aquele corpo tivesse mais vida, que tivesse mais almas, e que fosse composto de mais partes, de modo que cada uma se controlasse por si mesma. Os batalhões dos Suíços usam nestes tempos todos os modos da falange, tanto no ordenar-se compactos e inteiros, como no socorrer um ao outro; e ao fazer a jornada colocam os batalhões um nos flancos do outro; e, se os colocam um atrás do outro, não têm modo para que o primeiro, ao recuar, possa ser recebido pelo segundo; mas, para poder socorrer um ou outro, têm esta ordem: colocam um batalhão à frente e outro atrás dele à direita, de maneira que, se o primeiro precisar de ajuda, aquele pode avançar e socorrê-lo. O terceiro batalhão colocam por trás destes, mas distante um tiro de fuzil. Fazem isso para que, sendo aqueles dois rechaçados, aquele possa avançar e estes tenham espaço para evitar que se choquem uns com os outros; porque uma grande multidão não pode ser recebida como um pequeno corpo, e porém os corpos pequenos e distintos que estavam numa legião romana se colocavam de modo a poder reforçar-se mutuamente e socorrer um ao outro com facilidade. E que esta ordem dos Suíços não seja tão boa quanto a romana antiga demonstram-no muitos exemplos dos combates das legiões romanas, quando enfrentaram as falanges gregas; e estas sempre foram consumidas por aquelas, porque a geração das armas, como disse antes, e este modo de se refazer podiam mais do que a solidez das falanges.

    Devendo, pois, com estes exemplos ordenar um exército, pareceu-me bom reter as armas e os modos, parte das falanges gregas, parte das legiões romanas; eu disse que queria, num batalhão, dois mil piques, que são armas das falanges macedônias, e três mil escudos com espada, que são armas dos Romanos. Dividi o batalhão em dez batalhas, como os Romanos; a legião, em dez coortes. Ordenei os vélites, ou seja, as armas ligeiras, para iniciar o combate como eles. E porque as armas estão misturadas e advêm de uma e de outra nação, ordenei que cada batalha tenha cinco fileiras de piques no fronte e o restante de escudos, para poder, com o fronte, enfrentar os cavalos e entrar facilmente nas batalhas inimigas a pé, tendo o primeiro confronto com os piques, como o inimigo, os quais quero que me bastem para enfrentá-lo, e depois os escudos, para vencê-lo. E se notásseis a virtude desta ordem, veríeis estas armas todas a fazer inteiramente o ofício delas; porque os piques são úteis contra os cavalos, e, quando usados contra os infantes, só fazem bem o seu ofício antes que o combate se torne compacto; porque, uma vez compacto, tornam-se inúteis. Donde os Suíços, para fugir desse inconveniente, colocam uma fileira de alabardas a cada três fileiras de piques; o que fazem para dar espaço aos piques, o qual não é suficiente. Ao colocar os piques à frente e os escudos atrás, conseguem enfrentar os cavalos e, quando o combate esquenta, abrem e molestam os infantes; mas, depois que a luta se compacta, e que eles se tornam inúteis, sucedem-nos os escudos e as espadas; que podem ser manejados em pequenos espaços.

    Luís. Esperamos agora, com desejo de entender, saber como ordenaríeis o exército para uma jornada com essas armas e com essas ordens.

Fabrício. E eu não quero agora demonstrar-vos outra coisa senão isso. Deveis entender como um exército romano ordinário, que chamavam de exército consular, não tinha mais do que duas legiões de cidadãos romanos, que eram seiscentos cavalos e cerca de onze mil infantes. Também tinham outros tantos infantes e cavalos que lhes eram mandados por aliados e confederados; os quais eram divididos em duas partes, chamadas ala direita e ala esquerda; nem jamais permitiam que estes infantes auxiliares ultrapassassem o número de infantes das suas legiões; ficavam bem contentes que o número de cavalos fosse superior.[7] Com este exército, que era de vinte e dois mil infantes e cerca de dois mil cavalos úteis, um cônsul podia fazer qualquer combate e aceitar qualquer empresa. Também, quando precisava opor-se a forças superiores, juntavam-se dois cônsules com dois exércitos. Deveis ainda notar como, em geral, em todas as três ações principais dos exércitos, isto é, caminhar, alojar e combater, colocavam as legiões no meio; porque queriam que aquela virtude em que mais confiavam fosse mais unida, como se demonstrará ao descrever todas as três ações. Os infantes auxiliares, pelo hábito de conviver com os infantes legionários, eram tão úteis quanto eles; porque eram disciplinados como eles e assim, de maneira similar, ordenavam-se ao ordenar a jornada. Quem, portanto, sabe como os Romanos dispunham uma legião no exército em jornada, sabe como dispunham todo o exército. Tendo-vos dito como eles dividiam uma legião em três partes, e como uma parte recebia a outra, acabo por vos ter dito como todo o exército se ordenava numa jornada.

---

[7] Na maior parte dos casos, a força dos aliados superava largamente a das duas legiões que deviam ajudar. Pode-se calcular que, em cada exército consular, os aliados chegassem a 15 mil infantes e 800 cavaleiros.

Querendo, portanto, ordenar uma jornada à semelhança dos Romanos, como eles tinham duas legiões, eu tomarei dois batalhões, e, uma vez dispostos estes, entender-se-á a disposição de todo um exército; porque, ao acrescentar mais gente, não se fará outra coisa que engrossar as ordens. Não creio que precise recordar-vos quantos infantes tenha um batalhão, e como ele tem dez batalhas, e que chefes há por batalha, e quais armas têm, e quais são os piques e os vélites ordinários e quais os extraordinários; porque há pouco disse-vos distintamente e vos recordais de haver registrado na memória como coisa necessária para poder entender todas as outras ordens; e assim vou demonstrar a ordem sem repetir nada mais. Quer-me parecer que as dez batalhas de um batalhão colocam-se no flanco esquerdo e as dez do outro, no direito. Ordenem-se as do esquerdo desta maneira: ponham-se cinco batalhas uma ao lado da outra no fronte, de modo que, entre uma e outra, reste um espaço de quatro braças que venham a ocupar, em largura, cento e quarenta e uma braças de terreno e, em comprimento, quarenta. Atrás dessas cinco batalhas, porei três outras, distantes quarenta braças em linha reta das primeiras; duas das quais estivessem atrás, em linha reta, dos extremos das cinco, e a outra ficasse com o espaço do meio. E assim essas três viriam a ocupar, em largura e comprimento, o mesmo espaço das cinco; mas onde as cinco teriam, entre uma e outra, uma distância de quatro braças, estas teriam trinta e três. Depois destas, poria as duas últimas batalhas atrás das três, em linha reta e distantes, daquelas três, quarenta braças; e poria cada uma dessas atrás dos extremos das três, de forma que o espaço que restasse entre uma e outra seria de noventa e uma braças. Teriam, portanto, todas essas batalhas assim ordenadas, de largura, cento e quarenta e uma braças e, de comprimento, duzentas. Os piques extraordinários estenderia ao longo dos flancos destas batalhas do lado esquerdo, distantes vinte braças daquelas, fazendo deles cento e quarenta e três fileiras, a sete por fileira;

de modo que cobrissem, com seu comprimento, todo o lado esquerdo das dez batalhas ordenadas como disse; e colocaria quarenta fileiras para guardar as carroças e os desarmados que ficassem na retaguarda do exército, distribuindo os decuriões e os centuriões em seus lugares; e, dos três condestáveis, colocaria um à frente, outro no meio e o terceiro na última fileira para fazer o ofício do *tergiduttore*;[8] que assim chamavam os antigos aquele que era colocado atrás do exército. Mas, voltando à frente do exército, digo como colocaria junto aos piques extraordinários os vélites extraordinários, que sabeis que são quinhentos, e lhes darei um espaço de quarenta braças. Ao lado destes, sempre do lado esquerdo, poria os homens d'armas, e gostaria que tivessem um espaço de cento e cinquenta braças. Depois destes, os cavalos ligeiros, aos quais daria o mesmo espaço que às gentes d'armas. Os vélites ordinários deixaria ao redor de suas batalhas, no espaço que coloco entre uma batalha e outra, que seriam como guias daquelas, se não me parecesse colocá-los sob os piques extraordinários; o que faria, ou não, dependendo de meu propósito. O chefe geral de todo o batalhão colocaria no espaço entre a primeira e a segunda ordem das batalhas, ou na frente ou no espaço entre a última batalha das primeiras cinco e os piques extraordinários, dependendo do meu propósito, com trinta ou quarenta homens ao redor, selecionados e que soubessem, por prudência, seguir uma ordem e, por força, suportar um ataque;[9] e que o chefe geral ficasse entre o corneteiro e a bandeira. Esta é a ordem com a qual eu disporia um batalhão na parte esquerda, que seria a disposição de metade do exército; e teria, de largura, quinhentas e onze braças e, de comprimento, o que se disse acima, sem computar o espaço ocupado por aquela parte dos piques extraordinários que

---

[8] Ver nota 37 do Livro Segundo.
[9] Maquiavel descreve, aqui, o que seria o moderno estado-maior.

servisse de escudo aos desarmados, que seria de cerca de cem braças. O outro batalhão disporia no canto direito, do mesmo modo que dispus o da esquerda, deixando entre os batalhões um espaço de trinta braças; à frente desse espaço colocaria alguns carros de artilharia, atrás dos quais esteja o capitão geral de todo o exército,[10] tendo em volta, com o corneteiro e a bandeira capitães, ao menos duzentos homens, escolhidos, a maior parte a pé, entre os quais, dez ou mais aptos a seguir qualquer comando; e que estivesse a cavalo e armado, que pudesse estar tanto a cavalo como a pé, segundo a necessidade. Para as artilharias do exército, bastam dez canhões para a conquista das terras, que não passem de cinquenta libras no transporte; dos quais, em campanha, me servirei mais para a defesa dos alojamentos do que para fazer jornada; toda outra artilharia, que pese antes dez do que quinze libras no transporte. Esta colocaria à frente de todo o exército, se o território já não estivesse de modo que eu pudesse colocá-la no flanco em lugar seguro, onde não pudesse ser atingida pelo inimigo.

Esta forma de exército assim ordenado pode, ao combater, manter a ordem das falanges e a ordem das legiões romanas; porque à frente estão os piques, estão todos os infantes ordenados nas fileiras, de modo que, envolvendo-se com o inimigo e resistindo, podem, como nas falanges, restaurar as primeiras fileiras com as de atrás. Por outro lado, se são feridos a ponto de precisarem romper as ordens e recuar, podem entrar nos intervalos das segundas batalhas, que estão atrás, e unir-se com elas, e de novo, em massa, resistir ao inimigo e combatê-lo. E quando isso não baste, podem da mesma forma recuar uma segunda vez e combater pela terceira; sim, nesta ordem, quanto ao combate,

---

[10] As patentes dos exércitos modernos são todas baseadas na patente de capitão: o tenente e o lugar-tenente são os que podem substituir o capitão; o major é o capitão maior e o general é o capitão geral.

é possível refazer-se tanto do modo grego como do modo romano. Quanto à força do exército, não se pode ordenar de maneira mais forte; porque as duas alas estão altamente munidas de chefes e de armas, nem tem outra fraqueza senão a parte de trás, dos desarmados; e mesmo esta tem seus flancos protegidos pelos piques extraordinários. Nem pode o inimigo assaltá-lo de algum lado que não esteja ordenado; e a parte de trás não pode ser assaltada, porque não pode haver inimigo que tenha tantas forças que igualmente te possa assaltar de qualquer lado; porque, se as tem, não deves entrar em campanha e pronto. Mas, se for um terço maior que ti e bem ordenado como tu, se se enfraquece para assaltar-te em vários lugares, basta que rompas uma parte e tudo vai mal. Quanto aos cavalos, se forem mais que os teus, estás seguríssimo; porque as ordens de piques que te cercam defendem-te de qualquer ataque daqueles, se teus próprios cavalos forem rechaçados. Além disso, os chefes estão dispostos de forma que facilmente podem comandar e obedecer. Os espaços entre uma batalha e outra e entre uma ordem e outra não apenas servem para poder receber um ao outro, mas também aos que fossem e voltassem por ordem do capitão. E, como vos disse antes, os Romanos tinham vinte e quatro mil homens no exército, e assim deve ser este; e como o modo de combater e a forma do exército eram tomados da legião pelos outros soldados, assim os soldados que acrescentásseis aos vossos dois batalhões teriam de tomar a forma e a ordem daqueles. Coisas das quais havendo um exemplo é fácil imitá-lo; pois, acrescendo ou dois outros batalhões ao exército, ou tantos soldados dos outros quantos há nos batalhões, basta duplicar as ordens e onde se colocou dez batalhas no lado esquerdo coloque-se vinte, engrossando ou estendendo as formações segundo te comandassem o sítio ou o inimigo.[11]

---

[11] O exército considerado por Maquiavel tinha 24 mil infantes e 600 cavaleiros, divididos em quatro batalhões, por sua vez divididos em dez batalhas cada um (ver Figura 4 no Apêndice).

Luís. Realmente, senhor, imagino bem esse exército, já o vejo, e ardo de desejo de o ver em ação. Não gostaria, por nada no mundo, que vós vos tornásseis Fábio Máximo,[12] preocupando-se em manter o inimigo ao largo e em adiar a jornada, porque eu falaria ainda pior de vós do que o povo romano falava dele.

Fabrício. Não duvideis. Não ouvis as artilharias? As nossas já atiraram, mas pouco ofenderam o inimigo; e os vélites extraordinários saem de seus lugares junto com a cavalaria ligeira e, mais esparsos e com a maior fúria e o maior alarido que possam, assaltam o inimigo; a artilharia do qual atirou uma vez e passou sobre a cabeça de nossos infantes sem lhes fazer mal algum. E, para que ela não possa atirar uma segunda vez, vede nossos infantes e cavalos que já a ocuparam, e que os inimigos, para defendê-la, avançaram; de forma que tanto a dos amigos como a dos inimigos já não podem fazer seu ofício.[13] Vede com quanta virtude combatem os nossos, e com quanta disciplina, pelo exercício que lhes criou o hábito e pela confiança que têm no exército; o qual vede que, com seu passo e com as gentes d'armas ao lado, caminha ordenado para se atracar com o adversário. Vede nossas artilharias, que, para lhes dar lugar e deixar-lhes o espaço livre, retiraram-se para o espaço de onde saíram os vélites. Vede o capitão, que os incita e mostra-lhes a vitória certa. Vede que os vélites e os cavalos ligeiros espalharam-se e lançaram-se aos flancos do exército,

---

[12] Quinto Fábio Máximo Rulliano (275 – 203 a.C.), dito *Cunctator* ou "contemporizador", foi um político e general romano. Eleito ditador em 217 a.C., optou por uma tática de guerrilha contra Aníbal, na Segunda Guerra Púnica (218 – 202 a.C.), evitando o confronto direto e atacando pelos flancos, de surpresa. Venceu, mas os romanos não gostaram: ganhou fama de covarde e o apelido.

[13] O ceticismo de Maquiavel com relação à artilharia contrasta com os resultados das batalhas de Ravena (1512), Novara (1513) e Melenhano (1515), que deveriam ter inspirado reflexão num espírito crítico como o seu sobre o futuro da nova arma.

para ver se podem pelos flancos fazer alguma injúria aos adversários. Eis que se enfrentaram os exércitos. Vede com quanta virtude suportaram o ataque dos inimigos, e com quanto silêncio, e como o capitão comanda os homens d'armas para que resistam e não ataquem e para que não se afastem da ordem da infantaria. Vede como nossos cavalos ligeiros estão prestes a atingir um bando de fuzileiros inimigos que queriam ferir pelo flanco, e como os cavalos inimigos os socorreram: de forma que, envolvidos por uma e outra cavalaria, não podem atirar e se retiram para trás de suas batalhas. Vede com que fúria se enfrentam nossos piques, e como os infantes já estão tão próximos uns dos outros que os piques já não se podem manejar; de modo que, de acordo com a disciplina aprendida conosco, nossos piques recuam pouco a pouco entre os escudos. Vede como, entrementes, um grande bando de homens d'armas, inimigos, empurrou nossos homens d'armas do lado esquerdo, e como os nossos, de acordo com a disciplina, recuaram sob os piques extraordinários, e, com a ajuda destes, tendo reorganizado o núcleo de resistência, rechaçaram os adversários e mataram boa parte deles. Entrementes, todos os piques ordinários das primeiras batalhas esconderam-se entre as ordens dos escudos, e deixaram o combate aos escudados; os quais vede com quanta virtude, segurança e desenvoltura matam o inimigo. Não vede quão compactas são as ordens durante o combate, a ponto de terem dificuldade para sacar a espada? Vede com quanta fúria morrem os inimigos. Pois, armados com o pique e com sua espada inútil, porque, em primeiro lugar, é muito longa e, em segundo, encontra o inimigo armado demais, em parte caem feridos ou mortos, em parte fogem. Vede-os fugir no canto direito; fogem também no esquerdo; eis que a vitória é nossa. Não vencemos uma jornada felicissimamente? Mas com maior felicidade vencer-se-ia se me fosse concedido realizá-la. E vede que não é necessário valer-se nem da segunda nem da terceira ordem; que nos bastou nosso primeiro fronte para superá-los. Nesta parte, não tenho mais nada a dizer, a não ser resolver alguma dúvida que vos surja.

Luís. Vencestes com tanta fúria esta jornada, que eu estou todo admirado e também estupefato, que não creio poder bem explicar se alguma dúvida me resta no espírito. Mesmo assim, confiando na vossa prudência, animar-me-ei a dizer o que penso. Dizei-me antes: por que não fizestes disparar vossa artilharia mais que uma vez? E por que a fizestes recuar imediatamente para dentro do exército e não voltastes a mencioná-la? Pareceu-me, ainda, que pusestes a artilharia do inimigo alta e a ordenastes a vosso modo; o que pode muito bem ser. Mas, se ocorresse, e creio que ocorra com frequência, que atinja as fileiras, que remédio tendes? E como comecei com as artilharias, quero fazer essa pergunta inteira, para não ter de voltar ao assunto. Ouvi muitos desprezarem as armas e as ordens dos exércitos antigos, argumentando que hoje poderiam pouco, ou melhor, todos seriam inúteis, com respeito ao furor das artilharias; porque estas rompem as ordens e as armas, de modo que lhes parece loucura fazer uma ordem que não se possa manter, e sofrer para carregar uma arma que não te possa defender.

Fabrício. Esta vossa pergunta precisa, porque tem muitos tópicos, de uma longa resposta. É verdade que não fiz disparar a artilharia mais de uma vez e mesmo dessa vez estive em dúvida. A razão é porque é mais importante tratar de não ser atingido do que atingir o inimigo. Deveis entender que, para que a artilharia não te atinja, é necessário ou estar onde ela não te alcance, ou colocar-te por trás de um muro ou por trás de uma barreira. Não há outra coisa que a obste; mas é preciso também que um e outra sejam fortíssimos. Os capitães que se limitam a fazer jornada não podem estar por trás de muros ou barreiras, nem onde estes não existam. Convém-lhes, pois, já que não podem encontrar meio de se defender, encontrar um para ser menos ofendido; nem podem encontrar outro modo senão ocupá-la imediatamente. O modo de a ocupar é ir ao seu encontro logo e em ordem esparsa, não devagar e em massa; pois, com a rapidez, não se a deixa repetir o golpe e, pela raleza, pode atingir um menor número de homens. Isso não pode ser feito por um bando de gente comum, porque, se caminha em ordem, ela se desordena, e, se vai esparsa, não dá trabalho ao inimigo para rompê-la, porque se rompe a si mesma. Mas eu ordenei o exército de modo que pudesse fazer uma coisa e outra; porque, tendo colocado em suas alas mil vélites, ordenei que, depois que nossa artilharia atirasse, saíssem junto com a cavalaria ligeira para ocupar as artilharias inimigas. E, no entanto, não fiz minha artilharia atirar novamente para não dar tempo à inimiga: porque não era possível dar espaço a mim e tomá-lo de outrem. Foi por essa razão que não a fiz atirar uma segunda vez, para não deixá-los atirar uma primeira, de forma que, mesmo da primeira vez, a inimiga não pudesse atirar. Porque, para que a artilharia inimiga seja inútil, não há outro remédio senão assaltá-la; pois, se os inimigos a abandonam, tu a ocupas; se querem defendê-la, devem deixá-la para trás; de modo que, ocupada por amigos e inimigos, não pode atirar. Quero crer que, sem exemplos, estas razões vos bastem; mesmo assim, podendo dá-los dos antigos, quero fazê-lo. Em jornada com os Persas, a virtude dos quais, na maior parte, consistia nos arcos e nas setas, Ventídio[14] deixou-os quase chegar a seus alojamentos antes que apresentasse seu exército; o que só fez para poder ocupá-los logo e não lhes dar espaço para atirar. César na França refere que, ao fazer uma jornada com os inimigos, foi assaltado com tanta fúria por eles que os seus não tiveram tempo para lançar os dardos, conforme o costume romano. Portanto, vê-se que, se queres que uma coisa que se atira de longe, estando no campo, não te ofenda, não há outro remédio

---

[14] Públio Ventídio Basso (90 a.C.–c. 27 a.C.), político e general da República Romana.

senão ocupá-la com a maior celeridade que se possa. Ainda uma outra razão me movia a não usar a artilharia, da qual talvez rireis; mesmo assim, não acho que deva desprezá-la. Não há nada que cause maior confusão num exército do que lhe impedir a visão; donde muitos grandíssimos exércitos foram derrotados por lhes ter sido impedida a visão ou por poeira ou pelo sol. Não há nada que impeça mais a visão do que a fumaça produzida pela artilharia quando atira; mas eu acreditaria que fosse mais prudente deixar o inimigo cegar-se por si mesmo do que quereres tu, cego, ir ao seu encontro. Assim, ou eu não a usaria ou (porque isso não seria aprovado, considerando a reputação que tem a artilharia) a colocaria nas alas do exército, de forma que, ao atirar, não cegasse o fronte com a fumaça; que é o ponto mais importante das minhas gentes. E, para mostrar quão útil é impedir a visão do inimigo, pode-se acrescentar o exemplo de Epaminondas;[15] o qual, para cegar o exército inimigo que vinha decidido a fazer jornada, fez correr seus cavalos ligeiros diante do fronte do inimigo, para que levantassem a poeira alta e lhe impedissem a visão; o que lhe deu por vencida a jornada.

Quanto a parecer-vos que guiei os golpes da artilharia ao meu modo, fazendo-os passar sobre a cabeça dos infantes, respondo-vos que são muitas mais as vezes em que as artilharias pesadas não percutem as infantarias do que aquelas em que percutem; porque a infantaria é tão baixa e aquelas são tão difíceis de operar que, a cada pouco que as levantas, elas passam sobre a cabeça dos infantes; e, se as abaixas, dão no chão, e o golpe não chega àqueles. Salva-os também a irregularidade do terreno, porque

---

[15] Epaminondas (418 a.C.–362 a.C.) foi um político e general grego. Foi um dos artífices da hegemonia de Tebas. A ele também se devem inovações táticas adotadas pelo exército tebano, como a falange e a ordem oblíqua de ataque da ala esquerda.

qualquer vegetação ou relevo que esteja entre os infantes e aquelas, as impedem. E quanto aos cavalos, principalmente os dos homens d'armas, porque devem estar mais juntos que os ligeiros, e por serem mais altos, podem ser melhor percutidos, pode-se, até que as artilharias tenham atirado, mantê-los na retaguarda do exército. É verdade que os fuzis e as artilharias miúdas prejudicam muito mais que aquelas; para as quais o melhor remédio é logo meter-lhes as mãos; e se, no primeiro assalto, morre alguém, morreria de qualquer forma; e um bom capitão e um bom exército não devem temer um dano específico, mas sim um geral; e imitar os Suíços, os quais nunca fugiram de uma jornada por causa das artilharias; ao contrário, punem com a pena capital os que por medo delas ou saíram da fileira ou fizeram algum sinal de temor. Eu as fiz, já que existem, recuar no exército, para que deixassem a passagem livre para as batalhas. Não as mencionei mais, como coisa inútil, assim que o combate teve início. Dissestes ainda que, devido à fúria desse instrumento, muitos julgam inúteis as armas e as ordens antigas; e parece, pelo que dizeis, que os modernos tenham encontrado ordens e armas úteis contra a artilharia. Se o sabeis, apreciaria muito que mo ensinásseis, porque até aqui não vi nenhuma, nem creio que se possa encontrar. De maneira que eu gostaria de ouvir deles por quais razões os soldados a pé de nossos tempos vestem o peitoral ou o corselete de ferro e aqueles a cavalo vão completamente cobertos de armas; pois até estes deveriam fugir, visto que condenam o armar antigo como inútil com relação às artilharias. Gostaria de entender também por que razão os Suíços, à semelhança das antigas ordens, montam uma batalha compacta com seis ou oito mil infantes, e por qual razão todos os imitaram, já que esta ordem implica o mesmo perigo, por conta das artilharias, que implicariam aquelas outras que se imitam da antiguidade. Creio que não saberiam o que responder; mas, se o perguntásseis aos soldados que tivessem algum juízo, responderiam, primeiro, que vão armados porque, embora essas armas não os defendam das artilharias, defendem-nos das bestas, dos piques, das espadas, das pedras e de qualquer outra ofensa vinda dos inimigos. Responderiam ainda que vão juntos, compactos como os Suíços, para poder mais facilmente ferir os infantes, para poder resistir melhor aos cavalos e para oferecer mais dificuldade ao inimigo para dispersá-los. De modo que se vê que os soldados devem temer muitas outras coisas além das artilharias, coisas das quais se defendem com as armas e com as ordens. Do que resulta que, quão melhor armado for um exército e quão mais cerradas forem suas ordens, mais seguro estará. De forma que quem tem aquela opinião que dizeis deve ser ou pouco prudente ou pensou muito pouco nestas coisas; porque vemos que uma mínima parte do armar antigo que se usa hoje, que é o pique, e uma mínima parte daquelas ordens, que são os batalhões dos Suíços, fazem-nos tanto bem e vertem sobre nossos exércitos tanta força, por que não devemos crer que sejam úteis as outras armas e as outras ordens que foram abandonadas? Além disso, se desprezamos a artilharia ao juntar-nos como os Suíços, que outras ordens podem fazer-nos temê-la mais? É por isso que nenhuma ordem pode levar-nos a temer tanto aquela quanto a que aglutina os homens. Para além disso, se a artilharia inimiga não me assusta numa fortaleza, onde pode ofender-me em segurança (não a podendo ocupar, porque está protegida pelos muros, mas apenas, com o tempo, impedi-la com minha artilharia, de modo que ela pode redobrar os golpes a seu bel-prazer), por que deveria temê-la em campanha, onde posso logo ocupá-la? Tanto que vos apresento esta conclusão: que as artilharias, na minha opinião, não impedem usar os antigos modos e mostrar a antiga virtude. E se eu não tivesse falado outra vez convosco sobre este instrumento, estender-me-ia mais; mas quero remeter-me ao que disse então.

Luís. Podemos haver entendido muito bem o que dissestes sobre as artilharias; e, em suma, me parece que haveis mostrado que a ocupação rápida seja o melhor remédio que exista contra elas, estando em campanha e tendo um exército à frente. Sobre isso, surge-me uma dúvida: pois me parece que o inimigo poderia colocá-las a um lado, no seu exército, de forma que elas vos ofenderiam, e seriam de tal forma guardadas pelos infantes que não poderiam ser ocupadas. Fizestes, se bem me recordo, ao ordenar vosso exército para a jornada, intervalos de quatro braças entre uma batalha e outra; e de vinte entre as batalhas e os piques extraordinários. Se o inimigo ordenasse o exército à semelhança do vosso, e colocasse as artilharias bem para dentro nesses intervalos, creio que dessas posições poderiam ofender-vos com grande segurança delas, porque não se poderia entrar nas forças inimigas para ocupá-las.

Fabrício. Duvidais prudentissimamente, e eu me empenharei ou em vos resolver a dúvida ou em apresentar o remédio. Disse-vos que estas batalhas estão continuamente em movimento, ou por andar ou por combater, e sempre, por natureza, cerram-se; de modo que, se fazeis intervalos de pouca largura para meter aí as artilharias, em pouco tempo estarão tão compactados que a artilharia não poderá mais fazer seu ofício; se os fazeis largos para fugir a este perigo, incorreis em um maior: com tais intervalos, não apenas facilitais ao inimigo ocupar vossa artilharia, mas também vos derrotar. Mas deveis saber que é impossível manter as artilharias entre as fileiras, sobretudo aquelas que vão sobre carroças, porque as artilharias caminham numa direção e atiram noutra; de modo que, se devem caminhar e atirar, é necessário, antes de atirar, que se virem e, para se virar, precisam de tanto espaço que cinquenta carros de artilharia desordenariam qualquer exército. É, pois, necessário mantê-las fora das fileiras, onde podem ser combatidas da maneira que há pouco demonstramos. Mas imaginemos que, sim, pudessem ficar nas fileiras e que se pudesse encontrar um caminho intermediário, e de qualidade, de forma que, quando os infantes se aglutinassem, não impedissem a artilharia e que não fosse tão aberto a ponto de abrir caminho para o inimigo; digo que se pode remediar facilmente criando intervalos no teu exército que abram caminho para os golpes da artilharia: e assim sua fúria será vã. O que se pode fazer facilissimamente, porque, se o inimigo quer que sua artilharia esteja segura, há de a colocar atrás, na última parte dos intervalos; de modo que os golpes daquela, para que não ofendam os seus próprios, convém que passem por uma linha reta e sempre por essa mesma; e, ao lhes dar espaço, podem facilmente escapar; pois esta é uma regra geral: que se deve abrir caminho para aquelas coisas às quais não se pode resistir, como faziam os antigos com os elefantes e os carros falcados.[16] Creio, ou melhor, tenho certeza de que vos parece que eu modelei e venci uma jornada à minha maneira; não obstante, eu vos replico isto, se não bastar o que já disse até aqui: que seria impossível que um exército, assim ordenado e armado, não superasse no primeiro confronto qualquer outro exército que se ordenasse como se ordenam os exércitos modernos. Os quais, na maioria das vezes, fazem apenas um fronte, não têm escudos e estão desarmados de qualidade, de forma que não se podem defender quando o inimigo está próximo; e se ordenam de maneira que, se colocam suas batalhas no flanco uma da outra, tornam o exército delgado; se as colocam uma atrás da outra, sem ter modo de receber uma à outra, tornam-no confuso e fácil de ser perturbado. E embora deem três

---

[16] "Falcado" ou *falcato* significa "em forma de foice". Eram carros puxados por dois ou quatro cavalos, de duas ou quatro rodas, das quais saíam lâminas horizontais de até um metro de comprimento. Quando atacavam, esses carros atravessavam a infantaria inimiga a galope, cortando os soldados ao meio. Foram usados primeiro pelos persas, mas há indícios de que sua origem mais remota esteja na China. Lívio (ver nota 6 do Livro Segundo) chama esses carros de *falcatae quadrigae* (quadrigas falcadas).

nomes aos seus exércitos e os dividam em três seções, vanguarda, batalha e retaguarda, não obstante estas não servem para nada além de caminhar e distinguir os alojamentos; mas, nas jornadas, todos os obrigam a um primeiro impulso e a uma primeira fortuna.

Luís. Também notei, durante vossa jornada, como vossa cavalaria foi rechaçada pelos cavalos inimigos, retirando-se para os piques extraordinários; donde resulta que, com a ajuda destes, sustou e empurrou os inimigos para trás. Creio que os piques possam sustar os cavalos, como dizeis, mas num batalhão grande e duro, como fazem os Suíços; mas vós, em vosso exército, tendes à frente cinco ordens de piques e, nos flancos, sete, de modo que não sei como podem sustá-los.

Fabrício. Ainda que vos tenha dito que as seis fileiras eram adotadas nas falanges da Macedônia no passado, mesmo assim deveis entender que um batalhão de Suíços, se fosse composto de mil fileiras, não poderia adotar mais do que quatro ou, no máximo, cinco; porque os piques têm nove braças de comprimento; uma braça e meia é ocupada pelas mãos; donde, na primeira fileira, ficam livres sete braças e meia de pique. A segunda fileira, além do que ocupa com as mãos, consome uma braça e meia no espaço que há entre uma fileira e outra; de modo que não restam senão seis braças de pique útil. Na terceira fileira, pelas mesmas razões, restam quatro e meia; na quarta, três, na quinta, uma braça e meia. As demais fileiras, para ferir, são inúteis, mas servem para instaurar essas primeiras fileiras, como dissemos, e para lhes servir como uma pilastra de apoio. Se, então, cinco das fileiras deles podem lidar com os cavalos, por que não o poderiam cinco das nossas, às quais também não faltam fileiras por trás que as sustentem e que lhes deem apoio, embora não tenham piques como aquelas? E, quando vos pareçam finas demais as fileiras dos piques extraordinários, que coloco nos flancos, poder-se-ia reduzi-las em um quadro e colocá-las nos flancos das duas batalhas que coloco na última seção do exército; lugar de que poderiam facilmente, todas juntas, favorecer o fronte e a retaguarda do exército e prestar ajuda aos cavalos, segundo a necessidade.

Luís. Usaríeis sempre essa forma de ordem, quando quisésseis fazer uma jornada?

Fabrício. Não, de modo algum; porque deveis variar a forma do exército segundo a qualidade do sítio e a qualidade e a quantidade do inimigo; como alguns exemplos demonstrarão, antes que se passe a esse tema. Mas esta forma vos é dada não tanto como a mais forte de todas, que na verdade o é, quanto porque a partir dela extraís uma regra e uma ordem para poder conhecer os modos de ordenar as outras; pois toda ciência tem suas generalidades, sobre as quais em boa parte se funda. Só vos recordo uma coisa: que não ordeneis jamais um exército de forma que aqueles que combatem adiante não possam ser socorridos pelos que são colocados atrás deles; porque quem comete esse erro torna a maior parte de seu exército inútil e, se enfrenta alguma virtude, não pode vencer.

Luís. Surgiu-me nesta parte uma dúvida. Vi que, na disposição das batalhas, fazeis o fronte com cinco, o meio com três e a última seção com duas; e eu creria que fosse melhor ordená-las ao contrário, porque penso que seria tanto mais difícil romper um exército quando quem o ferisse o encontrasse cada vez mais duro à medida que o penetrasse; e a ordem feita por vós parece-me fazer que, quanto mais se penetre aquele, tanto mais fraco ele se revele.

Fabrício. Se vos recordásseis como aos triários, os quais eram a terceira ordem das legiões romanas, não eram concedidos mais de seiscentos homens, duvidaríeis menos, tendo entendido como eles eram colocados na última seção; pois veríeis que eu, movido por este exemplo, coloquei na última seção duas batalhas, que são novecentos infantes; de modo que, obedecendo a ordem romana, prefiro errar por ter colocado ali demasiados infantes do que poucos. E, embora este exemplo bastasse, quero dizer a razão. A qual é esta: o primeiro fronte do exército se faz sólido e espesso, porque deve suportar o ímpeto do inimigo e não deve receber em si nenhum dos amigos; e por isso convém que abunde em homens, porque os homens poucos a fariam fraca ou por raleza ou por número. Mas a segunda seção, porque deve antes receber os amigos do que resistir ao inimigo, convém que tenha grandes intervalos; e por isso convém que seja de menor número que a primeira, porque, se fosse de número maior ou igual à primeira, ou não teria intervalos, o que seria desordem, ou, tendo-os, ultrapassaria os limites da seção dianteira; o que tornaria a forma do exército imperfeita. E não é verdade o que dizeis: que quanto mais o inimigo penetrar o batalhão mais fraco o encontrará; porque o inimigo jamais poderá combater a segunda ordem se a primeira não estiver junto com ela; de forma que encontra o meio do batalhão mais forte e não mais fraco, devendo combater com a primeira e a segunda ordens juntas. O mesmo ocorre se o inimigo chega à terceira seção, porque aqui não combaterá com duas batalhas, mas com todo o batalhão. E, porque esta última parte deve receber mais homens, convém que os espaços sejam maiores e que quem receba seja em menor número.

Luís. Gosto do que dissestes; mas respondei-me ainda isto: se as cinco primeiras batalhas recuam entre as três segundas; e, depois, essas oito entre as duas terceiras, não parece possível que, reunidas as oito e depois as dez, caibam, ou quando sejam oito ou quando sejam dez, no mesmo espaço em que cabiam as cinco.

Fabrício. A primeira coisa que vos respondo é que não é o mesmo espaço; porque as cinco têm quatro espaços no meio que, ao se retirar entre as três ou entre as duas, são ocupados: resta-vos ainda aquele espaço entre um batalhão e outro, e o que está entre as batalhas e os piques extraordinários; espaços que, juntos, fazem largueza. Acrescente-se a isso os espaços que têm as batalhas quando estão nas ordens sem serem alteradas, comparados aos espaços de quando são alteradas; porque, na alteração, ou comprimem ou alargam as ordens. Alargam-nas quando temem tanto que se põem em fuga; comprimem-nas quando buscam assegurar-se não com a fuga, mas com a defesa, de forma que, neste caso, elas tendem a se compactar e não a se alargar. Acrescente-se a isto que as cinco filas dos piques, que estão à frente, uma vez iniciado o combate, devem retirar-se entre suas batalhas até a retaguarda do exército, para dar lugar para que os escudados combatam; e, indo para a retaguarda, podem ser empregadas no que o capitão julgar melhor; pois adiante, estando todos engajados no combate, seriam completamente inúteis. E por isso os espaços ordenados tornam-se capazes de conter muito bem o que resta de gentes capacitadíssimas. Mesmo assim, quando esses espaços não bastassem, os flancos ao lado são homens, não muros, os quais, cedendo e se alargando, podem criar um espaço capaz de recebê-los.

Luís. Quando as primeiras batalhas se retiram para as segundas, quereis que as duas fileiras de piques extraordinários que colocais nos flancos do exército permaneçam em seus lugares, como duas alas do exército, ou quereis que elas também recuem junto com as batalhas? Não vejo como poderiam passar, pois não têm atrás de si batalhas com grandes intervalos para recebê-las.

Fabrício. Se o inimigo não as combate quando força as batalhas a recuar, podem estar firmes em sua ordem e ferir o inimigo pelos flancos, depois que as primeiras batalhas se retirassem; mas se também as combatesse, como parece razoável, sendo tão possante que consiga forçar as outras, devem elas também se retirar. O que podem fazer otimamente, mesmo sem ter por trás quem as receba; porque do meio em diante podem duplicar-se em linha reta, entrando uma fileira na outra, da maneira como explicamos quando se falou da ordem de duplicação. É verdade que, para recuar duplicando, convém usar um modo diferente daquele que vos mostrei; porque vos disse que a segunda fileira devia entrar na primeira, a quarta na terceira e assim por diante; neste caso, não se deve começar na frente, mas atrás, de forma que, ao se duplicarem as fileiras, viessem a recuar, não a avançar. Mas, para responder a tudo que pudésseis perguntar sobre esta jornada demonstrada por mim, novamente vos digo que eu vos ordenei este exército e vos demonstrei esta jornada por duas razões: uma, para vos mostrar como se ordena; outra, para vos mostrar como se treina. Sobre a ordem, creio que estais habilitadíssimos; e, quanto ao treinamento, digo-vos que se deve, tantas vezes quantas possíveis, reunir todos em formação para que os chefes aprendam a manter suas batalhas nessas ordens. Pois, se cada soldado deve manter bem as ordens de cada batalha, os chefes devem manter as ordens das batalhas no exército e se assegurar de que saibam obedecer ao comando do capitão geral. Convém, portanto, que saibam fundir uma batalha com outra, saibam tomar seus lugares rapidamente; e por isso convém que a bandeira de cada batalha tenha escrito, em lugar evidente, o seu número, seja para poder comandá-la, seja para que o capitão e os soldados daquele número o reconheçam mais facilmente. Devem também os batalhões ser numerados e ter o número na sua bandeira principal. Convém, portanto, saber o número do batalhão colocado na ala esquerda ou direita, o número das batalhas postas no fronte ou no meio, e todas as outras assim por diante. Quer-se, ainda, que esses números expressem os graus das honras dos exércitos; por exemplo: o primeiro grau seja o decurião; o segundo, o chefe dos cinquenta vélites ordinários; o terceiro, o centurião; o quarto, o chefe da primeira batalha; o quinto, o da segunda; o sexto, o da terceira; e assim por diante até a décima batalha, o qual seria honrado com segundo lugar depois do chefe geral de um batalhão, posto a que ninguém poderia chegar sem ter passado por todos os graus anteriores. E como, além desses chefes, há os três condestáveis dos piques extraordinários e os dois dos vélites extraordinários, gostaria que tivessem o mesmo grau do condestável da primeira batalha; nem me preocuparia que houvesse seis homens de grau igual, desde que cada um deles se esforçasse para ser promovido à segunda batalha. Sabendo, portanto, cada um destes chefes em qual lugar devesse ser colocada a sua batalha, necessariamente resultaria que, ao som do trompete, estando erguida a bandeira capitã, todo o exército estaria em seu lugar. E este é o primeiro exercício a que se deve acostumar um exército, ou seja, a reunir-se rapidamente em formação; e, para fazer isto, convém ordená-lo e desordená-lo todos os dias, e muitas vezes num dia.

Luís. Que sinal quereríeis que tivessem todas as bandeiras de todo o exército, além do número?

Fabrício. A do capitão geral teria o sinal do príncipe do exército; todas as outras poderiam ter o mesmo sinal e variar os fundos, ou variar os sinais, como parecesse melhor ao senhor do exército; porque isso importa pouco, desde que o efeito seja que elas se diferenciem uma da outra. Mas passemos ao outro exercício em que deve ser treinado um exército; o qual é: fazê-lo mover-se e caminhar com o passo conveniente, e observar que, ao andar, mantenha as ordens. O terceiro exercício é que aprenda a se manobrar do modo que se deve, depois, manobrar na jornada; fazer as artilharias atirarem e recuarem; expor os vélites extraordinários e, depois de um simulacro de ataque, recuá-los; fazer que as primeiras batalhas, como se tivessem sido empurradas, se retirem para a raleza das segundas, e depois todas nas terceiras, e desse ponto que retorne cada uma a seu lugar; e, de modo a acostumá-los a este exercício, que cada coisa fosse notória e familiar a cada um; o que se conduz rapidissimamente com a prática e a familiaridade. O quarto exercício é que aprendam a reconhecer, por virtude do som e das bandeiras, o comando do seu capitão; porque o que lhes será dito por sinal acústico entenderão sem outro comando. E porque a importância desses comandos deve nascer do som, eu vos direi quais sons usavam os antigos. Os Lacedemônios,[17] segundo afirma Tucídides,[18] usavam flautins em seus exércitos; porque julgavam que esta harmonia fosse mais adequada para fazer proceder seu exército com gravidade e não com fúria. Movidos por essa mesma razão, os Cartagineses, no primeiro assalto, usavam a cítara. Aliates,[19] rei dos Lídios, usava na guerra a cítara e os flautins; mas Alexandre Magno e os Romanos usavam as trompas e os trompetes, pois pensavam poder, por virtude desses instrumentos, mais inflamar os ânimos dos soldados e fazê-los combater mais fortemente. Mas como, ao armar o exército, tomamos o modo grego e o romano, assim ao distribuir os sons conservaremos os costumes de uma e de outra nação. Assim, colocarei junto ao capitão geral as trombetas, como som não apenas adequado para inflamar o exército, mas também capaz de ser ouvido mais que algum outro som em meio a qualquer ruído. Todos os outros sons que estivessem em torno dos condestáveis e dos chefes dos batalhões, gostaria que fossem pequenos

---

[17] Os espartanos. A Lacedemônia ou Lacônia, cuja capital é Esparta, é uma região grega a sudoeste do Peloponeso.

[18] O historiador grego Tucídides (c. 460–c. 400 a.C.) escreveu a *História da guerra do Peloponeso*, que relata, em oito volumes, a guerra do século V entre Esparta e Atenas, da qual participou.

[19] Aliates II reinou por mais de 60 anos, provavelmente de 621 a.C. a 560 a.C., e foi sucedido por seu filho Creso, o famoso último rei dos lídios, que esteve no poder até 547 a.C., quando foi derrotado pelos persas conduzidos por Ciro o Grande (ver nota 50 do Livro Segundo). Em suas *Histórias*, Heródoto relata que, feito prisioneiro, Creso foi colocado sobre uma enorme pira, que o próprio Ciro acendeu. O persa estava curioso para saber se os deuses interfeririam em favor de Creso — e, segundo Heródoto, interferiram: a chuva e uma grande ventania impediram que a fogueira fosse acesa. Ciro teria, então, nomeado Creso seu conselheiro, função que teria mantido também com Cambise, filho de Ciro.

tambores e flautins tocados não como se tocam hoje, mas como é hábito tocá-los nos banquetes. O capitão, portanto, com as trombetas, mostraria quando se deveria parar ou avançar ou recuar, quando a artilharia deveria atirar, quando mover os vélites extraordinários, e, com a variação desses sons, mostraria ao exército todos os movimentos que geralmente se podem mostrar; trombetas que seriam, depois, seguidas pelos tambores. E neste exercício, que importa muito, conviria treinar muito o seu exército. Quanto à cavalaria, usar-se-iam da mesma forma trombetas, mas de som menor e de voz diferente daquela do capitão.[20] Isto é tudo que me ocorreu sobre a ordem do exército e o treinamento dele.

Luís. Peço-vos que não vos seja penoso explicar-me uma outra coisa: por qual razão fizestes mover com grita e rumor e fúria os cavalos ligeiros e os vélites extraordinários, quando assaltaram, e depois, ao lançar o restante do exército, mostrastes que a coisa seguia com um silêncio grandíssimo? E, como não entendo a razão dessa variação, desejaria que ma explicasse.

Fabrício. Houve várias opiniões dos capitães antigos sobre o combate propriamente dito: se se deve acelerar o passo aos gritos ou caminhar lentamente e em silêncio. Este último modo serve para manter a ordem mais firme e para ouvir melhor os comandos do capitão. O primeiro serve para estimular melhor os ânimos dos homens. E porque creio que se deve respeitar uma e outra destas duas coisas, fiz aqueles moverem-se aos gritos e aqueles outros em silêncio. Nem me parece que os gritos contínuos tenham algum propósito, porque impedem os comandos; o que é coisa perniciosíssima. Nem é razoável que os Romanos,

---

[20] A cavalaria romana usava o *lituus*, trombeta menor que a tuba, da infantaria, e de forma recurva, produzindo um som mais agudo que o da trombeta do capitão.

depois do primeiro assalto, continuassem a gritar, porque se vê, nas histórias deles, que muitas vezes o capitão interveio por palavras e confortos, de forma a parar os soldados que fugiam e mudar as ordens de vários modos por meio de seu comando; o que não ocorreria se os rumores tivessem superado sua voz.

LIVRO QUARTO

Luís. Já que sob meu império venceu-se uma jornada tão honradamente, penso que seja bom não tentar mais a fortuna, sabendo o quanto ela é volúvel e instável. Desejo, pois, depor a ditadura e que Zanobi tenha agora este ofício de perguntar, querendo seguir a ordem que toca ao mais jovem. E sei que não recusará esta honra ou, melhor dizendo, este labor, seja para agradar a mim, seja ainda por ser naturalmente mais impetuoso do que eu; tampouco terá medo de entrar nesta labuta, na qual poderia tanto ser vencido como vencer.

Zanobi. Sou a favor de ficar onde me coloqueis, ainda que preferisse escutar; porque, até agora, me agradaram mais vossas perguntas do que as que me ocorriam ao escutar. Mas creio que estaria bem, senhor, se avançásseis o tempo e tivésseis paciência, caso com estas nossas cerimônias vos aborrecêssemos.

Fabrício. Ao contrário, agradais-me, porque esta variação de questionadores me faz conhecer os vossos vários engenhos e inclinações. Mas resta alguma coisa que vos pareça necessário acrescentar à matéria tratada?

Zanobi. Duas coisas desejo, antes que se passe a outra parte: uma, que nos mostreis se vos ocorre outra forma de ordenar exércitos; outra, que preocupações deve ter um capitão antes de entrar em combate, e, havendo algum acidente neste, quais remédios pode aplicar.

Fabrício. Esforçar-me-ei para satisfazê-lo. Não responderei diretamente às vossas perguntas, já que, enquanto respondo a uma, muitas vezes acabarei respondendo a outra. Disse-vos que vos propus uma forma de exército, de modo que, de acordo com ela, lhe pudésseis dar todas aquelas formas que o inimigo e o sítio requerem; porque, neste caso, procede-se segundo o sítio e segundo o inimigo. Mas notai isto: que não há forma mais perigosa do que distender muito o fronte do teu exército, se não tens um exército grandíssimo e fortíssimo; senão, deves fazê-lo grosso e pouco largo em vez de muito largo e delgado. Porque, quando tens poucas gentes em comparação com o inimigo, deves buscar outros remédios, como: ordenar teu exército para que tenha um dos lados protegido ou por um rio ou por um palude, de forma que não possas ser cercado; ou circundar teus flancos com fossas, como fez César na França.[1] E deveis tomar, neste caso, esta disposição de caráter geral: de alargar ou compactar o fronte de acordo com vosso número e o do inimigo; e, estando o inimigo em menor número, deves buscar lugares largos, tendo as gentes tuas maximamente disciplinadas, para que possas não apenas circundar o inimigo mas também distender as tuas ordens; pois nos lugares acidentados e difíceis, não podendo valer-te das tuas ordens, não virás a ter vantagem alguma. Daí que os Romanos quase sempre buscavam os campos abertos e fugiam dos difíceis. Como disse, deves fazer o contrário se tens poucas gentes ou mal disciplinadas; pois deves buscar lugares onde ou o pouco número se salve ou a pouca experiência não te ofenda. Deve-se ainda escolher as posições elevadas, para poder mais facilmente feri-lo. Não obstante, deve-se ter em mente esta advertência: de não ordenar teu exército numa praia e em lugar muito próximo a ela, que possa ser alcançado pelo exército inimigo; porque neste caso, em relação às artilharias, a posição elevada te colocaria em desvantagem; porque poderias ser atingido com facilidade e comodidade pelas artilharias inimigas, sem poderes opor remédio algum, e tu não poderias como-

---

[1] *De bello gallico*, VII, 72.

damente ofendê-lo, impedido pelos teus próprios homens. Deve ainda, quem ordena um exército para jornada, prestar atenção ao sol e ao vento, que um e outro não te firam o fronte; porque um e outro te impedem a visão, um com os raios, o outro com o pó. E, além disso, o vento desfavorece as armas que atiram no inimigo e torna seus golpes mais fracos. E, quanto ao sol, não basta cuidar que não te bata no rosto, mas convém pensar que, à medida que avança o dia, não te ofenda. E para isso conviria, ao ordenar as gentes, tê-lo todo às costas, de forma que levasse muito tempo para chegar-te ao fronte. Este modo foi observado por Aníbal em Canas[2] e por Mário[3] contra os Cimbros.[4]

Se fores muito inferior em cavalos, ordena o exército entre vinhas e árvores e impedimentos semelhantes, como fizeram os Espanhóis, quando romperam os Franceses no Reino em Cerinhola.[5] E se viu muitas vezes como, com os mesmos soldados, variando apenas a ordem e o lugar, o derrotado torna-se vitorioso; como ocorreu com os Cartagineses,

---

[2] A batalha de Canas (*Cannae* em latim, *Canne* em italiano) — antiga cidade, hoje um sítio arqueológico na região italiana da Apúlia — ocorreu em 2 de agosto de 216 a.C., durante a Segunda Guerra Púnica. A derrota então imposta pelo cartaginês Aníbal a um exército romano numericamente superior é até hoje estudada como uma das grandes manobras táticas da história militar de todos os tempos.
[3] General e político romano, sete vezes cônsul da República de Roma, Caio Mário (157–86 a.C.) conduziu as guerras contra os cimbros e os teutões entre 107 a.C. e 101 a.C.. Foi também o grande reformador do exército romano (ver nota 17 do Livro Primeiro).
[4] Os cimbros eram uma tribo germânica, originária da Jutlândia, na Dinamarca, que invadiu parte do território da República Romana no século II a.C.
[5] Trata-se da batalha de 1503, travada nessa cidade da Apúlia (o salto da bota italiana), em que franceses e espanhóis disputaram o domínio sobre o reino de Nápoles (os franceses perderam), um dos dois reinos controlados pelos espanhóis na região (o outro era o reino da Sicília). O reino de Nápoles cobria praticamente todo o atual território italiano ao sul de Roma.

os quais, tendo sido vencidos por Marco Reggio[6] muitas vezes, foram depois vitoriosos, pelos conselhos do lacedemônio Xantipo;[7] os quais os fez descer à planície, onde, por virtude dos cavalos e dos elefantes, puderam superar os Romanos. E me parece, segundo os antigos exemplos, que quase todos os capitães excelentes, quando perceberam que o inimigo havia feito um lado da batalha mais forte, não se lhe opuseram sua parte mais forte, mas a mais fraca; e a mais forte opuseram à mais fraca; depois, com o combate em andamento, comandaram à sua parte mais forte que somente resista ao inimigo e não o rechace, e à mais fraca que se deixe vencer e recue para a última seção do exército. Isto gera duas grandes desordens no inimigo: a primeira, que encontra sua parte mais forte cercada; a segunda é que, parecendo-lhe ter a vitória assegurada, raras vezes não se desordena; donde resulta sua derrota imediata. Cornélio Cipião, estando na Espanha contra o cartaginês Asdrúbal,[8] e sabendo como Asdrúbal era conhecido por ordenar o exército com suas legiões no meio, as quais eram a parte mais forte de seu exército, decidiu, por isso, proceder como Asdrúbal e adotar uma ordem semelhante; quando, depois, chegou a jornada, mudou a ordem, e colocou suas legiões nas alas do exército, e no meio colocou todas as suas gentes mais fracas. Depois, iniciado o combate, de repente fez aquelas gentes do meio caminharem devagar e acelerou as alas do exército para a frente; de modo que só as alas dos

---

[6] Trata-se de Marco Atílio Regolo (ver nota 16 do Livro Primeiro).

[7] Xantipo foi um mercenário espartano que reorganizou as forças cartaginesas e as conduziu a uma vitória sobre as legiões de Marco Atílio Regolo. Notabilizou-se por isso e por ter comentado, antes da vitória, que os cartagineses "não foram derrotados pelos romanos, mas por si mesmos, devido à inexperiência de seus chefes".

[8] Públio Cornélio Cipião (285–183 a.C.), dito o Africano, derrotou em 208 a.C. Asdrúbal Barca (245–207 a.C.), general cartaginês, filho de Amílcar e irmão de Aníbal.

dois exércitos combatiam e as seções centrais, por estarem distantes uma da outra, não se atingiam; e assim a parte mais forte de Cipião veio a combater a parte mais fraca de Asdrúbal; e o venceu.[9] Modo que foi então útil; mas hoje, por causa das artilharias, não se poderia usar; porque o espaço que ficaria no meio, entre um exército e outro, daria tempo àquelas para atirar; o que é perniciosíssimo, como dissemos acima. Mas convém deixar este modo de lado, e usá-lo, como disse há pouco, fazendo lutar todo o exército e ceder a parte mais fraca.

Quando ocorre de um capitão ter mais exército do que o inimigo, para cercá-lo de surpresa ordena seu exército com o fronte igual ao do adversário; depois, iniciado o combate, faça que, pouco a pouco, o fronte recue e os flancos se distendam; e sempre resultará que o inimigo se encontrará cercado, sem se dar conta. Quando um capitão quiser combater quase seguro de não poder ser derrotado, que ordene seu exército em lugar onde tenha refúgio próximo e seguro, ou entre paludes ou entre montes ou numa cidade poderosa; porque, neste caso, não poderá ser perseguido pelo inimigo e o inimigo poderá ser perseguido por ele. Estes termos foram usados por Aníbal, quando a fortuna começou a lhe ser adversa e ele temia o valor de Marco Marcelo.[10] Alguns, para turbar as ordens do inimigo, comandaram que aqueles que estão ligeiramente armados principiem o combate e, uma vez principiado, que se retirem entre as ordens; e quando, depois, os exércitos se confrontaram e o fronte de cada um estava ocupado com

---

[9] O episódio é relatado por Lívio (XXVIII, 14).

[10] Marco Cláudio Marcelo (258 a.C.–208 a.C.), general romano na Segunda Guerra Púnica, conquistou Siracusa dos cartagineses em 212 a.C., depois de um cerco de dois anos. A demora só foi possível graças ao engenho de Arquimedes, que inventou uma série de dispositivos bélicos para resistir ao sítio romano. Marcelo mandou esquartejar o soldado que, contra suas ordens, matou Arquimedes.

o combate, fizeram-nos sair pelos flancos das batalhas, turbando e rompendo aquele. Se alguém se encontrar inferior em cavalos, pode, além dos modos ditos, colocar atrás de seus cavalos uma batalha de piques e, durante o combate, ordenar que abram caminho aos piques; e ficará sempre superior. Muitos acostumaram-se a colocar alguns infantes ligeiramente armados entre os cavalos; o que tem sido de grandíssima ajuda à cavalaria. De todos os que ordenaram exércitos para a jornada, os mais louvados são Aníbal e Cipião quando combateram na África; e porque Aníbal tinha seu exército composto de Cartagineses e de auxiliares de várias nacionalidades, colocou no primeiro fronte oitenta elefantes; depois colocou os auxiliares, depois dos quais colocou seus Cartagineses; em último lugar colocou os Italianos,[11] nos quais confiava pouco. Ordenou as coisas assim para que os auxiliares, tendo o inimigo diante de si e estando bloqueados pelos seus por trás, não pudessem fugir; de modo que, sendo necessários ao combate, vencessem ou cansassem o inimigo, pensando que, depois, com sua gente fresca e virtuosa, superaria facilmente os Romanos já cansados. Ao encontro dessa ordem, Cipião colocou os hastados, os príncipes e os triários da maneira habitual, para poderem receber uns aos outros e socorrer-se mutuamente. Deixou o fronte do exército cheio de intervalos e, para que não parecesse transparente, ao contrário, para que parecesse unida, preencheu-os com vélites; aos quais comandou que cedessem assim que os elefantes viessem e que entrassem entre as legiões pelos espaços ordinários, deixando a via aberta para os elefantes; e assim tornou vão o ataque daqueles, tanto que, chegando às vias de fato, foi superior.

Zanobi. Fizestes-me lembrar, ao citar essa jornada, como Cipião, ao combater, não fez os hastados recuarem

---

[11] Aliados itálicos.

para as ordens dos príncipes, mas os dividiu e os fez recuar para as alas do exército, de forma que dessem lugar aos príncipes, quando os quis fazer avançar. Mas gostaria que me dissésseis qual razão o moveu a não observar a ordem habitual.

Fabrício. Dir-vos-ei. Aníbal pusera toda a virtude de seu exército na segunda seção; donde Cipião, para opor a ela uma virtude semelhante, juntou os príncipes e os triários; de forma que, estando os intervalos entre os príncipes ocupados pelos triários, não havia lugar para receber os hastados; e assim fez dividir os hastados para que fossem às alas do exército, em vez de recuá-los para entre os príncipes. Mas notai que esse modo de abrir a primeira seção para dar lugar à segunda só se pode usar quando se está em vantagem; porque então se tem comodidade em poder fazê-lo, como pôde Cipião. Mas estando por baixo e rechaçado não o podes fazer, senão com tua manifesta ruína; e convém ter por trás ordens que te recebam. Mas voltemos ao nosso assunto.

Usavam os antigos Asiáticos, entre outras coisas pensadas por eles para ofender os inimigos, carros que tinham nos flancos algumas foices;[12] de forma que não apenas serviam para abrir as seções com seu assalto, mas também para matar com as foices os adversários. Contra estes assaltos, procedia-se de três modos: ou se sustavam com a densidade das ordens, ou se recebiam dentro das seções como os elefantes, ou se fazia com arte alguma resistência forte; como fez o romano Sila[13] contra Arquelau, o qual tinha muitos desses carros que chamavam falcados, e, para contê-los, fincou na terra muitos paus, logo depois das primeiras seções, sustando os carros e reduzindo assim

---

[12] Ver nota 16 do Livro Terceiro.
[13] Lúcio Cornélio Sula (138 a.C.–78 a.C.), também conhecido por Sulla, Sila ou Silas, foi um general e ditador romano.

seu ímpeto.[14] E é de se notar o novo modo de ordenar o exército que usou Sila contra Arquelau; porque colocou os vélites e os cavalos atrás e todos aqueles com armamentos pesados na frente, deixando intervalos suficientes para poder mandar avançar os de trás quando a necessidade o requeresse; donde, iniciado o combate, com a ajuda dos cavalos aos quais abriu caminho, alcançou a vitória. Se quiser turbar, em combate, o exército inimigo, convém fazer surgir alguma coisa que o assuste, ou anunciando que novas ajudas estão a caminho, ou mostrando coisas que as representem; de forma que os inimigos, enganados por aquela visão, se assustam e, assustados, podem ser facilmente vencidos. Modos que adotaram os cônsules romanos Minúcio Rufo e Acílio Glabrione.[15] Caio

---

[14] Arquelau (*floruit* 89 a.C.–73 a.C) foi um general de Mitridate VI, rei do Ponto (ver nota 52 do Livro Segundo). O episódio é relatado por Plutarco, em sua obra *Silla* (XV–XIX) e trata da batalha de Queroneia, uma das duas grandes derrotas impingidas a Arquelau por Sila.

[15] Marco Minúcio Rufo, eleito cônsul romano em 110 a.C., derrotou mediante um artifício, em 107 a.C., os escordiscos (povo celta que vivia na atual Sérvia) e os dácios, que o cercaram e estavam em maior número. Rufo destacou alguns cavaleiros e trombetas, conduzidos por seu irmão, com a ordem de aparecer de repente em outro ponto do campo de batalha, assim que o combate tivesse início, e de fazer soar o ataque. O som das trombetas ecoou entre as montanhas e assustou o inimigo, que se retirou. Já Mânio Acílio Glabrione (*floruit* 201 a.C.–190 a.C) venceu Antíoco III (242 a.C.–187 a.C.), o Grande, senhor do Império Selêucida, por meio de um artifício semelhante. Antíoco ocupou a passagem costeira das Termópilas (assim conhecidas pelas duas fontes de águas termais), rota incontornável para alcançar o sul. Na época, a passagem tinha apenas 15 metros, com o mar de um lado e as montanhas de outro. Ele também distribuiu suas tropas pelas montanhas, mas Glabrione lembrou do desvio usado pelos persas em outra batalha das Termópilas, travada contra os gregos em 480 a.C. (e recentemente celebrada no filme *300*). Marco Pórcio Catão, tribuno dos soldados, tomou essa outra via para tentar desalojar os selêucidas dos picos do monte Calídromo. Catão apareceu de repente sobre uma colina que dominava o campo

Sulpício[16] também colocou muitos carregadores sobre mulas e outros animais inúteis para a guerra, mas de modo ordenado, imitando gentes d'armas, e comandou que aparecessem sobre uma colina, enquanto estava em combate com os Franceses; donde veio sua vitória. O mesmo fez Mário[17] quando combateu contra os Alemães. Valendo, portanto, muito os ataques falsos enquanto o combate dura, convém que os verdadeiros se multipliquem muito mais, principalmente se, de improviso, no meio do combate, se pudesse assaltar o inimigo por trás ou pelos lados. O que dificilmente se pode fazer se o terreno não ajuda; porque, quando é aberto, não se pode esconder parte das tuas gentes, como convém fazer em empresas semelhantes; mas nos lugares arborizados ou montanhosos, por isso mesmo adequados para emboscadas, pode-se bem esconder parte das tuas gentes, para poder, de repente e de surpresa, assaltar o inimigo; coisa que será sempre razão de tua vitória.

Foi algumas vezes muito momentoso, enquanto o combate dura, semear rumores que pronunciem morto o capitão dos inimigos, ou vencido no outro lado do exército; o que, muitas vezes, deu a vitória a quem o usou. Turba-se facilmente a cavalaria inimiga ou com formas ou com

---

de Antíoco. As tropas inimigas apavoraram-se, imaginando-se atacadas pelos dois lados ao mesmo tempo, e fugiram. Os dois episódios são narrados na obra de Marco Juniano Justino ou Justino Frontino, mais conhecido simplesmente como Frontino, historiador romano do século II (Livro II, iv, 3 e 4), e por vários outros historiadores militares romanos.

[16] Caio Sulpício Patercolo era um político romano que foi eleito cônsul em 258 a.C. e, junto com o general Auto Atílio Calatino, também eleito cônsul no mesmo ano, recebeu o comando do exército romano na Sicília, em plena Primeira Guerra Púnica. Vários autores militares antigos atribuem as vitórias a Atílio, que teria de fato comandado as operações militares sozinho. Mas foi Sulpício que recebeu, em Roma, o triunfo — honra máxima atribuída a um general romano que obtivesse uma importante vitória.

[17] Ver nota 3 do Livro Quatro.

rumores inusitados; como fez Creso,[18] que opôs camelos aos cavalos adversários; e Pirro,[19] que opôs elefantes à cavalaria romana, cujo aspecto a turbou e a desordenou. Nos nossos tempos, o Turco rompeu o Sofi na Pérsia e o Soldano na Sória[20] apenas com o barulho dos fuzis; os quais alteraram de tal maneira, com seu ruído inusitado, a cavalaria daqueles, que o Turco pôde facilmente vencê-la. Os Espanhóis,[21] para vencer o exército de Amílcar, puseram no primeiro fronte carros cheios de acendalhas,[22] puxados por bois e, quando o combate começou, puseram fogo na lenha; daí que os bois, querendo fugir do fogo, chocaram-se com o exército de Amílcar e o abriram. Costuma-se, como dissemos, enganar o inimigo no combater, atraindo-o para emboscadas, onde o terreno é propício; mas, quando é aberto e largo, muitos costumavam fazer fossas, e depois recobri-las ligeiramente de ramagens e terra, deixando alguns espaços sólidos para poder recuar por eles; depois, iniciado o combate, recuar por ali e, seguindo-o, o inimigo arruína-se nelas. Se, durante o combate, acontece algum acidente que assuste os teus soldados, é coisa prudentíssima saber bem dissimular e alterar, como fizeram Túlio Hostílio[23] e Lúcio Sila;[24] o primeiro, vendo como, durante

---

[18] Filho de Aliates II, rei dos lídios, Creso foi o último soberano desse povo (ver nota 19 do Livro Terceiro).

[19] Pirro (318 a.C.–272 a.C.) foi o chefe supremo do reino do Épiro, província romana que hoje é parte da Grécia. O episódio relatado a seguir ocorreu na batalha de Eracleia, em 280 a.C.

[20] O "Turco" é o sultão de Constantinopla, atual Istambul, conquistada pelo Império Otomano em 1453. O "Sofi" é o xá da Pérsia e o "Soldano" é o soberano do Egito.

[21] No tempo dos antigos romanos, tratava-se dos iberos.

[22] Gravetos, folhas secas e outros materiais de fácil combustão.

[23] Túlio Hostílio (?–641 a.C.), terceiro rei de Roma, subiu ao trono em 673 a.C. e se notabilizou pela destruição da lendária cidade de Albalonga, onde teriam nascido Rômulo e Remo, os míticos fundadores de Roma. O episódio narrado por Maquiavel foi extraído da obra de Lívio (I, 27) e se refere à guerra de Túlio contra as cidades de Fidene e Veios, vizinhas a Roma.

[24] Ver nota 13 do Livro Quarto.

o combate, uma parte de suas gentes havia ido para o lado inimigo, e como aquela coisa havia assustado muito os seus, fez imediatamente o exército todo ouvir que cada coisa que acontecia seguia uma ordem sua; o que não apenas não turbou o exército, mas fez crescer tanto seu ânimo que permaneceu vitorioso. Também ocorreu a Sila mandar alguns soldados fazer alguma coisa e, tendo eles sido mortos, para que seu exército não se assustasse, disse que os havia mandado com arte para as mãos dos inimigos porque os achava pouco fiéis.[25] Sertório, fazendo uma jornada na Espanha, matou um soldado que lhe transmitiu a morte de um de seus chefes, por medo de que assustasse os outros, dizendo-lhes o mesmo.[26] É coisa dificílima parar e colocar em combate um exército que já se move para fugir. E deveis fazer esta distinção: ou ele se moveu todo, e aqui é impossível recuperá-lo; ou apenas uma parte se moveu, e aqui há algum remédio. Muitos capitães romanos conseguiram parar os fugitivos simplesmente colocando-se diante deles e fazendo-os envergonhar-se da fuga; como fez Lúcio Sila, que, com parte de suas legiões já em fuga, perseguidas pelas gentes de Mitridate, colocou-se diante delas com a espada na mão e gritou: "Se alguém vos perguntar onde deixastes vosso capitão, dizei-lhe: — Deixamo-lo na Beócia, a combater".[27] O cônsul Atílio opôs, aos que fugiam, aqueles que não fugiam e os fez entender que, se não voltassem,

---

[25] Frontino, II, vii, 3.

[26] Frontino, II, vii, 5. Quinto Sertório, inimigo de Sila, durante a ditadura deste, fez-se chefe de um estado independente na Espanha e, depois de ter derrotado os procônsules romanos enviados para combatê-lo, acabou assassinado, em 73 a.C., por um de seus lugares-tenentes.

[27] A batalha de Orcomeno, em 86 a.C., na Beócia, opôs o exército romano, conduzido por Sila, ao exército do rei do Ponto, Mitridate VI, comandado por Arquelau e Dorilau. O episódio é relatado em Frontino, II, vii, 12.

seriam mortos pelos amigos e pelos inimigos.²⁸ Filipe da Macedônia, percebendo como os seus temiam os soldados citas, colocou seus cavalos mais fiéis atrás do exército e comprometeu-os a matar qualquer fugitivo; donde os seus, preferindo morrer no combate do que na fuga, venceram.²⁹ Muitos romanos, não tanto para impedir uma fuga quanto para impelir os seus adiante, durante o combate arrancavam uma bandeira das mãos dos seus e a jogavam entre os inimigos, propondo prêmios a quem a recuperasse. Não creio que seja fora de propósito acrescentar a esta matéria aquelas coisas que intervêm depois do combate, sobretudo sendo coisas breves e conformes a esta matéria, que não devem ser deixadas para trás.

Digo, portanto, como se perdem ou se vencem as jornadas. Quando se vence, deve-se com toda celeridade continuar vencendo e imitar neste caso César e não Aníbal; o qual, por ter parado depois de romper os Romanos em Canas,³⁰ por isso perdeu o império de Roma. O outro nunca descansava depois da vitória, mas com maior ímpeto e fúria perseguia o inimigo vencido, já que não o havia assaltado todo. Mas, quando se perde, deve um capitão verificar se, da derrota, pode nascer alguma utilidade, principalmente se lhe sobrou algum resíduo de exército. A conveniência pode nascer da pouca atenção do inimigo, o qual, depois da vitória, torna-se distraído e te dá a ocasião de oprimi-lo; como Márcio oprimiu os exércitos cartagineses, os quais, tendo matado os dois Cipiões e arruinado seus exércitos,

---

²⁸ O episódio, relatado por Lívio (X, 35–36), ocorreu durante a Terceira Guerra Samnítica (298–290 a.C.). Em 294 a.C., o cônsul Marco Atílio Regolo (ver nota 16 do Livro Primeiro) comandou uma sangrenta batalha diante da antiga cidade de Lucéria, no vale do rio Pó, que durou dois dias e na qual morreram tantos romanos que, embora vitorioso, foi-lhe negado o triunfo quando voltou a Roma.

²⁹ O episódio está em Frontino (II, viii, 14).

³⁰ Ver nota 2 do Livro Quarto.

não levando em conta os remanescentes vivos com Márcio, foram assaltados e vencidos por ele.[31] Vê-se, pois, que não há coisa mais viável do que aquela que o inimigo acredita que não possas tentar; porque na maioria das vezes os homens são mais feridos onde menos esperam. Deve um capitão, portanto, quando não puder fazer isso, esforçar-se ao menos, com indústria, para que a perda seja menos danosa. Para fazer isso, é preciso que tenhas modos que impeçam o inimigo de te perseguir com facilidade, ou que lhe deem razão para retardá-lo. No primeiro caso, alguns, depois de conhecerem a derrota, ordenaram a seus chefes que fugissem em várias partes e por diferentes caminhos, avisando onde deveriam depois reunir-se; o que levava o inimigo, por temor de dividir o exército, a deixar fugirem ou todos ou a maior parte deles. No segundo caso, muitos jogaram diante do inimigo suas coisas mais caras, de forma que aquele, retardado pelo butim, lhes desse mais espaço para a fuga. Tito Dídio[32] usou muita astúcia para esconder o dano que sofrera no combate: pois, tendo combatido até a noite com perda de muitos dos seus, fez que enterrassem durante a noite a maior parte deles; donde, pela manhã, vendo os inimigos tantos mortos de seu lado e tão poucos do lado dos Romanos, e crendo estar em desvantagem, fugiram.[33]

---

[31] Trata-se de Lúcio Márcio, filho do cavaleiro romano Septímio. O episódio é relatado por Frontino (II, x, 2) e se teria passado na Espanha, em 212 a.C., na segunda batalha dita do Baetis Superior, durante a Segunda Guerra Púnica. O próprio Maquiavel, em seus *Discursos sobre a primeira década de Tito Lívio,* cita Lívio (III, 3) como fonte.

[32] O político romano Tito Dídio, eleito cônsul em 98 a.C., é citado pela primeira vez na literatura romana antiga quando rechaça um ataque dos escordiscos, que haviam invadido a província romana da Macedônia, provavelmente em 114 a.C..

[33] A revolta dos lusitanos e dos celtiberos, de 98 a 93 a.C., na atual Espanha, foi esmagada pelos cônsules Tito Dídio e Públio Crasso. O episódio narrado por Maquiavel está em Frontino (II, x, 1).

Creio ter, assim confusamente, como disse, satisfeito boa parte de vossa pergunta. É verdade que, sobre a forma dos exércitos, resta-me dizer-vos como, às vezes, alguns capitães costumavam fazer do fronte uma cunha, julgando poder, por essa via, mais facilmente abrir o exército inimigo. Contra esta forma, usava-se fazer uma forma de tesoura, para poder, nesse vácuo, receber a cunha, circundá-la e combatê-la de todos os lados. Sobre isso quero que tomeis esta regra geral: que o maior remédio que se usa contra um desígnio do inimigo é fazer voluntariamente aquilo que ele prevê que farás à força; pois, ao fazê-lo voluntariamente, faze-o com ordem e com vantagem tua e desvantagem sua; se o fizesses à força, aí estaria tua ruína. Para reforçar isso, não me importarei de repetir algo já dito. O adversário faz uma cunha para abrir tuas seções? Se avanças com elas abertas, desordenas a ele e ele não te desordena. Aníbal pôs os elefantes à frente de seu exército para abrir com eles o exército de Cipião; avançou Cipião com este aberto, e foi razão de sua vitória e da ruína daquele.[34] Asdrúbal pôs suas gentes mais fortes no meio do fronte de seu exército, para empurrar as gentes de Cipião; comandou Cipião que recuassem e o rompeu.[35] De modo que desígnios semelhantes, quando se apresentam, são razão da vitória daquele contra quem são ordenados. Resta-me ainda, se bem me recordo, dizer-vos quais cuidados deve ter um capitão antes de se conduzir ao combate. Sobre isto devo dizer-vos, primeiro, como um capitão não deve nunca fazer jornada se não tem vantagem ou se não tem necessidade. A vantagem nasce do sítio, da ordem, do ter mais ou melhores gentes. A necessidade nasce quando vês, sem combater, que perderás de qualquer maneira; como

---

[34] Ver nota 8 do Livro Quarto.

[35] O episódio, narrado por Lívio (XXVIII, 14), ocorreu na atual Espanha, em 206 a.C., durante a Segunda Guerra Púnica.

nestes casos: que seja por faltar-te dinheiro e, por isso, teu exército deve resolver-se de qualquer maneira; que seja por assaltar-te a fome; que o inimigo espere ser reforçado por novas gentes. Nestes casos, sempre se deve combater, mesmo com tua desvantagem, porque é muito melhor tentar a fortuna onde ela te possa favorecer do que, não a tentando, ver a tua ruína certa. E é um pecado tão grave, neste caso, num capitão que decide não combater, quanto é ter tido a ocasião de vencer e não a ter conhecido por ignorância ou tê-la deixado por vileza. As vantagens às vezes te são dadas pelo inimigo e às vezes por tua prudência. Muitos, ao atravessar um rio, foram arruinados por um inimigo atento, que esperou que estivessem metade de cada lado e, depois, assaltou-os; como fez César aos Suíços, consumindo um quarto deles, por estarem divididos por um rio.[36] Encontra-se, às vezes, teu inimigo exausto por ter-te perseguido de maneira demasiado irrefletida; de modo que, encontrando-te fresco e repousado, não deves deixar passar tal ocasião. Além disso, se o inimigo te apresenta a jornada de manhã cedo, podes adiar a saída de teus alojamentos por muitas horas; e, quando terá estado o bastante sob as armas e terá perdido aquele primeiro ardor com que veio, podes então combatê-lo. Esse modo adotaram Cipião e Metello na Espanha, um contra Asdrúbal, o outro contra Sertório.[37] Se as forças do inimigo diminuíram, ou por ter dividido os exércitos, como Cipião na Espanha, ou por qualquer outra razão, deves tentar a sorte. A maior parte dos capitães prudentes prefere receber o ímpeto dos inimigos, que o assaltam com ímpeto, do que, com ímpeto, assaltá-los; porque o furor é facilmente sustado pelos homens parados e firmes,

---

[36] O episódio, ocorrido em 58 a.C., é narrado pelo próprio César, em seu *De bello gallico* (I, 28). Os "Suíços" eram, então, os helvéticos.

[37] Frontino (II, i, 17) relata o episódio, mas o derrotado por Quinto Cecílio Metello Pio (c. 127–c. 64 a.C.) em 75 a.C. foi Irtuleio, segundo em comando depois de Sertório (ver nota 29 do Livro Quarto).

e o furor sustado facilmente se converte em vileza. Assim fez Fábio contra os Samnitas e contra os Gauleses, e foi vitorioso; e Décio, seu colega, aí ficou morto.[38] Alguns que temeram a virtude de seu inimigo começaram o combate em hora próxima da noite, de forma que os seus, uma vez vencidos, pudessem salvar-se, protegidos pela escuridão. Alguns, tendo sabido que o exército inimigo estava tomado por certa superstição de não combater em certo horário, escolheram esse horário para o combate, e venceram. O que foi observado por César na França contra Ariovisto, e por Vespasiano na Sória contra os Hebreus.[39]

A maior e mais importante atenção que deve ter um capitão é de ter perto de si homens fiéis, peritíssimos na guerra e prudentes, com os quais se aconselhe continuamente sobre as razões de suas gentes e das do inimigo: qual tenha o maior número, qual esteja melhor armado, ou melhor a cavalo, ou melhor treinado; quais são os mais preparados para suportar sacrifícios; em quais confias mais, ou nos infantes ou nos cavalos. Depois, que considere o lugar onde estão, se é mais a propósito para o inimigo

---

[38] Batalha de Sentino (atual Sassoferrato, na região italiana das Marcas), em 295 a.C., entre o exército romano comandado pelos cônsules Quinto Fábio Máximo Rulliano (ver nota 12 do Livro Terceiro) e Públio Décio Mure, e o chamado "exército das nações", que reunia todos os demais povos da península itálica: gauleses, úmbrios, etruscos e samnitas. Os romanos venceram.

[39] Em seu *De bello gallico* (I, 50), César relata que, em certa ocasião, o comandante suevo Ariovisto (101–54 a.C.) recusou-se a combater. Depois, inquirindo prisioneiros, descobriu por que: os suevos, como a maioria dos povos germânicos, acreditavam que seriam derrotados se lutassem antes da lua nova. Já o episódio do imperador romano Tito Flávio Sabino Vespasiano (9–79 d.C.), que conduziu as chamadas Guerras Judaicas para sufocar rebeliões do povo hebreu, é narrado por Frontino (II, I, 16–17): em 70 d.C., "Vespasiano atacou os Hebreus num sábado, dia em que não podiam fazer nada". A "Sória" de Maquiavel é a Síria e, por extensão, também a Palestina e a Judeia.

ou para ele; qual dos dois tem mais víveres; se é melhor retardar a jornada ou fazê-la; se lhe poderia bem dar tempo ou tomá-lo; porque muitas vezes os soldados, ao ver alongar-se a guerra, aborrecem-se e, exaustos pelo trabalho e pelo tédio, te abandonam. Importa sobretudo conhecer o capitão dos inimigos e quem está em volta dele: se é temerário ou cauto, tímido ou audaz. Vê como te podes fiar dos soldados auxiliares. E sobretudo te deves guardar de não conduzir o exército ao combate quando temas ou que, de algum modo, duvides da vitória; porque o maior sinal da derrota é quando não se crê poder vencer. E assim, neste caso, deves fugir da jornada, ou fazer como Fábio Máximo, que, acampado em lugares fortes, não dava ânimo a Aníbal para ir ao seu encontro; ou, quando creste que o inimigo, ainda nos lugares fortes, viesse ao teu encontro, repartir-se pelo campo e dividir as gentes pelas tuas terras, de forma que o tédio da conquista o exaurisse.

Zanobi. Não há outra maneira de fugir da jornada, além de se dividir em muitas partes e se esconder pelas terras?

Fabrício. Creio, outra vez, ter ponderado com alguns de vós que aquele que está no campo não pode fugir da jornada quando tem um inimigo que o quer combater de qualquer maneira; e só tem um remédio: colocar-se com seu exército distante ao menos cinquenta milhas de seu adversário, para ter tempo de tirá-los da frente quando o encontrasse. E Fábio Máximo nunca fugiu da jornada com Aníbal, mas queria fazê-la com sua vantagem; e Aníbal não presumia poder vencê-lo confrontando-o nos lugares onde se alojava; pois, se ele tivesse presumido poder vencê-lo, a Fábio convinha fazer a jornada com ele ou fugir. Filipe, rei da Macedônia, aquele que foi pai de Perse, entrando em guerra com os Romanos, colocou seus alojamentos num monte altíssimo para não fazer jornada com eles; mas os romanos foram ao seu encontro no alto daquele monte e o derrotaram.⁴⁰ Vercingetórix, capitão dos Franceses, para evitar a jornada com César, o qual sem que ele soubesse havia cruzado um rio, distanciou-se muitas milhas com suas gentes.⁴¹ Os Venezianos, nos nossos tempos, não deviam esperar que o exército francês cruzasse o Adda, mas deviam afastar-se do rio, como Vercingetórix. Donde aqueles, tendo esperado, não souberam aproveitar no passar das gentes a ocasião de fazer a jornada nem de fugir dela: pois os Franceses estando próximos, quando os Venezianos desalojaram, assaltaram-nos e os derrotaram.⁴² Tanto é que não se pode fugir da jornada quando o inimigo quer fazê-la de qualquer maneira. Nem alguém me alegue Fábio,⁴³ porque naquele caso tanto fugiu da jornada ele quanto Aníbal. Ocorre muitas vezes que teus soldados estão ansiosos por combater, e tu sabes, pelo número e pelo sítio ou por qualquer outra razão, estar em desvantagem, e queres demovê-los desse desejo. Ocorre, ainda, que a necessidade ou a ocasião te constrangem à jornada, e que teus soldados estão pouco confiantes e pouco dispostos a combater; donde te é necessário num caso assustá-los e no

---

⁴⁰ Trata-se da batalha de Cinocéfalos (197 a.C.), entre romanos comandados pelo cônsul Tito Quíncio Flamínio (229–174 a.C.) e macedônios comandados por Filipe V (231–179 a.C.), pai de Perseu da Macedônia (ver nota 8 do Livro Segundo), que Maquiavel equivocadamente chama de "Perse". Foi a batalha final na guerra contra os macedônios e os romanos venceram.

⁴¹ Vercingetórix (80–46 a.C.), cujo nome significa "grandíssimo rei dos guerreiros", foi um príncipe e comandante gaulês. O episódio citado, que ocorreu em 52 a.C., é descrito por César em seu *De bello gallico* (VII, 34–35). O rio mencionado é o Elaver, hoje Allier, que corre na região francesa da Borgonha.

⁴² Refere-se à batalha de Anhandelo, travada em 14 de maio de 1509, entre a República Veneziana e a Liga de Cambrai. A República foi derrotada pelos franceses de Luís XII, que a 15 de abril haviam cruzado o rio Adda, afluente do Pó, na Lombardia, e fronteira natural do território veneziano.

⁴³ Ver nota 12 do Livro Terceiro.

outro instigá-los. No primeiro caso, quando as persuasões não bastam, o melhor modo é dar uma parte deles como presa ao inimigo, de forma que te creiam os que combateram e os que não combateram.

E podes muito bem fazer com arte aquilo que Fábio Máximo fez por acaso. Desejava, como sabeis, o exército de Fábio combater com o exército de Aníbal; o mesmo desejo tinha seu mestre dos cavalos;[44] a Fábio não agradava tentar o combate; tanto que, por esse desagrado, dividiram o exército. Fábio reteve os seus nos alojamentos; o outro combateu e, caindo em grande perigo, teria sido derrotado, se Fábio não o tivesse socorrido. Por esse exemplo, o mestre dos cavalos, junto com todo o exército, aprendeu que obedecer a Fábio era um partido sábio. Quanto a instigá-los ao combate, é bom fazê-los desdenhar o inimigo, mostrando-lhes que dizem palavras ignominiosas sobre eles; mostrar que tem entendimento com eles e que corrompeu alguns; alojar do lado em que vejam os inimigos e que travem alguns combates ligeiros com eles, porque as coisas que se veem todo dia mais facilmente se desprezam; mostrar-se indignado e, com uma oração a propósito, repreendê-los por sua preguiça e, para envergonhá-los, dizer que quer combater sozinho, quando não querem fazer-lhe companhia. E deves, acima de qualquer coisa, ter este cuidado, se quiseres tornar o soldado obstinado pelo combate: de não permitir que mandem para casa qualquer dinheiro que tenham, ou que o depositem em algum lugar até que termine a guerra, de forma que entendam que, se fugir salva-lhes a vida, não lhes salva as coisas; o amor a elas não torna os homens menos obstinados pela defesa do que o amor à vida.

---

[44] Na República de Roma, o mestre dos cavaleiros ou comandante da cavalaria (*magister equitum*) era o lugar-tenente do ditador.

Zanobi. Dissestes que se pode tornar os soldados dispostos a combater falando com eles. Quereis dizer, com isso, que se deva falar a todo o exército, ou aos chefes dele?

Fabrício. Persuadir ou dissuadir poucos de uma coisa é muito fácil, porque, se não bastam as palavras, podes usar com eles a autoridade e a força; mas a dificuldade é remover de uma multidão uma opinião sinistra e que seja contrária ou ao bem comum ou à tua opinião; onde não se pode usar senão as palavras que convêm para serem ouvidas por todos, querendo persuadi-los todos. Por isso convinha que os excelentes capitães fossem oradores, porque, sem saber falar a todo o exército, com dificuldade se pode operar coisa boa; o que está completamente em desuso nestes nossos tempos. Lede a vida de Alexandre Magno,[45] e vereis quantas vezes lhe foi necessário arengar e falar publicamente ao exército; caso contrário, não teria jamais conseguido conduzi-lo, já rico e cheio de butins, pelos desertos da Arábia e na Índia com tanto desconforto e aborrecimento; pois por vezes infinitas nascem coisas mediante as quais um exército se arruína, quando o capitão ou não saiba ou não tenha o hábito de falar àquele; porque este falar extingue o temor, acende os ânimos, aumenta a obstinação, esclarece os equívocos, mostra os perigos e a maneira de evitá-los, repreende, prega, ameaça, enche de esperança, louva, vitupera, e faz todas as coisas pelas quais as humanas paixões se apagam ou se acendem. Donde o príncipe ou república que planeje fazer uma nova milícia e prestigiar esse exercício deve acostumar seus soldados a ouvir falar o capitão, e o capitão a saber falar-lhes. Valia muito, para manter dispostos os soldados antigos, o respeito religioso ao juramento que faziam ao ingressar na milícia; porque a cada erro deles eram ameaçados não

---

[45] Alexandre III (356–323 a.C.), dito Alexandre Magno, o grande comandante macedônio.

somente com os males que pudessem temer dos homens, mas com os males que pudessem esperar de Deus. Coisa que, misturada com outros modos religiosos, muitas vezes tornou fácil aos capitães antigos qualquer empresa, e sempre tornará, onde a religião for temida e observada.[46] Sertório se valeu desta, mostrando-se a falar com uma cerva, a qual, da parte de Deus, lhe prometia a vitória. Sila dizia falar com uma imagem que tirara do templo de Apolo.[47] Muitos disseram que Deus lhes aparecera em sonho, aconselhando-os a combater. Nos tempos de nossos pais, Carlos VII, rei de França, na guerra que fez contra os Ingleses, dizia aconselhar-se com uma mocinha mandada por Deus, a qual acabou por ser chamada de Virgem de França;[48] o que foi a razão de sua vitória. Pode-se ainda ter modos que façam que os teus apreciem pouco o inimigo; como teve o espartano Agesilau,[49] o qual mostrou a seus soldados alguns Persas nus, de forma que, vistos seus membros delicados, não tivessem razões para temê-los.[50] Alguns constrangeram-nos a combater por necessidade, tirando-lhes toda esperança de se salvar exceto pela vitória; a qual é a mais forte e a melhor providência que se tome,

---

[46] Maquiavel discute longamente a relação entre a religião e a disciplina militar nos seus *Discursos sobre a primeira década de Tito Lívio*, Livro I, 11-12.

[47] Tanto a história da cerva do rebelde Sertório — que era branca — como a da estátua de Sila podem ser encontradas em vários escritores antigos, entre os quais Frontino (I, xi, 11 e 13).

[48] Refere-se a Joana d'Arc (c. 1412–1431), conhecida como *La vierge d'Orléans* (a virgem de Orleães) e queimada como herege. Foi santificada pela Igreja Católica em meados do século XX.

[49] Agesilau II (444–360 a.C.), rei de Esparta.

[50] A anedota está em Frontino (I, xi, 17): "Agesilau, rei da Lacedemônia, tendo feito alguns prisioneiros persas, cujo aspecto era assustador quando endossavam suas vestes de guerra, desnudou-os e mostrou seus corpos brancos e delicados a suas tropas, a fim de que elas só tivessem desprezo por tais soldados".

se quiser tornar seu soldado obstinado. Obstinação que é acrescida de confiança e amor pelo capitão ou pela pátria. A confiança vem das armas; a ordem, das recentes vitórias e da reputação do capitão. O amor à pátria é causado pela natureza; o amor ao capitão vem da virtude, mais do que de qualquer outra qualidade. As necessidades podem ser muitas, mas esta é mais forte, que te constrange a vencer ou morrer.

LIVRO QUINTO

Fabrício. Mostrei-vos como se ordena um exército para fazer jornada com um outro exército que esteja posicionado ao teu encontro, e vos narrei como se vence aquela e, depois, muitas circunstâncias para os vários acidentes que podem ocorrer em torno dela; tanto que agora me parece ser tempo de vos mostrar como se ordena um exército contra o inimigo que não se vê, mas que se teme continuamente que te assalte. Isto ocorre quando se caminha por um território inimigo ou suspeito. E, em primeiro lugar, deveis entender como um exército romano, em geral, sempre mandava adiante uma tropa de cavalos para explorar o caminho. Depois, seguia a ala direita. Depois dela, vinham todas as carroças que pertenciam a ela. Depois desta, vinha uma legião; depois dela, suas carroças; depois delas, uma outra legião e, junto desta, suas carroças; depois das quais vinha a ala esquerda com suas carroças atrás e, na última parte, seguia a cavalaria remanescente. Este era, com efeito, o modo ordinário de caminhar. E, se acontecesse de o exército ser assaltado em marcha pelo fronte ou pela retaguarda, faziam imediatamente retirar todas as carroças para a direita ou para a esquerda, como lhes ocorresse ou como melhor se pudesse, de acordo com o terreno; e todas as gentes juntas, livres de seus impedimentos, confrontavam aquela parte de onde vinha o inimigo. Se fossem assaltados pelos flancos, retiravam-se as carroças para o lado seguro e, no outro, confrontavam o inimigo. Este modo, desde que seja bem e prudentemente governado, imitá-lo-ia, mandando adiante os cavalos ligeiros como exploradores do território; depois, tendo quatro batalhões, fazer que caminhassem em fila, cada um com suas carroças atrás. E, como as carroças são de dois tipos, isto é, pertinentes a soldados específicos e pertinentes ao uso público de todo o campo, dividiria as carroças públicas em quatro partes e, para cada batalhão, concederia sua parte, dividindo ainda em quatro as artilharias e todos os desarmados, de forma que cada número de armados tivesse igualmente seus impedimentos.

Mas, como às vezes ocorre caminhar por território não apenas suspeito, mas tão inimigo que temes a qualquer momento ser assaltado, para caminhar mais seguramente necessitas mudar a forma do caminho e andar de modo ordenado, de maneira que nem os habitantes nem o exército te possam ofender, encontrando-te despreparado em alguma parte. Em tal caso, os antigos capitães costumavam andar com o exército quadrado[1] (que assim chamavam esta forma, não porque ela fosse quadrada, mas por ser adequada para combater em quatro partes) e diziam que usavam essa forma quando parados, quando caminhando e quando em combate; modo do qual não quero me distanciar, e quero ordenar meus dois batalhões, os quais tomo como um exército, dessa maneira. Querendo, portanto, caminhar seguramente pelo território inimigo e poder responder de qualquer parte quando fosse assaltado de improviso, e querendo, segundo os antigos, organizá-lo em quadro, eu faria um quadro cujo vácuo fosse, de espaço de cada lado, duzentas e doze braças, deste modo: colocaria primeiro os flancos, e poria cinco batalhas por flanco, em fila, por comprimento, e afastadas uma da outra três braças; as quais ocupariam, com seus espaços, ocupando cada batalha

---

[1] O *agmen quadratum* era a formação regular de marcha em território inimigo: as duas legiões consulares eram colocadas no fronte e na retaguarda; nos flancos, os exércitos dos aliados e, no centro, as bagagens das quatro unidades. Segundo Tito Lívio (II, 6), essa formação foi utilizada desde o início da República.

quarenta braças, duzentas e doze braças. Depois, entre os frontes e entre as retaguardas destes dois flancos, poria as outras dez batalhas, cinco em cada parte, ordenando-as de modo que quatro se encostem no fronte do flanco direito, e quatro na retaguarda do flanco esquerdo, deixando entre cada uma delas um intervalo de três braças; depois, uma se encostaria no fronte do flanco esquerdo, e uma na retaguarda do flanco direito. E, porque o vão entre um flanco e outro é de duzentas e doze braças, e estas batalhas, que são postas lado a lado por largura e não por comprimento, viriam a ocupar com os intervalos cento e trinta e quatro braças, viria a restar, entre as quatro batalhas postas junto ao fronte do flanco direito e aquela posta junto ao fronte do esquerdo, um espaço de setenta e oito braças; e esse mesmo espaço viria a restar entre as batalhas postas na parte posterior; nem haveria outra diferença senão a de que um espaço viria na parte de trás junto à ala direita, o outro viria na parte da frente junto à ala esquerda. No espaço das setenta e oito braças à frente, eu poria todos os vélites ordinários: naquele de trás, os extraordinários, que viriam a ser mil por espaço. E querendo que o espaço que tivesse por dentro o exército fosse, de cada lado, de duzentas e doze braças, conviria que as cinco batalhas que se põem no fronte, e aquelas que se põem na retaguarda, não ocupassem parte alguma do espaço que têm os flancos; e, assim, conviria que as cinco batalhas de trás tocassem, com o fronte, a retaguarda de seus flancos, e aquelas da frente, com a retaguarda, tocassem os frontes; de modo que, em cada canto deste exército, restaria um espaço para receber outra batalha. E, como são quatro espaços, eu tiraria quatro bandeiras dos piques extraordinários e, em cada canto, meteria uma; e as duas bandeiras que sobrassem dos ditos piques pô-las-ia no meio do vão deste exército num quadro em batalha, à frente das quais estivesse o capitão geral com seus homens em volta. E porque estas batalhas, ordenadas assim, caminham todas numa direção, mas não todas combatem nessa direção, deve-se, ao colocá-las juntas, ordenar os lados de combate que não são guardados por outras batalhas. E, assim, se deve considerar que as cinco batalhas que estão no fronte têm todas as outras partes guardadas, exceto o fronte; e, assim, estas devem ser colocadas juntas ordinariamente e com os piques adiante. As cinco batalhas que estão atrás têm todas os outros lados guardados, exceto a retaguarda; e, assim, elas devem ser reunidas de modo que os piques venham atrás, como demonstramos no lugar apropriado. As cinco batalhas que estão no flanco direito têm todos os lados guardados, exceto o flanco direito. As cinco que estão no esquerdo têm protegidas todas as partes, exceto o flanco esquerdo; e, assim, ao ordenar as batalhas, deve-se fazer que os piques voltem ao flanco que permanece descoberto. E, para que os decuriões venham no fronte e na retaguarda, de modo que, devendo combater, todas as armas e os membros estejam em seus lugares, o modo de fazer isto foi descrito quando tratamos dos modos de ordenar as batalhas. Eu dividiria as artilharias; e uma parte delas meteria por fora no flanco direito e a outra no esquerdo. Os cavalos ligeiros mandaria adiante, para explorar o território. Dos homens d'armas, poria uma parte atrás da ala direita e outra, da esquerda, distantes umas quarenta braças das batalhas. E, quanto aos cavalos, deveis levar em conta, qualquer que seja o modo pelo qual ordeneis um exército, esta generalidade: que devem sempre estar atrás ou nos flancos. Quem os põe adiante, na frente do exército, convém que faça uma de duas coisas: ou que os coloque tão adiante que, sendo rechaçados, tenham espaço suficiente que lhes dê tempo para poder evitar as tuas infantarias e não se chocarem com elas; ou ordenar estas com tanto intervalo que os cavalos possam passar por entre elas sem desordená-las. Ninguém estima pouco este lembrete, porque muitos, por não terem atentado para ele, arruinaram-se e, por si mesmos, desordenaram-se e foram derrotados. As carroças e os homens desarmados metem-se na praça que sobra dentro do exército, e organizadas de maneira que deem passagem a quem queira ir de um canto a outro ou de uma ponta a outra do exército. Ocupam estas batalhas, sem as artilharias e os cavalos, em cada direção do lado de fora, duzentas e oitenta e duas braças de espaço. E, porque este quadro é composto de dois batalhões, convém divisar qual parte cabe a um batalhão e qual ao outro. E, como os batalhões são numerados e cada um deles tem, como sabeis, dez batalhas e um chefe geral, faria que o primeiro batalhão colocasse suas primeiras cinco batalhas no fronte, as outras cinco no flanco esquerdo, e que o chefe ficasse no ângulo esquerdo do fronte. Depois, o segundo batalhão colocaria as primeiras cinco batalhas suas no flanco direito, e as outras cinco na retaguarda, e o chefe ficaria no ângulo direito; o qual viria a fazer o ofício do *tergiduttore*.[2]

Ordenado o exército desse modo, deve mover-se e, no caminhar, observar toda esta ordem; e sem dúvida está protegido de todos os tumultos dos habitantes. Nem deve o capitão tomar outra providência, com relação aos assaltos populares, senão dar de vez em quando, a alguns cavalos ou bandeiras dos vélites, a tarefa de rechaçá-los. Nem jamais ocorrerá que estas gentes amotinadas se aproximem de ti à distância da espada ou do pique, porque a gente desordenada tem medo da ordenada; e sempre se verá que, com a gritaria e os rumores, farão um grande assalto sem se aproximarem de ti, à guisa dos cãezinhos em volta do mastim. Aníbal, quando veio atacar os Romanos na Itália, passou por toda a França e, sempre, tomou pouco conhecimento dos tumultos franceses.[3] Convém, quando

---

[2] Ver nota 37 do Livro Segundo; ver Figura 5 no Apêndice.

[3] No início da Segunda Guerra Púnica, quando Aníbal atravessou o território francês entre os Pirineus e os Alpes, as tribos gaulesas atacaram-no repetidamente. A informação está em Políbio (III, 49–53).

se caminha, ter niveladores e sapadores que te abram o caminho; os quais serão guardados pelos cavalos que se mandam adiante a explorar. Um exército nesta ordem caminhará dez milhas por dia, e lhe sobrará sol suficiente para alojar e jantar; porque, em geral, um exército caminha vinte milhas. Se acontece de seres assaltado por um exército ordenado, esse assalto não pode ocorrer de repente, porque um exército ordenado vem com o teu passo; tanto que terás tempo para reordenar-te para a jornada e voltar logo àquela forma, ou algo semelhante àquela forma de exército que acima se te demonstrou. Pois, se fores assaltado pela parte dianteira, precisas apenas fazer que as artilharias que estão nos flancos e os cavalos que estão atrás venham adiante e se ponham nos lugares e com aquelas distâncias que acima se disse. Os mil vélites que estão adiante saem de seus lugares e dividem-se em duas partes de quinhentos, e entram em seus lugares, entre os cavalos e as alas do exército. Depois, no vazio que deixarão, que entrem as duas bandeiras de piques extraordinários que coloquei no meio da praça do exército. Os mil vélites que coloquei atrás, que partam desse lugar e se dividam pelos flancos das batalhas, para fortificá-las; e, pela abertura que deixarão, que saiam todas as carroças e os desarmados e se metam na retaguarda das batalhas.

Deixada, portanto, vazia a praça e tendo cada um ido ao seu lugar, que as cinco batalhas que coloquei atrás do exército avancem para o vazio entre um e outro flanco, e caminhem em direção às batalhas do fronte; e que as três se encostem naquelas a quarenta braças, com iguais intervalos entre uma e outra; e as duas permaneçam atrás, distantes outras quarenta braças. Forma que se pode ordenar rapidamente; e vem a ser quase semelhante à primeira disposição do exército que antes demonstramos; e, se é mais estreita no fronte, é maior nos flancos; o que não lhe dá menos força. Mas porque as cinco batalhas que estão na retaguarda têm os piques na parte de trás, pelas razões que antes dissemos, é necessário fazê-los avançar para a parte da frente, de forma que sejam retaguarda do fronte do exército; e portanto convém: ou reverter batalha por batalha como um corpo sólido, ou fazê-las entrar imediatamente entre as ordens de escudos e assim conduzi-las à frente; modo que é mais rápido e produz menos desordem do que as reverter. E assim deves fazer com todas aquelas que ficam atrás, em qualquer tipo de assalto, como vos mostrarei. Se acontece de o inimigo vir da parte de trás, a primeira coisa a fazer é que cada um vire o rosto para onde tinha a espinha; e imediatamente o exército faz traseira da cabeça e cabeça da traseira. Depois, deve-se ter todos aqueles modos de ordenar o fronte que descrevi acima. Se o inimigo vem a afrontar o flanco direito, deve-se, para aquele lado, virar o rosto de todo o exército; depois, fazer todas aquelas coisas, para fortificação daquela cabeça, que acima se disseram; tal que os cavalos, os vélites, as artilharias estejam em posições conformes a esta cabeça. Só há esta diferença: na variação das cabeças daqueles que se mudam, haverá quem ande menos e quem ande mais. É verdade que, fazendo cabeça do flanco direito, os vélites que deveriam entrar nos intervalos entre as alas do exército e os cavalos seriam aqueles que estivessem mais próximos do flanco esquerdo; no lugar dos quais deveriam entrar as duas bandeiras dos piques extraordinários, colocadas no meio. Mas, antes que entrassem, as carroças e os desarmados desimpediriam a praça pela abertura e se retirariam para trás do flanco esquerdo; o que se tornaria, então, traseira do exército. Os outros vélites que estavam na traseira, segundo a ordenação principal, neste caso não se moveriam, para que esse lugar não ficasse aberto; o qual, de traseira, viria a ser flanco. Todas as outras coisas devem-se fazer como se disse na primeira cabeça.[4]

---

[4] Ver Figura 6 no Apêndice.

O que se disse sobre fazer cabeça do flanco direito entende-se dito devendo-se fazê-la do flanco esquerdo; porque se deve observar a mesma ordem. Se o inimigo viesse numeroso e ordenado para te assaltar de dois lados, esses dois lados que ele vem a assaltar devem fazer-se fortes com aqueles dois que não são assaltados, duplicando as ordens em cada um e dividindo, para cada parte, a artilharia, os vélites e os cavalos. Se vem de três ou quatro lados, é necessário que falte prudência a ti ou a ele; pois, se fores sábio, não te meterás jamais em lugar onde o inimigo te possa assaltar de três ou quatro lados com gente numerosa e ordenada; pois, se quiser seguramente te ofender, convém que seja tão numeroso que, de qualquer lado, te assalte com tanta gente quanta tenha todo o teu exército. E, se fores tão pouco prudente a ponto de te meteres nas terras e forças de um inimigo que tenha três vezes mais gente ordenada do que tu, não te podes queixar, se te dás mal, senão de ti mesmo. Se ocorre, não por tua culpa, mas por uma desventura qualquer, não haverá vergonha no dano, e te ocorrerá como aos Cipiões na Espanha e a Asdrúbal na Itália. Mas, se o inimigo não tem muito mais gente do que tu, e queira, para desordenar-te, assaltar-te de muitos lados, será estultícia sua e ventura tua; porque convém que, para fazer isso, ele se adelgace de tal forma que podes facilmente ferir um lado e resistir a outro, e em breve tempo arruiná-lo. Este modo de ordenar um exército contra um inimigo que não se vê, mas que se teme, é necessário; e é coisa utilíssima acostumar teus soldados a se juntarem e caminharem com tal ordem e, ao caminhar, ordenar-se para combater segundo a primeira cabeça e, depois, voltar à forma em que caminhavam; desta, fazer cabeça da traseira e depois do flanco; então, voltar à primeira forma. Tais exercícios e costumes são necessários, se se quer ter um exército disciplinado e prático. Coisas em que devem trabalhar muito os capitães e os príncipes; nem é outra coisa a disciplina militar senão saber comandar e seguir estas coisas; nem é outra coisa um exército disciplinado senão um exército com muita prática nestas ordens; nem seria possível que fosse jamais derrotado quem, nestes tempos, bem usasse semelhante disciplina. E, se esta forma quadrada que vos demonstrei é muito difícil, tal dificuldade é necessária, superando-se-a com o exercício; pois, sabendo bem ordenar-se e manter-se nesta ordem, saber-se-á depois mais facilmente manter-se naquelas que não eram tão difíceis.

Zanobi. Creio, como dizeis, que essas ordens sejam muito necessárias; e, por mim, não saberia o que tirar ou acrescentar. Verdade é que desejo saber de vós duas coisas: uma, se, quando quereis fazer cabeça da traseira ou do flanco, e quereis fazê-los virar-se, se isso se comanda com a voz ou com os instrumentos musicais; outra, se os que mandais adiante a nivelar as estradas para abrir caminho ao exército devem ser os mesmos soldados das vossas batalhas, ou outra gente vil, designada para tal exercício.

Fabrício. Vossa primeira pergunta é muito importante; pois muitas vezes, por terem sido mal compreendidos ou mal interpretados os comandos do capitão, desordenou-se seu exército; pois os comandos de voz nos perigos devem ser claros e nítidos. E, se comandas com os instrumentos musicais, convém fazer que haja tanta diferença entre um modo e outro que não se possa trocar um pelo outro; e, se comandas por voz, deves cuidar para fugir dos comandos gerais e usar os particulares, e fugir dos particulares que se poderiam interpretar sinistramente. Muitas vezes o dizer: — Para trás! Para trás! — arruinou um exército; deve-se fugir desse comando e, em seu lugar usar — Retirai-vos! — Se quereis fazê-los volver para mudar a cabeça ou em flanco ou em traseira, jamais digais: — Volver! — mas dizei: — Esquerda! Direita! Retaguarda! Fronte! — Assim todas as outras vozes de comando devem ser simples e nítidas, como: — Atacai! Força! Avante! Voltai! — E todas aquelas coisas que se podem fazer com a voz se fazem; as outras se fazem com os instrumentos musicais. Quanto aos niveladores, que é vossa segunda pergunta, eu daria esse ofício aos meus próprios soldados, seja porque assim se fazia na antiga milícia, seja ainda para que ficasse no exército menos gente desarmada e menos impedimentos;[5] e tiraria de cada batalha o número de que precisasse, e os faria tomar ferramentas de nivelação, e deixar as armas com as fileiras que lhes fossem mais próximas; as quais as transportariam e, vindo o inimigo, não teriam mais nada a fazer a não ser retomá-las e voltar à formação.

Zanobi. Quem levaria as ferramentas de nivelação?

Fabrício. As carroças, destinadas a transportar tais ferramentas.

Zanobi. Duvido que jamais conduziríeis vossos soldados a cavar.

Fabrício. Tudo será considerado no lugar certo. Por ora, quero deixar de lado essa parte e considerar o modo de vida do exército; porque me parece, havendo-o cansado tanto, que seja tempo de refrescá-lo e restaurá-lo com o alimento. Deveis entender que um príncipe deve ordenar seu exército da maneira mais expedita possível e tirar-lhe todas as coisas que lhe acrescentassem carga e lhe tornassem difíceis as empresas. Entre as que causam mais dificuldades está manter a provisão de vinho e *pane cotto*[6] para o exército. Os antigos nem se preocupavam com o vinho, porque, se faltasse, bebiam água tingida com um pouco de vinagre, para lhe dar sabor; portanto, entre as munições de víveres do exército estava o vinagre, não o vinho. Não cozinhavam

---

[5] Ao tempo de Maquiavel, o que hoje é chamado de corpo de engenharia do exército (niveladores, sapadores, etc.) não era composto de soldados, mas de operários agregados ao exército.

[6] Literalmente "pão cozido". Trata-se basicamente de uma sopa (com, no mínimo, água, cebola e pimenta malagueta, por exemplo) despejada sobre pão velho. Os ingredientes podem variar de acordo com sua disponibilidade. Versões modernas e mais ricas despejam sopas suculentas sobre pães de alta qualidade.

o pão nos fornos, como se faz nas cidades, mas proviam a farinha; e, dela, cada soldado a seu modo se satisfazia, tendo toucinho e banha de porco como tempero; o que dava sabor ao pão que faziam e os mantinha fortes. De modo que as provisões de víveres para o exército eram farinha, vinagre, toucinho e banha de porco e, para os cavalos, cevada. Geralmente, tinham rebanhos de gado grande e pequeno a seguir o exército; os quais, como não precisavam ser carregados, não eram muito impedimento. Desta ordem resultava que um exército antigo caminhava às vezes muitos dias por lugares solitários e difíceis, sem sofrer a falta de víveres, porque vivia de coisas que facilmente podia levar consigo. O contrário ocorre nos exércitos modernos; os quais, não querendo ficar sem vinho e querendo comer o *pane cotto* como se estivessem em casa, coisas que não podem estocar por muito tempo, ficam muitas vezes famintos ou, se por acaso têm provisões, as têm com desconforto e uma despesa grandíssima. Portanto, eu restringirei meu exército a essa forma de viver, nem gostaria que comessem outro pão além daquele que eles mesmos cozessem. Quanto ao vinho, não proibirei que se o beba, nem que acompanhe o exército, mas não usarei nem indústria nem esforço algum para tê-lo; e nas outras provisões governar-me-ei em tudo como os antigos. Coisa que, se bem considerardes, vereis quanta dificuldade se elimina, e de quantos labores e desconfortos se priva um exército e um capitão, e quanta comodidade se propicia a qualquer empresa que se queira fazer.

Zanobi. Nós vencemos o inimigo em campanha, marchamos depois sobre sua cidade; a razão quer que se tenha saqueado, extorquido terras, feito prisioneiros, mas gostaria de saber como os antigos se governavam nessas coisas.

Fabrício. Eis que vos satisfarei. Creio que haveis considerado, porque numa outra vez, com alguns de vós, falei disso, como as presentes guerras empobrecem tanto os senhores que vencem como aqueles que perdem; porque, se um perde o estado, o outro perde dinheiro e bens móveis;

o que antigamente não acontecia, porque o vencedor das guerras enriquecia. Isto resulta de não levar em conta o butim, como antigamente se fazia, deixando-o todo à discrição dos soldados. Este modo ocasiona duas grandíssimas desordens: uma, o que eu já disse; a outra, que o soldado se torna mais cúpido por saquear e menos observante das ordens; e muitas vezes se viu como a cupidez pelo butim fez perder quem era vitorioso. Os Romanos, portanto, que foram príncipes desse exercício, proveram a um e a outro desses inconvenientes, ordenando que todo butim pertencesse ao público,[7] e que o público, depois, o despendesse como bem lhe parecesse. Tinham, pois, nos exércitos, os questores, que eram, como diríamos nós, os tesoureiros da corte; junto aos quais todas as extorsões e butins eram depositados; dos quais o cônsul se servia para pagar os soldados, socorrer os feridos e os doentes, e outras necessidades do exército. Podia bem o cônsul, e o fazia frequentemente, conceder um butim aos soldados; mas essa concessão não causava desordem, porque, vencido o exército, todo o butim era colocado no meio e distribuído por cabeça, segundo a qualidade de cada um. Desse modo, os soldados buscavam vencer e não roubar; e as legiões romanas venciam o inimigo e não o seguiam, porque jamais se separavam de suas ordens; somente os seguiam os cavalos com aqueles armados ligeiramente e, se os havia, com outros soldados, não os legionários. Pois, se os butins fossem de quem os obtivesse, não seria possível nem razoável manter as legiões firmes, e se correriam muitos perigos. Resulta daí, portanto, que o público enriquecia, e cada cônsul levava ao erário, com seus triunfos, muitos tesouros feitos de extorsões e saques. Outra coisa bem considerada faziam os antigos; do soldo que davam a cada soldado, a terça parte queriam que depusesse junto ao portador da bandeira de sua batalha;

---

[7] Ao erário público.

o qual jamais a devolveria antes de terminada a guerra. Faziam isso movidos por duas razões: a primeira, para que o soldado tornasse o seu soldo em capital; porque, como a maior parte deles é jovem e descuidada, quanto mais têm, mais gastam sem necessidade; a outra, porque sabendo que seus bens móveis estavam junto à bandeira, fossem forçados a ter mais cuidado com ela e com mais obstinação defendê-la; e, assim, este modo os tornava poupadores e fortes. Coisas que é necessário observar, se se quiser conduzir a milícia nos próprios termos.

Zanobi. Creio não ser possível que a um exército, enquanto caminha de um lugar a outro, não ocorram acidentes perigosos, onde, para evitá-los, necessitas tanto a indústria do capitão como a virtude dos soldados; assim, eu apreciaria se, ocorrendo-vos algum, o narrásseis.

Fabrício. Satisfar-vos-ei de bom grado, já que é muito necessário para vos dar perfeita ciência deste exercício. Devem os capitães, acima de qualquer outra coisa, guardar-se das emboscadas; nas quais se incorre de dois modos: ou cais nelas ao caminhar ou, com arte do inimigo, és atirado dentro delas, sem que as pressintas. Para obviar o primeiro caso, é necessário mandar adiante duplas guardas que descubram o território; e tanto maior diligência deve-se usar quanto melhor para emboscadas for o território, como as florestas ou os terrenos montanhosos, porque sempre se metem ou numa selva ou atrás de uma colina. E como a emboscada, se não a prevês, te arruína, assim, prevendo-a, não te ofende. Os pássaros ou a poeira muitas vezes descobriram o inimigo; pois, sempre que vem ao teu encontro, fará grande poeira, que te indicará sua vinda. Assim, muitas vezes um capitão viu, nos lugares onde deve passar, alçarem voo pombos ou outros pássaros, desses que voam em formação, e girar e não pousar, e descobriu ser ali o lugar da emboscada e mandou adiante sua gente; e, sabendo disso, salvou-se e ofendeu seu inimigo.

Quanto ao segundo caso, de ser atraído para dentro dela, que aqui os nossos chamam de *essere tirato alla tratta*,[8] deves estar alerta para não creres facilmente nas coisas pouco razoáveis; como seria se o inimigo te colocasse diante de um butim, deves crer que nele está o anzol e que, dentro, esteja escondido o engano. Se muitos inimigos são caçados por teus poucos; se poucos inimigos assaltam teus muitos; se os inimigos fogem de repente, de forma não razoável; sempre deves em tais casos temer o engano. E não deves crer nunca que o inimigo não saiba tratar de seus interesses; ao contrário, para que te enganes menos e corras menos perigo, quanto mais fraco, quanto menos cauto for o inimigo, mais deves estimá-lo. E, nisto, deves usar dois termos diferentes, porque deves temê-lo com o pensamento e com a ordem; mas, com as palavras e outras demonstrações extrínsecas, deves mostrar que o desprezas, porque este último modo faz que teus soldados tenham mais esperança na vitória, enquanto o outro te torna mais cauto e menos vulnerável a ser enganado. E deves entender que, quando se caminha em território inimigo, se corre mais e maiores perigos do que ao fazer jornada. E, assim, o capitão, caminhando, deve redobrar a diligência; e a primeira coisa que deve fazer é descrever e desenhar todo o território pelo qual caminha, de modo que saiba os lugares, o número, as distâncias, as vias, os montes, os rios, os paludes e todas as suas qualidades; e, para saber tudo isso, convém que tenha perto dele, diferentemente e de diferentes modos, aqueles que conhecem os lugares, e lhes pergunte com diligência e verifique o que disserem, e, de acordo com essa verificação, tome nota. Deve mandar cavalos adiante e, com eles, chefes prudentes, não tanto para descobrir o inimigo quanto para perscrutar o território,

---

[8] Literalmente, ser arrastado pela multidão. A expressão era considerada um termo técnico da linguagem militar italiana dos séculos XV e XVI.

para ver se coincide com o desenho e com a notícia que teve dele. Deve ainda mandar adiante guias, guardados pela esperança de prêmio e pelo temor de pena e, sobretudo, deve agir para que o exército não saiba para que lado os leva; porque não há coisa mais útil na guerra do que calar aquilo que se vai fazer. E, para que um assalto repentino não turbe teus soldados, deves aconselhá-los a manter as armas preparadas; pois as coisas previstas ofendem menos.

Muitos, para escapar às confusões da marcha, colocaram as carroças e os desarmados sob as bandeiras, e mandaram que as seguissem, de forma que, se, durante a marcha, for necessário parar ou recuar, possam fazê-lo mais facilmente; coisa que, como é útil, eu aprovo muito. Deve-se ter, ainda, o cuidado para que, ao caminhar, uma parte do exército não se afaste da outra ou que, por andar uma delas rapidamente e a outra, lentamente, o exército não se adelgace; coisas que causam desordem. É preciso, pois, colocar os chefes ao lado para manter o passo uniforme, retendo os afoitos e estimulando os tardos; passo que não se pode regular melhor do que com os instrumentos musicais. As estradas devem ser alargadas, de forma que pelo menos uma batalha possa mover-se em ordem. Deve-se considerar os costumes e a qualidade do inimigo, e se é melhor assaltá-lo de manhã ou ao meio-dia ou de noite, e se ele é mais poderoso com os infantes ou com os cavalos; e, conforme o que entenderes, ordenar-te e prover-te. Mas vamos a alguns acidentes particulares. Ocorre que, às vezes, passando à frente do inimigo por julgar-te inferior, e por isso, não quereres fazer jornada com ele, e ficando ele às tuas costas, chegas à margem de um rio, o qual te toma tempo para atravessar, de modo que o inimigo está prestes a alcançar-te e a combater-te. Alguns, que se encontraram em tal perigo, circundaram seu exército com uma fossa cheia de acendalhas e colocaram fogo; depois, atravessaram o rio com o exército sem ser impedidos pelo inimigo, retido por aquele fogo a meio caminho.

Zanobi. É duro para mim acreditar que este fogo possa detê-los, principalmente porque me lembro de ter ouvido como Hanno, o cartaginês, sendo assediado por inimigos, cingiu-se com madeira, na parte da qual queria irromper, e ateou fogo; donde que os inimigos, sem intenção de guardar aquela parte, fizeram seu exército passar sobre as chamas, com cada soldado mantendo o escudo em frente ao rosto, para proteger-se do fogo e da fumaça.

Fabrício. Dizeis bem; mas considerai o que disse eu e o que fez Hanno; porque eu disse que fizeram uma fossa e a encheram de acendalhas; de modo que quem quisesse passar tinha de lidar com a fossa e com o fogo. Hanno fez o fogo sem a fossa; e, como queria passar por ele, certamente não o fez forte, porque, mesmo sem a fossa, o teria impedido. Não sabeis que o espartano Nabide,[9] assediado em Esparta pelos Romanos, ateou fogo em parte da sua própria terra para impedir a passagem dos Romanos, os quais já tinham entrado? E, mediante as chamas, não somente impediu a passagem deles mas também os rechaçou para fora.[10] Mas voltemos ao nosso assunto. O romano Quinto Lutácio, com os Cimbros no seu encalço e tendo chegado a um rio, para que o inimigo lhe desse tempo de atravessar, fê-lo crer que lhe daria tempo de combatê-lo. E, assim, fingiu querer acampar ali, fez cavar

---

[9] Nabide (século III a.C.–192 a.C.) foi um usurpador do trono de Esparta, a partir de 207 a.C. e até sua morte. Políbio descreve as forças de Nabide como "um amontoado de assassinos, ladrões, punguistas e saqueadores".

[10] O episódio ocorreu em 195 a.C. durante o assédio de Esparta pelos romanos comandados por Tito Quíncio Flamínio (229–174 a.C.). O relato de Lívio (XXXIV, 39) informa que, ao ver o colapso de suas forças configurar-se, Nabide tentou fugir, mas seu general, Pitágoras, convocou os soldados e mandou que ateassem fogo às construções fora dos muros da cidade, atirando em seguida os escombros incendiados contra as tropas romanas, com muitas perdas entre estas. Flamínio decidiu retirar-se, mas voltou nos três dias seguintes, ao cabo dos quais Nabide rendeu-se.

fossas, ergueu alguns pavilhões, mandou alguns cavalos[11] aos campos para saquear a região em busca de víveres; tanto que, acreditando que ele acampasse, também os Cimbros acamparam e se dividiram em várias partes para prover víveres; percebendo isso, Lutácio atravessou o rio sem poder ser impedido por eles.[12] Alguns, para atravessar um rio sem ponte, seguiram ao longo da margem, passando com facilidade pelos pontos mais rasos. Quando os rios são rápidos, para que as infantarias passem mais seguramente, metem-se os cavalos mais possantes na parte de cima,[13] para que detenham a água, e outros na parte de baixo, para que socorram os infantes, se algum deles for vencido pelo rio ao atravessar. Passam-se ainda os rios que não se vadeiam com pontes, com barcos, com odres;[14] é, assim, bom ter nos seus exércitos a atitude para poder fazer todas essas coisas. Às vezes acontece que, ao cruzar um rio, o inimigo na outra margem te impede. Para vencer esta dificuldade, não conheço melhor exemplo para imitar do que aquele de César, o qual, tendo seu exército na margem de um rio na França, e lhe sendo impedida a passagem pelo francês Vercingetórix, o qual tinha suas gentes do outro lado do rio, caminhou vários dias ao longo do rio, e a mesma coisa fazia o inimigo. E, tendo César acampado em lugar perto de uma floresta e bom para esconder gente, tirou de cada legião três coortes e as fez ficar naquele lugar, comandando que construíssem uma ponte e a fortificassem assim que ele partisse; e ele seguiu caminho com suas outras gentes.

---

[11] Alguns cavaleiros.
[12] O poeta romano Quinto Lutácio Catulo (150–87 a.C.) foi eleito cônsul em 102 a.C.. Ele não conseguiu impedir os cimbros de forçarem sua entrada na Itália setentrional, por meio do desfiladeiro de Brennero, hoje na fronteira entre a Itália e a Áustria. Mas, no verão de 101 a.C., na batalha dos Campos Gáudios, seus exércitos aniquilaram o inimigo.
[13] A montante. A "parte de baixo" é a jusante.
[14] Recipientes de couro, bojudos, com tampa, geralmente usados para transportar líquidos. Quando vazios, boiam.

Donde Vercingetórix, vendo o número de legiões, crendo que nenhuma parte delas ficara para trás, seguiu também ele a caminhar; mas César, quando achou que a ponte estava pronta, voltou para trás e, tendo encontrado tudo em ordem, cruzou o rio sem dificuldade.[15]

Zanobi. Tendes alguma regra para conhecer os vaus?

Fabrício. Sim, temos. O rio é sempre mais raso e mais adequado para ser vadeado do que alhures naquela parte que fica entre a água que estagna e a corrente, que parece uma linha para quem olha; porque sempre naquele lugar o rio depositou mais, e manteve mais, aquela matéria que logo traz para o fundo. Coisa que, por ter sido experimentada muitas vezes, é verdadeiríssima.

Zanobi. Se acontece de o rio afundar o vau, de forma que os cavalos se afundem, que remédio dais?

Fabrício. Fazer gradis de madeira e colocá-los no fundo do rio e passar sobre eles. Mas sigamos com nosso assunto. Se ocorre de um capitão conduzir seu exército entre dois montes e que tenha apenas duas vias para se salvar, ou a da frente ou a de trás, e estas estão ocupadas pelo inimigo, deve fazer, por remédio, aquilo que alguém já fez no passado; e que é: fazer na parte de trás uma fossa grande e difícil de ultrapassar e mostrar ao inimigo que quer com ela contê-lo, para poder avançar com todas as suas forças, sem precisar temer a retaguarda, pela via que diante dele permanece aberta. Acreditando nisso, os inimigos se fortaleceram no lado aberto e abandonaram o fechado; e então aquele jogou sobre a fossa uma ponte de madeira feita para esse fim e passou por aquele lado sem nenhum impedimento e se liberou das mãos do inimigo. Lúcio Minúcio, cônsul romano, estava na Ligúria com os exércitos, e tinha sido cercado pelo inimigo entre certos montes, de onde não podia sair. Portanto, mandou, em direção aos lugares

---

[15] Referência à travessia do rio Allier (ver nota 41 do Livro Quarto).

guardados pelo inimigo, alguns soldados da Numídia a cavalo que tinha em seu exército, os quais estavam mal armados e sobre cavalos pequenos e magros; os quais, à primeira vista, fizeram que os inimigos se reunissem para defender a passagem; mas, quando viram aquela gente mal em ordem e, segundo eles, mal a cavalo, estimando-os pouco, abriram as ordens da guarda. Ao perceberem isso, os Númidas deram com as esporas nos cavalos e avançaram sobre eles, passando sem que eles pudessem dar remédio algum; tendo passado, arruinando e saqueando o território, constrangeram os inimigos a deixar a passagem livre para o exército de Lúcio.[16] Um capitão que se achou assaltado por grande multidão de inimigos compactou suas tropas e deu ao inimigo a faculdade de circundá-lo todo e depois, na parte que descobriu mais fraca, forçou e, por aquela via, fez abrir espaço para si e salvou-se. Marco Antônio, recuando diante do exército dos Persas, percebeu que os inimigos todo dia, ao amanhecer, quando se movia, o assaltavam e, por todo o caminho, o infestavam; de modo que decidiu não partir antes do meio-dia. De forma que os Persas, crendo que naquele dia ele não quisesse desalojar-se, voltaram ao próprio acampamento; e Marco Antônio pôde, depois, por todo o resto do dia, caminhar sem ser incomodado. O mesmo homem, para fugir às setas dos Persas, comandou às suas gentes, quando os Persas viessem em sua direção, que se ajoelhassem, e que a segunda fileira das batalhas colocasse os escudos sobre a cabeça da primeira, a terceira sobre a segunda, a quarta sobre a terceira, e assim por diante; de forma que todo o exército vinha a estar como sob um teto e protegido das setas inimigas.[17] Isto é tudo que me ocorre dizer-vos que pode acontecer a um exército, quando caminha; mas, se a vós não ocorre nada mais, passarei a uma outra parte.

---

[16] O episódio é contado por Frontino (I, v, 16).
[17] Ver nota 23 do Livro Segundo.

LIVRO SEXTO

Zanobi. Creio que seja bom, já que se deve mudar de assunto, que Batista assuma seu ofício e que eu deponha o meu; e viremos, neste caso, a imitar os bons capitães, segundo o que já ouvi aqui do senhor; os quais põem os melhores soldados na frente e atrás do exército, parecendo-lhes necessário ter à frente quem fortemente se engaje no combate e quem, atrás, fortemente o sustente. Cósimo, portanto, começou esta conversa prudentemente, e Batista prudentemente a encerrará. Luís e eu, no meio-tempo, a entretivemos. E como cada um de nós fez sua parte de boa vontade, assim não creio que Batista vá recusá-la.

Batista. Deixe-me governar até aqui; assim devo deixar-me no futuro. Portanto, senhor, contentai-vos de prosseguir com vossas considerações e, se vos interrompemos com estes ritos, dai-nos por escusados.

Fabrício. Dais-me, como já vos disse, um grande prazer; porque este vosso interromper-me não me tira a imaginação, ao contrário, restaura-a. Mas, para seguir com nosso assunto, digo que já é tempo de alojar nosso exército; pois sabeis que tudo deseja o repouso, e seguro, porque repousar e não repousar com segurança não é repouso perfeito. Duvido que não desejásseis que eu primeiro o repousasse, depois o fizesse caminhar e, por último, combater; e nós fizemos o contrário. Ao que fomos induzidos pela necessidade, pois, querendo mostrar, caminhando, como um exército se reduzia da forma do caminhar para aquela do combater, era necessário mostrar primeiro como se ordenava o combate. Mas, voltando ao nosso assunto, digo que, para que o alojamento seja seguro, convém que seja forte e ordenado. A indústria do capitão o faz ordenado; o sítio ou a arte o fazem forte. Os Gregos buscavam sítios fortes, e não se colocariam jamais onde não houvesse ou caverna ou margem de rio ou multidão de árvores, ou outro abrigo natural que os defendesse. Mas os Romanos não se alojavam seguramente tanto pelo sítio quanto pela arte; nem jamais se teriam alojado nos lugares onde não pudessem, segundo sua disciplina, distender toda a sua gente. Disto resulta que os Romanos podiam ter uma forma de alojamento porque queriam que o sítio os obedecesse, não eles ao sítio. O que não podiam observar os Gregos, porque, como obedeciam ao sítio e os sítios variavam de forma, convinha que eles também variassem o modo de alojar e a forma de seus alojamentos. Os Romanos, portanto, onde o sítio carecia de força, supriam-na com arte e com indústria. E porque eu, nesta minha narração, quis que se imitassem os Romanos, não me separarei de seu modo de alojar, mas tomarei apenas aquela parte que me parece mais apropriada para os tempos presentes.

Disse-vos muitas vezes que os Romanos tinham, nos seus exércitos consulares, duas legiões de homens romanos, os quais eram cerca de onze mil infantes e seiscentos cavalos; e, além disso, tinham outros onze mil infantes de gente enviada pelos amigos para ajudá-los; e nunca seus exércitos tinham mais exércitos forasteiros do que romanos, exceto no caso de cavalos, sobre os quais não se importavam se ultrapassassem o número de suas legiões; e, como em todas as suas ações, colocavam as legiões no meio e os auxiliares ao lado. Modo que observavam também ao se alojar, como haveis podido ler naqueles que escrevem sobre eles; porém, eu não vos narrarei como se alojavam eles, mas dir-vos-ei apenas com que ordem eu, no presente, alojarei o meu exército; e sabereis então que partes extraí do modo romano. Sabeis que, como se fossem duas legiões romanas, eu tomei dois batalhões de infantes, com seis mil infantes e trezentos cavalos úteis por batalhão, e em quantas batalhas, quais armas e quais nomes eu os dividi. Sabeis como, ao ordenar o exército para caminhar e para combater, não fiz menção de outras gentes, mas apenas mostrei que, duplicando as gentes, bastava duplicar as ordens.

Mas querendo, agora, mostrar-vos o modo do alojar, parece-me adequado não estar somente com dois batalhões, mas reunir um exército certo, composto, à semelhança do romano, de dois batalhões da mesma quantidade de gentes auxiliares.[1] O que faço para que, alojando um exército perfeito, a forma do alojamento seja mais perfeita; coisa que, nas outras demonstrações, não me pareceu necessária. Farei, pois, desta forma, se quiser alojar um exército certo de vinte e quatro mil infantes e dois mil cavalos úteis, dividido em quatro batalhões, dois de gente própria e dois de forasteiros. Encontrado o sítio onde desejo acampar, hastearia a bandeira capitã e, em torno, traçaria um quadrado que teria cada lado distante cinquenta braças dela; que cada um dos lados olhasse para as regiões do céu, ou seja, levante, poente, meio-dia e tramontana;[2] e nesse espaço gostaria que fosse o alojamento do capitão. E porque creio que seja prudente, e porque assim em boa parte faziam os Romanos, dividiria os armados e os desarmados e separaria os homens impedidos dos expeditos.[3] Alojaria todos, ou a maior parte dos armados, na parte do levante, e os desarmados e os impedidos na parte do poente, fazendo do levante a cabeça e do poente as costas do alojamento, e meio-dia e tramontana seriam os flancos. E, para distinguir os alojamentos dos armados, adotaria este modo: moveria uma linha da bandeira

---

[1] Ver Figura 7 no Apêndice. Maquiavel toma por modelo a típica legião romana do século VI, que tinha seis mil homens, entre infantes e cavaleiros, e pelo menos a mesma quantidade de tropas de aliados.
[2] A tramontana é o vento norte, portanto o "meio-dia" é o sul.
[3] Os homens com carga dos sem carga.

capitã e a guiaria em direção ao levante por um espaço de seiscentas e oitenta braças. Faria depois duas outras linhas que tivessem aquela entre elas e de comprimento igual ao daquela, mas distante dela quinze braças cada uma; na extremidade das quais, gostaria que fosse a porta do levante, e que o espaço, entre as duas linhas extremas, fizesse uma rua que fosse da porta ao alojamento do capitão; a qual teria trinta braças de largura e seiscentas e trinta de comprimento (porque cinquenta braças seriam ocupadas pelo alojamento do capitão) e que esta se chamasse rua capitã; traça-se depois uma rua da porta do meio-dia à porta da tramontana, que cruzasse a rua capitã a levante do alojamento do capitão, a qual tivesse o comprimento de mil duzentas e cinquenta braças (porque ocuparia toda a largura do alojamento) e a largura de trinta braças e se chamasse rua de cruz. Uma vez traçados o alojamento do capitão e estas duas ruas, começar-se-ia a traçar os alojamentos mesmos dos dois batalhões; e um eu alojaria à direita da rua capitã, e um à esquerda. E assim, passado o espaço da largura que tem a rua de cruz, colocaria trinta e dois alojamentos à esquerda da rua capitã e trinta à direita, deixando, entre o décimo sexto e o décimo sétimo alojamentos, um espaço de trinta braças; que serviria como uma rua transversal, que atravessasse todos os alojamentos dos batalhões, como se verá na distribuição destes. Destas duas ordens de alojamentos, alojaria os chefes dos homens d'armas[4] nas primeiras do começo, que seriam as que estão junto à rua de cruz; nos quinze alojamentos que de cada lado se seguissem, as suas gentes d'armas, o que, como cada batalhão tem cento e cinquenta homens d'armas, resultaria em dez homens d'armas por alojamento. Os espaços dos alojamentos dos chefes teriam, de largura, quarenta e, de comprimento, dez braças. E se note que, quando digo

---

[4] Ver nota 20 do Livro Primeiro.

largura, significa o espaço entre meio-dia e tramontana, e, ao dizer comprimento, o de poente a levante. Os dos homens d'armas teriam quinze braças de comprimento e trinta de largura. Nos outros quinze alojamentos que de cada lado se seguissem (os quais começariam para lá da rua transversal e teriam o mesmo espaço daqueles dos homens d'armas), alojaria os cavalos ligeiros;[5] dos quais, por serem cento e cinquenta, caberiam dez cavalos por alojamento; e no décimo sexto que restaria alojaria seu chefe, dando-lhe o mesmo espaço que se dá ao chefe dos homens d'armas. E, assim, os alojamentos dos cavalos dos dois batalhões teriam a rua capitã no meio e serviriam para alinhar os alojamentos das infantarias, como narrarei.

Notastes como alojei os trezentos cavalos de cada batalhão, com seus chefes, em trinta e dois alojamentos colocados ao longo da rua capitã, começando da rua de cruz; e como deixei um espaço de trinta braças para fazer uma rua transversal entre o décimo sexto e o décimo sétimo alojamentos. Querendo, pois, alojar as vinte batalhas dos dois batalhões ordinários, colocarei os alojamento de cada duas batalhas atrás dos alojamentos dos cavalos, tendo, cada um, de comprimento, quinze braças e, de largura, trinta, como os dos cavalos, e que fossem unidos pela parte de trás, que se tocassem. E em cada primeiro alojamento, de cada lado, junto à rua de cruz, alojaria o condestável de uma batalha, que corresponderia ao alojamento do chefe dos homens d'armas; e este alojamento teria de espaço apenas vinte braças de largura por dez de comprimento. Nos outros quinze alojamentos, que de cada lado seguissem este até a rua transversal, alojaria de cada lado uma batalha de infantes, que, sendo quatrocentos e cinquenta, seriam trinta por alojamento. Os outros quinze alojamentos seriam contínuos, de cada lado, aos dos cavalos ligeiros,

---

[5] Como o leitor já terá notado, Maquiavel chama indistintamente de "cavalos" tanto os animais como os cavaleiros.

com os mesmos espaços, onde alojaria de cada lado uma outra batalha de infantes. E no último alojamento poria de cada lado o condestável da batalha, que viria a ser vizinho do chefe dos cavalos ligeiros, com o espaço de dez braças de comprimento e vinte de largura. E assim estas duas primeiras ordens de alojamentos seriam metade de cavalos e metade de infantes. E como quero, como vos disse em seu lugar, que estes cavalos sejam todos úteis, e por isso não tendo famílias que os socorram para governar os cavalos ou em outras coisas necessárias, gostaria que estes infantes que se alojassem atrás dos cavalos fossem obrigados a ajudá-los a prover e governar os patrões, e por isso fossem isentos das outras tarefas do campo;[6] modo que era observado pelos Romanos. Deixado, em seguida, depois desses alojamentos, de cada lado, um espaço de trinta braças como rua, uma chamada primeira rua da direita e a outra, primeira rua da esquerda, colocaria de cada lado uma outra ordem de trinta e dois alojamentos duplos, encostados um ao outro pela parte dos fundos, com os mesmos espaços que disse, e dividiria depois os décimo sextos da mesma maneira, para fazer a rua transversal; onde alojarei, de cada lado, quatro batalhas de infantes com os condestáveis nas pontas do pé e da cabeça. Deixado depois, de cada lado, um outro espaço de trinta braças que fosse rua, que se chamasse, de um lado, a segunda rua da direita, e, do outro lado, a segunda rua da esquerda, colocarei uma outra ordem de cada lado de trinta e dois alojamentos duplos, com as mesmas distâncias e divisões; onde alojarei de cada lado outras quatro batalhas com seus condestáveis. E assim viriam a ser alojados, em três ordens de alojamentos por lado, os cavalos e as batalhas dos dois batalhões ordinários, e teriam pelo meio a rua capitã. Os dois batalhões auxiliares, porque os

---

[6] Os "patrões" a serem ajudados são os homens d'armas, os cavaleiros.

compus dos mesmos homens, alojaria de cada lado destes dois batalhões ordinários, com as mesmas ordens de alojamentos, colocando primeiro uma ordem de alojamentos duplos que alojassem metade cavalos e metade infantes, distantes trinta braças dos outros, para fazer uma rua que se chamasse, uma, terceira rua da direita, e a outra, terceira rua da esquerda. E depois faria de cada lado duas outras ordens de alojamentos, distintas e ordenadas do mesmo modo dos batalhões ordinários, que fariam duas outras ruas; e todas se chamariam pelo número e pelo lado em que fossem colocadas. De maneira que toda esta parte do exército viria a ser alojada em doze ordens de alojamentos duplos, e em treze ruas, computando a rua capitã e a de cruz. Gostaria que ficasse um espaço, dos alojamentos ao fosso, de cem braças ao redor. E se computais todos esses espaços, vereis que do meio do alojamento do capitão à porta do levante há seiscentas e oitenta braças. Restam-nos agora dois espaços, dos quais um é do alojamento do capitão à porta do meio-dia, o outro é daquele à porta da tramontana; que vêm a ser, cada um, medindo do ponto do meio, seiscentas e cinquenta braças. Tirando cinquenta braças de cada um destes espaços, ocupadas pelo alojamento do capitão, e quarenta e cinco braças de praça, que quero dar de cada lado, e trinta braças de rua, que divida cada um dos ditos espaços ao meio, e cem braças que se deixam de cada lado entre os alojamentos e o fosso, resta de cada lado um espaço para alojamentos de quatrocentas braças de largura por cem de comprimento, medindo o comprimento com o espaço do alojamento do capitão. Portanto, dividindo ditos comprimentos pelo meio, far-se-ia de cada lado do capitão quarenta alojamentos de cinquenta braças de comprimento por vinte de largura, que seriam, no total, oitenta alojamentos; nos quais se alojariam os chefes gerais dos batalhões, os tesoureiros, os mestres de campo[7] e todos

---

[7] Generais, tesoureiros e funcionários administrativos.

os que prestam serviços ao exército, deixando alguns vazios para os forasteiros que viessem e para os que militassem por graça do capitão. Atrás do alojamento do capitão, traçaria uma rua de meio-dia a tramontana, com largura de trinta braças, que se chamaria rua de frente; a qual estaria ao longo dos oitenta alojamentos ditos, porque esta rua e a rua de cruz teriam no meio o alojamento do capitão e os oitenta alojamentos a seus flancos. Desta rua de frente, e a partir do alojamento do capitão, traçaria uma outra rua que fosse daquela à porta do poente, também com largura de trinta braças, e que correspondesse por posição e comprimento à rua capitã e se chamasse rua da praça. Postas estas duas ruas, ordenarei a praça onde se fizesse o mercado;[8] a qual poria no início da rua da praça, junto ao alojamento do capitão e com a rua de frente; e gostaria que fosse quadrada, e lhe alocaria noventa e seis braças de cada lado. E à direita e à esquerda dessa praça faria duas ordens de alojamentos, que cada ordem tivesse oito alojamentos duplos, os quais ocupassem doze braças de comprimento por trinta de largura; assim, viriam a ser de cada lado da praça, que estaria no meio, dezesseis alojamentos, que seriam trinta e dois no total; nos quais alojaria os cavalos que sobrassem dos batalhões auxiliares; e, se não bastassem, dar-lhe-ia alguns daqueles alojamentos nos flancos do capitão, e especialmente aqueles voltados para os fossos.

Resta-nos agora alojar os piques e os vélites extraordinários que tem todo batalhão; que sabeis serem, de acordo com nossa ordem, que todos têm, além das dez batalhas, mil piques extraordinários e quinhentos vélites; de forma que os dois batalhões próprios têm dois mil piques extraordinários e mil vélites extraordinários, e os auxiliares o mesmo número; de modo que se tem ainda

---

[8] Os exércitos eram seguidos por vendedores de comida e outros produtos.

de alojar seis mil infantes, os quais alojarei todos na parte do poente e ao longo dos fossos. Portanto, da ponta da rua de frente e na direção tramontana, deixando o espaço das cem braças entre eles e o fosso, poria uma ordem de cinco alojamentos duplos, todos juntos, com setenta e cinco braças de comprimento e sessenta de largura; de forma que, dividida a largura, caberiam a cada alojamento quinze braças de comprimento e trinta de largura. E, como seriam dez alojamentos, alojariam trezentos infantes, cabendo trinta infantes em cada alojamento. Deixando depois um espaço de trinta e uma braças, poria de modo semelhante com semelhantes espaços uma outra ordem de cinco alojamentos duplos e depois uma outra, de forma que fossem cinco ordens de cinco alojamentos duplos; que viriam a ser cinquenta alojamentos postos em linha reta no lado da tramontana, distantes todos cem braças dos fossos, que alojariam mil e quinhentos infantes. Virando depois à esquerda, em direção à porta do poente, poria em todo esse trecho que fosse deles à dita porta, cinco outras ordens de alojamentos duplos, com os mesmos espaços e com os mesmos modos; é verdade que, de uma ordem à outra, não haveria mais que quinze braças de espaço, nos quais se alojariam outros mil e quinhentos infantes; e assim, da porta da tramontana à do poente, seguindo os fossos com cem alojamentos, divididos em dez ordens de cinco alojamentos duplos por ordem, alojar-se-iam todos os piques e vélites extraordinários dos batalhões próprios. E assim da porta do poente àquela do meio-dia, seguindo os fossos do mesmo modo, justamente em outras dez ordens de dez alojamentos por ordem, alojar-se-iam os piques e vélites extraordinários dos batalhões auxiliares. Seus chefes, ou melhor, os seus condestáveis, poderiam escolher os alojamentos que lhes parecessem mais acolhedores no lado voltado para os fossos. A artilharia disporia toda ao longo dos taludes dos fossos; e em todo outro espaço que restasse do lado do poente, alojaria todos os desarmados e todos os impedimentos do campo. E se deve entender que, sob este nome de impedimento, como sabeis, os antigos incluíam toda a tralha e todas aquelas coisas que são necessárias para um exército, fora os soldados, como: carpinteiros, ferreiros, ferradores, pedreiros,[9] engenheiros, artilheiros, embora estes pudessem estar entre os armados, pastores com seus rebanhos de cavalos capados e bois necessários aos víveres do exército e, além disso, mestres de toda arte, junto com as carroças públicas das munições públicas, pertinentes ao viver e ao armar. Não distinguiria particularmente estes alojamentos; só traçaria as ruas que não devessem ser ocupadas por eles; depois, os outros espaços que restassem entre as ruas, que seriam quatro, entregaria em geral a todos os ditos impedimentos, ou seja, um aos pastores, outro aos artífices e artesãos, outro às carroças públicas de víveres, o quarto às do armar. As vias que eu não quisesse ver ocupadas seriam a rua da praça, a rua de frente e, além dessas, uma rua que se chamaria rua do meio; a qual partisse da tramontana e fosse até o meio-dia e cruzasse o meio da rua da praça, fazendo do lado do poente o mesmo papel da rua transversal no lado do levante. E, além disso, uma rua que circulasse pela parte de dentro, ao longo dos alojamentos dos piques e vélites extraordinários. E todas essas ruas teriam largura de trinta braças. E as artilharias eu disporia ao longo dos fossos do campo do lado de dentro.

Batista. Confesso que não entendo nada disso; nem mesmo creio que dizer isso me envergonhe, já que não é meu exercício. Não obstante, essa ordem me agrada muito; só gostaria que vós dirimísseis estas dúvidas para mim: uma, por que fazeis as ruas e os espaços ao redor tão largos; outra, que me preocupa mais, é como devem ser usados esses espaços que desenhastes para os alojamentos.

---

[9] Literalmente: operários que trabalham com pedras.

Fabrício. Sabeis que faço as ruas todas com trinta braças de largura, de forma que, por elas, possa caminhar uma batalha de infantes em formação; que, se bem vos recordais, disse-vos que cada uma tem de vinte e cinco a trinta braças de largura. Já que tenha cem braças o espaço entre o fosso e os alojamentos, isso é necessário para que se possa manobrar ali as batalhas e as artilharias, conduzir por ali o butim e a comida e, precisando, ter espaço para recuar com novos fossos e novos taludes. Estão também melhor situados os alojamentos distantes dos fossos, por estarem mais distantes dos fogos e de outras coisas que o inimigo poderia atirar para ofender aqueles. Quanto à segunda pergunta, minha intenção não é que cada espaço desenhado por mim seja coberto por um único pavilhão, mas que seja usado como lhes convier pelos que aí se alojam, ou com mais ou com menos tendas, desde que não se saia dos limites daquele. E, para desenhar esses alojamentos, convém que sejam homens praticíssimos e arquitetos excelentes; os quais, assim que o capitão escolheu o lugar, saibam dar-lhe forma e distribuí-lo, distinguindo as ruas, dividindo os alojamentos com cordas e com paus, de maneira que sejam praticamente logo ordenados e divididos. E, para que não haja confusão, convém orientar o campo sempre do mesmo modo, para que cada um saiba em que rua e em que espaço encontrará seu alojamento. E isto se deve observar todo o tempo, em todo lugar, e de maneira que pareça uma cidade móvel, a qual, onde quer que vá, leve logo as mesmas ruas, as mesmas casas e o mesmo aspecto; coisa que não podem observar aqueles que, buscando sítios fortes, devem mudar a forma segundo a variação do sítio. Mas os Romanos tornavam o lugar forte com os fossos, com o valo e com os taludes, porque faziam uma paliçada ao redor do campo e, diante dela, o fosso, em geral com largura de seis braças e profundidade de três; espaços que cresciam, segundo o tempo que quisessem permanecer e segundo o temor do inimigo. Para mim, hoje, não faria a paliçada se não quisesse demorar-me em um lugar. Faria bem o fosso e os taludes não menores que aquele, mas maiores, de acordo com a necessidade; com relação às artilharias, faria ainda, em cada canto do alojamento, um meio círculo de fosso, dos quais as artilharias pudessem atacar pelos flancos quem viesse combater os fossos. Neste exercício de saber ordenar um alojamento, deve-se ainda exercitar os soldados e fazer que os arquitetos estejam prontos a desenhá-lo e os soldados, prontos a saber seus lugares. Nem coisa alguma é difícil, como mais detalhadamente se dirá no lugar certo. Porque, agora, quero passar às guardas do campo, porque, sem a distribuição das guardas, todos os outros trabalhos seriam em vão.

Batista. Antes que passeis às guardas, gostaria que me dissésseis: quando alguém quer colocar os alojamentos próximos do inimigo, que modos se adotam? Porque não sei como haveria tempo para ordená-los sem perigo.

Fabrício. Deveis saber isto: o único capitão que aloja perto do inimigo é aquele que está disposto a fazer a jornada sempre que o inimigo queira; e, quando alguém tem essa disposição, não há perigo, exceto o de sempre; porque se ordenam as duas partes do exército para fazer a jornada, e a outra parte faz os alojamentos. Os Romanos, nesse caso, davam a tarefa de fortificar os alojamentos aos triários, e os príncipes e os hastados estavam em armas. Faziam isto porque, sendo os triários os últimos a combater, tinham tempo, se o inimigo viesse, para deixar a obra e apanhar as armas e entrar em seus lugares na legião. Para imitar os Romanos, deveis dar a tarefa de fazer os alojamentos àquelas batalhas que quisésseis meter na última parte do exército em lugar dos triários. Mas voltemos a pensar nas guardas. Não me parece ter encontrado, entre os antigos, que para guardar o campo à noite tivessem guardas escondidos fora dos fossos, como se usa hoje, os quais chamam de sentinelas avançados. O que creio não faziam por pensar que facilmente o exército poderia ser enganado pela dificuldade em fiscalizá-los, e por poderem ser aqueles corrompidos ou oprimidos pelo inimigo; de modo que julgavam perigoso confiar em parte ou totalmente neles. E, assim, toda a força da guarda ficava para o lado de dentro dos fossos; a qual faziam com uma diligência e com uma ordem grandíssima, punindo com a pena capital qualquer um que desviasse de tal ordem. A qual, como era ordenado por eles não vos direi, para não vos entediar, podendo vós mesmos vê-lo, se não o viram até agora. Direi apenas, brevemente, o que eu faria. Eu poria de guarda, em geral, a cada noite, um terço do exército armado e, deste, a quarta parte sempre em pé; a qual seria distribuída por todos os taludes e por todos os lugares do exército com guardas duplas colocadas em cada face do quadrado; dos quais, parte estivesse parada e parte andasse continuamente de um canto do alojamento a outro. E esta ordem que descrevo seria observada também de dia, quando o inimigo estivesse próximo. Quanto a dar o nome,[10] e renová-lo toda noite e fazer outras coisas que em guardas semelhantes se usam, por serem coisas notórias, não me estenderei sobre elas. Só recordarei uma coisa, por ser importantíssima e por fazer muito bem quando observada, e muito mal se não observada; a qual é que se use grande diligência para verificar quem, à noite, não está alojado dentro do campo e quem chega e é novo. E isto é coisa fácil de verificar com aquela ordem que desenhamos; pois, como cada alojamento tem o número de homens determinado, é coisa fácil ver se há homens demais ou de menos, e, quando faltam sem licença, puni-los como fugitivos, e, se os há em demasia, entender quem são, o que fazem e suas outras condições. Esta diligência faz que o inimigo não possa, exceto com grande dificuldade, conversar com teus chefes e saber como te aconselham. Coisa que, se não fosse observada pelos Romanos com diligência, não permitiria

---

[10] A senha e/ou a contrassenha.

que Cláudio Nero, tendo Aníbal no seu encalço, partisse de seus alojamentos na Lucânia para ir às Marcas e voltar, sem que Aníbal tivesse percebido nada.[11]

Mas não basta fazer boas ordens se não se as faz observar com grande severidade; pois não há coisa que requeira tanta observância quanto a que se busca num exército. Assim, as leis para implementar essas ordens devem ser ásperas e duras, e o executor, duríssimo. Os Romanos puniam com a pena capital quem faltasse nas guardas, quem abandonasse o lugar que lhe era designado em combate, quem levava qualquer coisa às escondidas para fora do alojamento, quem dissesse que fez alguma coisa extraordinária em combate e não o tivesse feito, quem tivesse combatido sem ordem do capitão, quem tivesse, por medo, jogado fora suas armas. E quando ocorria que uma coorte ou uma legião inteira tivesse cometido semelhante erro, para não matar todos, embolsavam-nos[12] todos e tiravam a décima parte, e estes morriam. Pena que era executada de maneira que, se nem todos a sofriam, todos a temiam. E, como onde há grandes punições, deve haver também os prêmios, para que os homens simultaneamente temam e esperem, eles ofereciam prêmios para cada feito extraordinário: como àquele que, combatendo, salvava a vida de um concidadão, a

---

[11] Em 207 a.C., Caio Cláudio Nero foi eleito cônsul e, juntamente com Marco Lívio Salinator, derrotou os cartagineses às margens do rio Metauro, na região italiana das Marcas, matando o comandante deles, Asdrúbal, irmão de Aníbal. A vitória foi considerada a grande virada da Segunda Guerra Púnica e provavelmente salvou Roma. Pouco antes, Caio Cláudio combatera Aníbal em Grumento, na Lucânia (a moderna região italiana da Basilicata), algumas centenas de quilômetros ao sul do Metauro, onde Salinator enfrentava Asdrúbal; mas conseguiu sair do alojamento com parte de suas tropas, sem que Aníbal percebesse, e fez uma marcha forçada até as Marcas para unir-se a Salinator.

[12] Metiam os nomes de todos em uma bolsa e sorteavam um décimo deles. Dessa prática vem o verbo "dizimar".

quem primeiro saltava o muro das terras inimigas, a quem primeiro entrava nos alojamentos dos inimigos, a quem, combatendo, tivesse ferido ou matado o inimigo, a quem o tivesse derrubado do cavalo. E, assim, qualquer ato virtuoso era reconhecido e premiado pelos cônsules e publicamente louvado por cada um; e os que conseguiam prêmios por alguma dessas coisas, além da glória e da fama que adquiriam entre os soldados, também eram recebidos de volta à pátria com pompas solenes ou com grandes demonstrações de amigos e parentes. Não é, portanto, nenhuma surpresa que esse povo tenha conquistado tanto império, tendo tanta observância de pena e de mérito em relação àqueles que, ou por seu bem ou por seu mal operar, merecessem ou louvor ou culpa; coisas de que conviria observar a maior parte. Nem me parece adequado calar sobre um modo de pena observado por eles; o qual era que, quando o réu era, diante do tribuno ou do cônsul, condenado, era por aquele ligeiramente percutido com uma vareta; depois disso, ao réu era lícito fugir e a todos os soldados, matá-lo; de modo que, imediatamente, todos lhe atiravam pedras ou dardos ou lhe batiam com outras armas; de maneira que quase o matavam e raríssimos se salvavam; e aos salvos não era lícito voltar para casa senão com tantos incômodos e ignomínias que era muito melhor morrer.[13] Note-se que este modo é quase observado pelos Suíços, os quais fazem matar popularmente[14] os condenados pelos outros soldados. O que é bem considerado e otimamente feito; pois, para que alguém não seja o defensor de um réu, o maior remédio que existe é fazê-lo punidor daquele; porque, caso contrário, o favorece, conquanto mais almejará a punição do réu se

---

[13] Maquiavel extraiu de Políbio (VI, 37–39) a maior parte das punições descritas nesta passagem. Os prêmios podiam ser simples privilégios, armamentos (especialmente a lança) ou condecorações.

[14] Linchar.

ele mesmo for o executor do que se a execução ocorrer por outrem. Portanto, se se deseja que alguém não seja favorecido em seus erros pelo povo, o grande remédio é fazer que o povo tenha de julgá-lo. Para reforçar isto, pode-se acrescentar o exemplo de Mânlio Capitolino; o qual, sendo acusado pelo Senado, foi defendido pelo povo até que este se tornou juiz e, uma vez árbitro da causa, condenou-o à morte.[15] Portanto, este é um modo de punir que elimina os tumultos e faz observar a justiça. E como, para frear homens armados, não bastam nem o temor das leis nem aquele dos homens, os antigos acrescentavam a autoridade de Deus; e, assim, com grandíssimas cerimônias faziam seus soldados jurar a observância da disciplina militar, de forma que, contrariando-a, não apenas devessem temer as leis e os homens, mas também Deus; e usavam de toda indústria para enchê-los de religião.

Batista. Permitiam os Romanos que, em seus exércitos, houvesse mulheres, ou que se usassem neles estes jogos ociosos que se usam hoje?[16]

Fabrício. Proibiam um e outro. E não era uma proibição muito difícil, porque havia tantos exercícios nos quais ocupavam todo dia os soldados, ora particularmente, ora geralmente, que não lhes restava tempo para pensar ou em Vênus ou nos jogos, nem a outras coisas que tornam os soldados sediciosos e inúteis.

Batista. Agrada-me. Mas dizei-me: quando o exército devia partir, que ordem adotavam?

Fabrício. A trombeta capitã soava três vezes. Ao primeiro som, desmontavam-se as tendas e se faziam os fardos;

---

[15] Marco Mânlio Capitolino, patrício da República Romana, que, em 384 a.C., foi condenado à morte pelo povo romano, antes seu defensor. O episódio está em Lívio (VI, 19-20).

[16] Os exércitos do tempo de Maquiavel eram acompanhados por hordas de prostitutas e biscateiros, especialmente aqueles que ofereciam jogos de azar.

ao segundo, carregavam tudo; ao terceiro, moviam-se do modo que eu disse acima, com os impedimentos depois, cada parte dos armados, colocando as legiões no meio.[17] E, assim, deveis mover um batalhão auxiliar e, depois dele, os seus impedimentos particulares e, com eles, a quarta parte dos impedimentos públicos; que seriam todos aqueles que foram alojados em um daqueles quadrados que há pouco demonstramos. E, assim, conviria ter cada um destes consignado a um batalhão, de forma que, quando o exército se move, cada um saberia seu lugar no caminhar. E assim deve partir cada batalhão com seus próprios impedimentos, e com a quarta parte dos públicos na retaguarda, do modo como demonstramos que caminhava o exército romano.

Batista. Ao instalar o alojamento, tinham outras preocupações além das que mencionastes?

Fabrício. Digo-vos de novo que os Romanos queriam, ao alojar-se, poder manter a forma costumeira do modo deles; cuja observação não os preocupava. Mas, quanto a outras preocupações, tinham duas principais: uma, instalar-se em lugar são; outra, instalar-se onde o inimigo não os pudesse assediar e lhes cortar o caminho para a água e os víveres. Para fugir, portanto, das enfermidades, eles fugiam dos lugares pantanosos ou expostos a ventos nocivos. O que reconheciam não tanto pela qualidade do sítio, mas pelo rosto dos habitantes; e, quando os viam com má cor ou ofegantes, ou atingidos por outra infecção, não se alojavam aí. Quanto à outra parte, de não serem assediados, convém considerar a natureza do sítio, onde estão os amigos e os inimigos, e, a partir daí, conjeturar se podes ou não ser assediado. E, assim, convém que o capitão seja peritíssimo nos sítios dos territórios, e tenha em torno de si muitos que tenham a mesma perícia. Fuja-se, ainda, da doença e da fome, para não desordenar o exército; pois, para o

---

[17] Informação extraída de Políbio (VI, 40).

manter são, convém operar para que os soldados durmam sob as tendas, que se alojem onde haja árvores que deem sombra, onde haja lenha para poder cozinhar os alimentos, que não caminhem sob o sol quente. E, assim, é preciso tirá-lo do alojamento antes de o dia nascer, no verão, e, no inverno, guardar-se de caminhar pelas neves e pelo gelo sem ter a comodidade de fazer fogo, e que não lhe falte roupa necessária e não beba águas más. Os que, por acaso, adoecem, curá-los por médicos; porque um capitão não tem remédio quando deve combater a doença e o inimigo. Mas nada é tão útil para manter o exército são quanto o exercício; e, assim, os antigos faziam exercitar-se cada um deles. Donde se vê quanto vale esse exercício; pois, nos alojamentos, te faz são e, no combate, vitorioso. Quanto à fome, não apenas é necessário cuidar para que o inimigo não te impeça o acesso aos víveres, mas também onde podes providenciá-los, e cuidar para que não se percam os que tens. E, assim, convém-te ter sempre um estoque de um mês com o exército, e depois taxar os vizinhos amigos para que tos provejam diariamente; estocá-los num lugar forte e, sobretudo, dispensá-los com diligência, distribuindo uma medida razoável a cada um, todos os dias;[18] e observar cuidadosamente esta parte para que não te desordene, porque tudo mais na guerra se pode vencer com o tempo, só esta te vence com o tempo. Nem jamais haverá algum inimigo teu que, podendo superar-te pela fome, busque vencer-te pelo ferro; porque, se não é tão honorável, a vitória é mais segura e mais certa. Não pode, pois, fugir da fome o exército que não observa a justiça[19] e que licenciosamente consome o que lhe parece; pois uma desordem impede os víveres de chegarem e a outra, que

---

[18] Impor a entrega diária de víveres aos habitantes dos territórios atravessados.
[19] Equidade na distribuição da comida.

venham e sejam inutilmente consumidos. Assim, os antigos ordenavam que se consumisse o que era dado e no tempo que quisessem; porque nenhum soldado podia comer se o capitão não comesse. Coisa que todos sabem quanto é observada pelos modernos exércitos, que merecidamente não se podem chamar de ordenados e sóbrios, como os antigos, mas de licenciosos e embriagados.

Batista. Dissestes, quando começastes a ordenar o alojamento, que não queríeis trabalhar somente com dois batalhões, mas que queríeis quatro, para mostrar como um exército certo se alojava. Assim, gostaria que me dissésseis duas coisas: uma, se eu tivesse mais ou menos gente, como deveria alojá-la; outra, que número de soldados vos bastaria para combater um inimigo qualquer?

Fabrício. À primeira pergunta respondo que, se o exército tem mais ou menos de quatro mil a seis mil infantes, basta acrescentar ou eliminar ordens de alojamentos; e, dessa forma, pode-se ir a mais ou a menos até o infinito. Não obstante, os Romanos, quando reuniam dois exércitos consulares, faziam dois alojamentos e colocavam a parte dos desarmados de frente uma para a outra. Quanto à segunda pergunta, replico que o típico exército romano tinha cerca de vinte e quatro mil soldados; mas quando eram pressionados por força maior, o máximo que reuniam era cinquenta mil. Com este número se opuseram a duzentos mil Franceses, que os assaltaram depois da primeira guerra que tiveram com os Cartagineses.[20] Com esse mesmo número, opuseram-se a Aníbal; e deveis notar que os Romanos e os Gregos fizeram a guerra com poucos, fortificados pela ordem e pela arte; os ocidentais ou os orientais fizeram-na com a multidão; mas uma dessas

---

[20] Refere-se à tentativa de invasão do território romano pelos gauleses em 225 a.C., depois da Primeira Guerra Púnica (264–241 a.C.).

nações serve-se do furor natural, como é o caso dos ocidentais, a outra, da grande obediência que aqueles homens têm ao seu rei.[21] Mas na Grécia e na Itália, não havendo o furor natural nem a natural reverência aos seus reis, foi necessário voltar-se à disciplina; a qual tem tanta força que fez que poucos pudessem vencer o furor e a natural obstinação dos muitos. Assim, digo-vos que, para imitar os Romanos e os Gregos, não se deve ultrapassar o número de cinquenta mil soldados, ao contrário, é preferível ter menos, porque os muitos fazem confusão, nem deixar de observar a disciplina e as ordens aprendidas. E Pirro[22] costumava dizer que com quinze mil homens queria assaltar o mundo.

Mas passemos a outra parte. Fizemos este nosso exército vencer uma jornada e mostramos as provações que podem ocorrer nesse combate; fizemo-lo caminhar e narramos por quais impedimentos, ao caminhar, pode ser circundado; e, enfim, alojamo-lo onde não apenas pode descansar um pouco dos labores passados, mas ainda

---

[21] Refere-se à *furia gallica* (os ocidentais, aqui representados pela província romana da Gália, que era muito maior que o atual território francês) e à obediência cega de turcos, persas e egípcios de seu tempo aos respectivos soberanos. Tanto em irlandês antigo como em galês e em bretão, o fonema *gal* significa forte ou furioso.

[22] Pirro (318-272 a.C.), rei do Épiro, teria de fato conquistado toda a Itália meridional se não fosse a providencial vitória de Cúrio Dentato em Benevento (275 a.C.). Considerado unanimemente pelos historiadores como um dos mais geniais comandantes militares da Antiguidade, ficou famoso por causa da expressão "vitória de Pirro", aquela em que o vencedor é também um perdedor. Como relata Plutarco, depois de duas importantes vitórias contra os romanos (em 280 a.C. e em 279 a.C.), Pirro teria declarado: "Uma outra vitória como esta me arruinará completamente". Havia perdido a maior parte de suas riquezas, seus melhores amigos e seus principais comandantes, não tinha outros homens para formar novos recrutas e seus aliados na Itália estavam recuando. De fato, em 275 a.C. foi definitivamente derrotado na Itália e voltou à Grécia. Morreu durante uma tentativa de conquista da cidade grega de Argos.

pensar em como se deve terminar a guerra; porque nos alojamentos manobram-se muitas coisas, principalmente se ainda restam inimigos e territórios suspeitos na campanha, territórios que é bom investigar e, se inimigos, conquistar. Assim, é necessário fazer essas demonstrações e passar por essas dificuldades com aquela glória com que, até agora, temos militado. Porém, descendo aos detalhes, digo que, se te ocorresse que muitos homens ou muitos povos fizessem uma coisa que fosse útil para ti e de grande dano para eles (como seria derrubar os muros da cidade deles, ou mandar para o exílio muitos deles), te é necessário ou enganá-los de maneira que nenhum deles creia que a responsabilidade é sua; ou dar o mesmo comando a todos sobre o que devem fazer no mesmo dia, de forma que, crendo cada um ser o único a ter recebido aquele comando, pense em obedecer e não nos remédios; e assim seja, sem tumulto, teu comando seguido por cada um. Se duvidas da lealdade de algum povo e quisesses reassegurar-te e ocupá-lo de surpresa, não podes fazer nada melhor do que comunicar àquele algum desígnio teu, pedir-lhe ajuda, e demonstrar que queres fazer outra empresa e ter o ânimo distante de qualquer preocupação com ele; o que fará que ele não pense na própria defesa, não crendo que penses em ofendê-lo, e te dará comodidade para poder facilmente satisfazer o teu desejo. Quando pressentisses que houvesse no teu exército alguém que tivesse avisado teu inimigo sobre teus desígnios, não podes fazer nada melhor, se quiseres valer-te de sua má índole, do que lhe comunicar as coisas que não queres fazer e, sobre as que queres fazer, calar, e dizer que suspeitas de coisas de que não suspeitas e esconder aquelas de que suspeitas; o que levará o inimigo a alguma empresa, crendo saber teus desígnios, onde facilmente poderás enganá-lo e oprimir. Se decidisses, como fez Cláudio Nero,[23] diminuir teu exército, mandando

---

[23] Ver nota 11 do Livro Sexto.

ajuda a algum amigo, e se o inimigo não percebesse, é necessário não diminuir os alojamentos, mas manter os sinais e as ordens inteiras, fazendo os mesmos fogos e as mesmas guardas para tudo. Da mesma forma, se a teu exército se juntasse gente nova, e quisesses que o inimigo não soubesse que cresceste, é necessário não aumentar os alojamentos; porque sempre foi utilíssimo manter secretos tuas ações e teus desígnios. Donde Metello,[24] estando com os exércitos na Espanha, a alguém que lhe perguntou o que queria fazer no dia seguinte, respondeu que, se sua túnica o soubesse, queimá-la-ia. Marco Crasso,[25] a alguém que lhe perguntou quando moveria seu exército, disse: "Crês ser o único a não ouvir as trombetas?". Se desejas conhecer os segredos de teu inimigo e saber de suas ordens, alguns usaram mandar os embaixadores e, com eles, sob vestes de familiares,[26] homens peritíssimos em guerra; os quais, aproveitada a oportunidade de ver o exército inimigo e considerar suas forças e fraquezas, deram-lhes ocasião de superá-lo. Alguns mandaram para o exílio um de seus familiares e, por meio dele, conheceram os desígnios de seu adversário. Conhecem-se, ainda, tais segredos do inimigo quando, para esse fim, se fizessem prisioneiros. Mário,[27] na guerra que fez contra os Cimbros, para conhecer a lealdade daqueles Franceses que então habitavam a Lombardia e eram aliados do povo romano, mandou-lhes cartas abertas e seladas; e nas abertas escrevia que não abrissem as seladas senão a um certo tempo; e, antes desse tempo, pedindo-as

---

[24] O episódio é citado em Frontino (I, i, 12) e o personagem pode ser tanto Quinto Cecílio Metello Numídico (cônsul em 109 a.C.) como seu filho, Quinto Cecílio Metello Pio (morto em 64 a.C.). Ambos participaram da guerra contra Jugurta (ver nota 53 do Livro Segundo), entre 111 e 106 a.C.
[25] Marco Licínio Crasso (ver nota 23 do Livro Segundo) compôs o Primeiro Triunvirato, em 60 a.C., com César e Pompeu.
[26] "Familiares": criados.
[27] Ver notas 3 e 4 do Livro Quarto.

de volta e encontrando-as abertas, soube que a lealdade deles não era absoluta.

Alguns capitães, sendo assaltados, não quiseram ir encontrar o inimigo, mas foram assediar sua cidade e o constrangeram a voltar para defender a própria casa. O que muitas vezes deu certo, porque teus soldados começam a vencer, a se encher de butins e de confiança; aqueles do inimigo se amedrontam, parecendo-lhes que, de vencedores, tornaram-se perdedores. De modo que quem adotou esta diversão muitas vezes se deu bem. Mas só pode fazê-lo aquele cuja cidade é mais forte que a do inimigo, porque, caso contrário, perderia. Muitas vezes foi coisa útil a um capitão que se encontra assediado pelo inimigo, nos alojamentos, propor a ele uma trégua de alguns dias; o que costuma tornar os inimigos mais negligentes em toda ação, de forma que, valendo-te da negligência deles, podes ter facilmente ocasião de escapar de suas mãos. Por esta via, Sila livrou-se duas vezes dos inimigos, e com esse mesmo ardil Asdrúbal, na Espanha, escapou das forças de Cláudio Nero, que o havia assediado.[28] Vale ainda, para se livrar das forças do inimigo, fazer qualquer coisa, além das ditas, que o mantenha a distância. Isto se faz de dois modos: ou assaltá-lo com parte das forças, de forma que, ocupado com esse combate, facilite a fuga do resto de sua gente; ou fazer surgir algum novo incidente que, pela novidade da coisa, o faça maravilhar-se e, por esta razão, permanecer em dúvida e parado; como sabeis que fez Aníbal, que, cercado por Fábio Máximo, pôs, de noite, pequenas tochas acesas entre os chifres de muitos bois, tanto que Fábio, paralisado pela novidade, nem pensou em lhe impedir a passagem.[29] Deve um capitão, entre todas suas outras ações, com toda arte

---

[28] Ver notas 8 (Asdrúbal) e 13 (Sila) do Livro Quarto e 11 do Livro Sexto (Cláudio). A fonte sobre os episódios narrados é Frontino (I, v).

[29] A historieta, famosa, é narrada por Frontino, Políbio e Lívio (XXII, 16-17). Sobre Fábio, ver nota 12 do Livro Terceiro.

empenhar-se em dividir as forças do inimigo, ou fazendo-o suspeitar de seus homens de confiança, ou lhe dando razão para separar suas gentes e, por isso, tornar-se mais fraco. O primeiro modo consiste em preservar as coisas de alguns daqueles que lhe são próximos, como conservar na guerra as suas gentes e as suas possessões, devolvendo-lhe os filhos ou outros dos seus sem cobrar resgate. Sabeis que Aníbal, tendo queimado todos os campos ao redor de Roma, só preservou os de Fábio Máximo. Sabeis como Coriolano, vindo com o exército a Roma, conservou as possessões dos nobres e queimou e saqueou as da plebe.[30] Metello, tendo o exército contra Jugurta,[31] pedia a todos os oradores que pelo inimigo lhe eram mandados que entregassem Jugurta como prisioneiro; e aos mesmos escrevendo depois cartas com o mesmo pedido, operou de maneira que, em pouco tempo, Jugurta suspeitava de todos os seus conselheiros e de vários modos os eliminou. Estando Aníbal refugiado junto a Antíoco,[32] os oradores romanos falaram-lhe tanto, que Antíoco, desconfiado dele, já não deu ouvidos a seus conselhos.[33] Quanto a dividir as gentes inimigas, não há

---

[30] Caio Márcio (c. 527 a.C.–?), dito Coriolano, por ter conquistado, em 493 a.C., a cidade volsca de Corioli. No bojo de uma disputa política entre os patrícios e a plebe romana, Coriolano acaba exilado justamente entre os volscos e conduz os exércitos destes contra Roma. Às portas da cidade, é convencido por sua mãe, Ventúria, a não invadir e saquear a cidade. Lívio e Plutarco divergem sobre sua morte: um diz que foi assassinado pelos volscos por ter dissolvido um exército prestes a conquistar Roma, outro diz que morreu de velhice no exílio. Shakespeare escreveu uma peça com o nome desse personagem, que alguns historiadores modernos acreditam ter sido inventado para justificar as sucessivas derrotas dos romanos para os volscos.

[31] Ver nota 24 do Livro Sexto.

[32] Antíoco III (242 a.C.–187 a.C.), o Grande, senhor do Império Selêucida, que cobria principalmente o território da atual Síria.

[33] Antíoco de fato afastou Aníbal de sua corte, um pouco por essas suspeitas, mas principalmente pelas pressões dos romanos.

modo mais certo do que assaltar a terra delas, de forma que, constrangidas a ir defendê-las, abandonem a guerra. Este modo adotou Fábio, tendo contra seu exército as forças dos Toscanos, Úmbrios e Samnitas.[34] Tito Dídio,[35] tendo poucas gentes em relação às do inimigo e esperando uma legião de Roma e querendo os inimigos ir ao seu encontro, fez saber a todo o seu exército que queria fazer jornada com o inimigo no dia seguinte; depois tratou de dar ocasião para fuga a alguns dos prisioneiros que tinha; os quais, referindo a ordem do cônsul para combater no dia seguinte, fizeram que os inimigos, para não diminuir suas forças, não foram ao encontro daquela legião; e, assim, esta salvou-se; modo que não serviu para dividir as forças do inimigo, mas sim para duplicar as próprias. Alguns, para dividir as forças inimigas, deixaram-nas entrar em sua terra e, com arte, saquear muitas terras, de forma que diminuísse suas forças; e, tendo tornado fraco dessa forma o inimigo, assaltou-o e venceu. Outros, querendo invadir uma província, fingiram querer assaltar uma outra e usaram tanta indústria que, assim que entraram naquela que não suspeitavam que entrassem, venceram-na antes que o inimigo tivesse tempo de socorrê-la. Porque teu inimigo, não tendo certeza se voltarás ao lugar que primeiro ameaçaste, é constrangido a não abandonar um lugar e a socorrer o outro; e assim, com frequência, não defende nem um nem outro.

Além das coisas ditas, importa a um capitão, se houver sedição ou discórdia entre os soldados, saber extingui-las com arte. O modo é: se estão distantes de ti, não chamar apenas os culpados, mas junto com eles todos os outros, de forma que, não crendo que o objetivo seja puni-los, não se rebelem, mas facilitem a própria punição. Quando estiverem presentes, deve fortalecer-se com aqueles que não têm

---

[34] Trata-se de Quinto Fábio Rulliano (ver notas 12 do Livro Terceiro e 38 do Livro Quarto).
[35] Ver notas 32 e 33 do Livro Quarto.

culpa e, mediante a ajuda deles, punir os culpados. Quando houver discórdia entre eles, o melhor modo é apresentá-los ao perigo; o medo sempre os torna unidos. Mas o que, acima de qualquer outra coisa, mantém o exército unido é a reputação do capitão; a qual nasce somente da sua virtude, porque nem sangue nem autoridade a alcançaram jamais sem a virtude. E a primeira coisa que se espera de um capitão é manter seus soldados punidos e pagos; porque, sempre que falta o pagamento, convém que falte a punição; porque não podes castigar um soldado que rouba se tu não o pagas, nem ele, querendo viver, pode abster-se de roubar. Mas se o pagas e não o punes, torna-se de qualquer maneira insolente, porque te tornas de pouca estima quando quem manda não pode manter a dignidade de sua posição; e, se não a mantiveres, seguem-se necessariamente os tumultos e as discórdias, que são a ruína de um exército.

Tinham os antigos capitães uma doença da qual os presentes estão quase livres, a qual era de interpretar em seu favor os augúrios sinistros; pois se caía um relâmpago no exército, se o sol ou a lua escureciam, se ocorria um terremoto, se o capitão caía ao montar ou ao desmontar do cavalo, tudo isso era interpretado sinistramente pelos soldados, e gerava neles tanto medo que, vindo a jornada, facilmente a perderiam. E, assim, os antigos capitães, tão logo ocorria um acidente semelhante, ou mostravam a razão dele e o reduziam à razão natural, ou o interpretavam a seu favor. César, caindo ao sair do navio na África, disse: "África, te peguei". E muitos explicaram a razão do escurecimento da lua e dos terremotos; coisas que em nosso tempo não podem acontecer, tanto por não serem os nossos homens tão supersticiosos quanto porque nossa religião remove totalmente tais opiniões. Mesmo assim, se ocorrer, deve-se imitar as ordens dos antigos. Quando a fome ou outra natural necessidade ou humana paixão conduziu teu inimigo a um derradeiro desespero e, perseguido por este, venha combater-te, deves ficar em teus alojamentos e fugir do combate quanto puderes. Assim fizeram os Lacedemônios contra os Messênios;[36] assim fez César contra Afrânio e Petreio.[37] Sendo Fúlvio[38] cônsul contra os Cimbros, fez sua cavalaria assaltar os inimigos por muitos dias seguidos, e percebeu como eles saíam dos alojamentos para segui-la; donde pôs uma emboscada atrás dos alojamentos dos Cimbros e, quando os cavalos assaltaram e os Cimbros saíram dos alojamentos para persegui-los, Fúlvio ocupou-os e saqueou-os. Tem sido de grande utilidade para alguns capitães, tendo seu exército próximo ao exército inimigo, mandar suas gentes com as insígnias inimigas roubar e queimar seu próprio território; donde os inimigos acreditaram que eram gentes que vinham ajudá-los e correram também a ajudar no saque e, por isso, desordenaram-se, e deram ao adversário a faculdade de vencê-los. Foi o que fez Alexandre de Épiro[39] combatendo contra os Ilírios e o siracusano Leptene contra os Cartagineses, e um e outro atingiram seus desígnios facilmente. Muitos venceram o inimigo, dando a ele a faculdade de comer e beber muito, simulando ter medo e deixando os próprios alojamentos

---

[36] Segundo Frontino (II, i, 10), ao saber que os messênios desciam enfurecidos à planície, seguidos por mulheres e crianças, os lacedemônios decidiram evitar a batalha.

[37] Marco Petreio (110–46 a.C.) e Lúcio Afrânio (?–46 a.C.) serviram sob Gneo Pompeu Magno (106–48 a.C.), líder da facção oposta a Júlio César na guerra civil. No episódio citado por Maquiavel, que está em Frontino (II, i, 11), César impediu o acesso dos exércitos inimigos à água e a víveres; quando, desesperados, esses exércitos se apresentaram para a batalha, César evitou-a.

[38] Quinto Fúlvio Flacco foi cônsul romano no século III a.C. e Maquiavel equivocou-se: o episódio relatado, de acordo com Frontino (I, v, 8), ocorreu em guerra contra os celtiberos, na atual Espanha, não contra os cimbros.

[39] Alexandre I do Épiro (362–331 a.C.), dito o Molosso, era tio materno de Alexandre Magno, e Leptines era irmão de Dionísio I de Siracusa (430–367 a.C.), dito o Velho. Os dois episódios estão em Frontino (II, v, 10 e 11).

cheios de vinho e rebanhos; quando o inimigo estava farto, assaltaram-no e, com seu dano, venceram. Assim fez Tomires contra Ciro[40] e Tibério Graco contra os Espanhóis.[41] Alguns envenenaram os vinhos e outros alimentos, para poder vencê-los mais facilmente.

Eu disse há pouco que não achava que os antigos tinham guardas fora, e que estimava que o fizessem para afastar os males que daí podiam nascer; pois acontece que, de fato, as espias que põem de dia para vigiar o inimigo foram razão da ruína de quem as pôs; porque muitas vezes ocorreu que, tendo sido presas, foram forçadas a revelar a senha com a qual deviam chamar os seus; os quais, atendendo à senha, foram mortos ou presos. Para enganar o inimigo, é útil às vezes variar um hábito teu; no qual, se baseando aquele, fica arruinado; como já fez um capitão que, acostumado a mandar sinais aos seus sobre a vinda do inimigo, à noite, com fogo, e de dia, com fumaça, mandou que, sem nenhum intervalo, se fizesse fumaça e fogo, e depois, sobrevindo o inimigo, parassem; o qual, crendo vir sem ser visto, não vendo nenhum sinal de que fora descoberto, tornou mas fácil a vitória a seu adversário, por ir desordenado.[42] Menon Ródio, querendo tirar o exército inimigo de um lugar forte, mandou-lhe alguém disfarçado de fugitivo, o qual afirmava que havia discórdia em seu exército e que a maior parte dos soldados partia; e, para

---

[40] Tomires (século VI a.C.) foi rainha dos massagetas, um povo nômade que habitava entre o mar de Aral e o mar Cáspio. Notabilizou-se por ter, em 528 a.C., derrotado Ciro, o Grande (ver nota 50 do Livro Segundo), que morreu em combate. Ela procurou seu corpo, decapitou-o e mergulhou sua cabeça num odre cheio de sangue, dizendo: "Sacia-te do sangue de que estavas sedento". Diz-se, também, que, pelo resto de sua vida, Tomires usou o crânio de Ciro como taça de vinho.

[41] Tibério Graco (ver nota 18 do Livro Primeiro) substituiu Quinto Fúlvio Flacco (ver nota 38 do Livro Sexto) na guerra contra os celtiberos e venceu. O episódio está em Frontino (II, v, 3).

[42] Frontino (II, v, 16) não menciona um capitão; diz que foram "os árabes".

dar fé à coisa, promoveu certos tumultos nos alojamentos como prova, donde o inimigo, pensando poder rompê-lo, assaltando-o, foi rompido.[43]

Deve-se, além das coisas ditas, ter cuidado para não levar o inimigo ao derradeiro desespero; com que teve cuidado César, combatendo com os Alemães; ele abriu-lhes caminho, vendo como, não podendo fugir, a necessidade os tornava fortes; e preferiu o trabalho de segui-los, quando fugiam, do que o perigo de vencê-los, quando se defendiam.[44] Lúculo,[45] ao ver que alguns cavalos da Macedônia que o apoiavam estavam indo para o lado do inimigo, imediatamente fez soar o ataque e mandou que outras gentes os seguissem; donde os inimigos, crendo que Lúculo queria combater, puseram-se a ferir os Macedônios com tal ímpeto, que aqueles tornaram-se, contra sua vontade, de fugitivos em combatentes. Importa ainda saber assegurar-se de uma terra, quando duvidas de sua lealdade, uma vez vencida a jornada ou antes; o que te ensinarão alguns exemplos antigos. Pompeu, suspeitando dos Catanienses, pediu-lhes que acolhessem alguns enfermos que tinha em seu exército; e tendo mandado, disfarçados de enfermos, homens robustíssimos, ocupou a terra.[46] Públio Valério, temendo pela lealdade de Epidauro, organizou um perdão, como diremos, numa igreja fora da cidade e, quando todo

---

[43] Menon de Rodes (380–333 a.C.) foi o mercenário e comandante militar grego que combateu Alexandre Magno a soldo do imperador da Pérsia, Dario, quando aquele invadiu o território persa em 334 a.C. Frontino (II, v, 18) diz que Menon enviou vários soldados, não apenas um, às montanhas onde estavam as tropas inimigas e fez construir pequenos fortes na planície, supostamente abrigo de seus desertores. O inimigo teria descido à planície e começado por atacar esses fortes, quando foi cercado pela cavalaria de Menon.

[44] Cf. Frontino (II, vi, 3).

[45] Lúcio Licínio Lúculo (ver nota 22 do Livro Segundo). O episódio está em Frontino (II, vii, 8).

[46] Para Pompeu, ver nota 15 do Livro Primeiro. Frontino relata o episódio no Livro II, vii, 2.

o povo tinha saído para a perdoagem, fechou as portas e só recebeu dentro aqueles em quem confiava.[47] Alexandre Magno, querendo ir para a Ásia e se assegurar da Trácia, levou consigo todos os príncipes desta província, dando-lhes provisões,[48] e aos populares da Trácia prepôs homens vis;[49] e assim deixou os príncipes contentes, pagando-os, e os populares quietos, não tendo chefes que os inquietassem. Mas, entre todas as coisas com as quais os capitães seduzem os povos, destacam-se os exemplos de castidade e de justiça; como foi o de Cipião na Espanha, quando entregou ao pai e ao marido aquela moça de corpo belíssimo; a qual o fez ganhar a Espanha mais do que com as armas.[50] César, por ter pago as madeiras que usou para fazer a paliçada em torno de seu exército na França, ganhou tal fama de justo que facilitou sua conquista da província.[51] Não sei o

---

[47] Epidauro é uma cidade no Peloponeso, Grécia. O "perdão" ou "perdoagem" (neologismo criado para traduzir *perdonanza*, que já não existe em italiano) seria uma cerimônia de reconciliação. Maquiavel usa a palavra "igreja" para designar o edifício em que a cerimônia teve lugar. Frontino (II, xi, 1), sua fonte, relata o episódio de maneira um pouco diferente: "Públio Valério, temendo uma revolta dos habitantes de Epidauro, pois tinha poucas tropas nessa cidade, preparou um torneio longe dos muros. Quando quase toda a população tinha saído para usufruir desse espetáculo, ele fechou as portas [da cidade], e só deixou entrar os epidaurianos depois de receber reféns [indicados pelos] principais cidadãos". Houve pelo menos três cônsules com o nome de Públio Valério no período republicano e outros tantos no Império. Frontino não especifica a qual deles se refere.

[48] Tratando-os honradamente e lhes dando presentes.

[49] Os "populares" são a população; os homens "vis" são homens de baixa extração.

[50] Extraído de Frontino (II, xi, 3). A moça fora aprisionada pelos romanos. Cipião não apenas a devolveu ao noivo, mas deu-lhe, como dote, o resgate que os pais da moça pagaram.

[51] Frontino (II, xi, 7) relata um episódio semelhante: "O imperador César Augusto, na guerra em que suas vitórias sobre os Germanos lhe valeram o apelido de Germanicus, tendo estabelecido fortes no território dos Úbios, ofereceu uma indenização a esses povos pela perda da receita dos terrenos ocupados pelas edificações. Esse ato de justiça, que a fama difundiu, assegurou-lhe a lealdade de todos".

que mais me resta dizer sobre esses incidentes; nem nos resta sobre este assunto parte alguma que não tenha sido discutida. Só me falta falar sobre o modo de conquistar e defender as terras; o que farei de boa vontade, se já não vos aborrecer.

Batista. Vossa humanidade[52] é tanta que sacia nossos desejos sem nos fazer passar por presunçosos; pois ofereceis casualmente aquilo que teríamos vergonha de vos pedir. Assim, dizemo-vos só isto: que a nós não poderíeis dar benefício mais grato do que abordar esse assunto. Mas, antes de passar a essa outra matéria, resolvei-nos uma dúvida: se é melhor continuar a guerra mesmo no inverno, como se usa hoje, ou fazê-la somente no verão e recolher-se no inverno, como os antigos.

Fabrício. Eis que, se não fosse a prudência do perguntador, ficaria para trás uma parte que merece consideração. Digo-vos, novamente, que os antigos faziam tudo melhor e com mais prudência do que nós; e se, nas outras coisas, se fazem alguns erros, nas coisas da guerra fazem-se todos. Não há coisa mais imprudente ou mais perigosa para um capitão do que fazer a guerra no inverno; e muito mais riscos corre aquele que a faz do que aquele que a espera. A razão é esta: toda a indústria que se usa na disciplina militar, usa-se para ser ordenado no fazer uma jornada com teu inimigo, porque este é o fim almejado pelo capitão, porque a jornada te dá a guerra por vencida ou por perdida. Quem, portanto, sabe ordená-la melhor; quem tem seu exército melhor disciplinado, leva mais vantagem nesta e mais pode esperar vencê-la. Por outro lado, não há coisa mais inimiga das ordens do que os sítios acidentados ou os tempos frios e aquosos;[53] porque o sítio acidentado não te deixa estender tuas tropas de acordo com a disciplina, os tempos frios e aquosos

---

[52] Generosidade.
[53] Chuvosos.

não te deixam manter as gentes juntas; nem te podes apresentar unido ao inimigo, mas deves necessariamente alojar-te desunido, devendo obedecer aos castelos, burgos e vilas que te recebam; de forma que todo o trabalho usado por ti para disciplinar teu exército é vão. Nem vos surpreendais que hoje guerreiam no inverno; pois, sendo os exércitos indisciplinados, não sabem do dano que lhes causa o não se alojar unidos, porque não os aborrece não poder manter as ordens e observar a disciplina que não têm. Deveriam mesmo ver quantos danos causou o acampar no inverno, e recordarem como os Franceses, no ano de 1503, foram rompidos sobre o Garilhano pelo inverno e não pelos Espanhóis.[54] Porque, como vos disse, quem assalta tem ainda mais desvantagem; porque o mau tempo o ofende mais, estando na casa dos outros e querendo fazer a guerra; donde precisa ou, para ficar junto, suportar o incômodo da água e do frio, ou, para escapar dele, dividir as gentes. Mas aquele que espera pode escolher o lugar à sua maneira e esperá-lo com as suas gentes descansadas; e pode logo unir e ir encontrar um bando de gentes inimigas, as quais não podem resistir a seu ímpeto. Assim foram rompidos os Franceses e assim sempre serão rompidos aqueles que assaltem no inverno um inimigo prudente. Quem quer, portanto, que as forças, as ordens, as disciplinas e a virtude não lhe sirvam em alguma parte, faça guerra campal no inverno. E, como os Romanos queriam que todas essas coisas em que metiam tanta indústria lhes valessem, fugiam dos invernos, dos alpes[55] escarpados e dos lugares difíceis e de qualquer outra coisa que os impedissem de poder mostrar sua arte e sua virtude. Creio que isto baste para vossa pergunta; e vamos tratar da defesa e da ofensa das terras e dos sítios e das suas edificações.

---

[54] A batalha sobre o rio Garilhano, que fica na fronteira entre as regiões italianas do Lácio e da Campânia, foi travada em 1503 entre franceses e espanhóis pelo controle do reino de Nápoles.

[55] Maquiavel usa a palavra "alpes" como sinônimo de montanhas.

LIVRO SÉTIMO

Deveis saber como as terras e as rochas podem ser fortes ou por natureza ou por indústria. Por natureza são fortes aquelas que são circundadas por rios ou paludes, como Mântua e Ferrara,[1] ou que estão acima de um rochedo ou sobre uma montanha íngreme, como Mônaco e Santo Leo;[2] porque aqueles que estão sobre montes não muito difíceis de subir são hoje, com relação às artilharias e aos túneis, fragilíssimos. Assim, nas edificações, no mais das vezes busca-se hoje um terreno plano, para torná-lo forte com a indústria. A primeira indústria é fazer muros retorcidos, cheios de reentrâncias e saliências; o que faz que o inimigo não possa encostar-se neles, podendo facilmente ser ferido não apenas no fronte, mas no flanco também. Se se fazem os muros altos, estarão demasiadamente expostos aos golpes da artilharia; se se fazem baixos, são fáceis de escalar. Se fazes fossos junto a eles para dificultar a escalada, e se ocorre de o inimigo enchê-los[3] (o que um exército grande pode fazer facilmente), o

---

[1] Cercada em dois terços pelos lagos formados pela várzea do rio Mincio, no passado o terço restante de Mântua era coberto pelo lago artificial de Paiolo. Ferrara, cercada de alagamentos artificiais, nunca foi tão forte como Mântua.
[2] O chamado rochedo de Mônaco dá nome ao atual principado. São Leo é uma cidadezinha fortificada do antigo ducado de Urbino, hoje situada na fronteira entre as regiões italianas das Marcas e da Emília-Romanha, no leste da Itália.
[3] Encher os fossos de terra era uma tática comum. Costumava-se também, se a geografia o permitisse, construir canais para desviar a água dos fossos.

muro fica à mercê do inimigo. Portanto creio, salvo sempre melhor juízo, que se deve fazer o muro alto e com fossos do lado de dentro e não de fora. Este é o modo mais forte de edificar que se faz; porque te defende da artilharia e das escadas, e não facilita para o inimigo encher o fosso. Portanto, o muro deve ser alto, da altura que lhes parecer maior, e grosso, com não menos de três braças de espessura, para tornar mais difícil derrubá-lo. Deve ter torres a intervalos de duzentas braças; o fosso interno deve ter ao menos trinta braças de largura e doze de profundidade; e toda a terra que se cava para fazer o fosso seja jogada no lado da cidade, e seja contida por um muro que comece no fundo do fosso e suba tão alto sobre a terra que um homem possa proteger-se atrás dele; coisa que tornará maior a profundidade do fosso. No fundo do fosso, a cada duzentas braças, deve haver uma casamata que, com a artilharia, ofenda qualquer um que desça nele. As grandes artilharias que defendem a cidade ponham-se atrás do muro que fecha o fosso: porque, para defender o muro da frente, que é alto, não se pode adotar comodamente outra coisa além das pequenas ou médias. Se o inimigo escala teu muro, a altura do primeiro muro facilmente te defende. Se vem com as artilharias, precisará primeiro derrubar o primeiro muro; mas, uma vez derrubado, como a natureza de todas as demolições é fazer cair o muro em direção à parte derrubada, o entulho, não encontrando fosso que o receba e esconda, acabará dobrando a profundidade do fosso; de modo que já não te é possível avançar, por encontrar um entulho que te retém, um fosso que te impede e as artilharias inimigas que, do muro do fosso, seguramente te matam. Só resta este remédio: encher o fosso; o que é dificílimo, seja porque sua capacidade é grande, seja pela dificuldade em se aproximar dele, já que os muros são sinuosos e côncavos; entre os quais, pelas razões ditas, entra-se com dificuldade, e depois tendo de subir com o material por uma pilha de entulho que te dá grandíssima dificuldade; tanto que considero uma cidade ordenada assim completamente inexpugnável.

Batista. Se se fizesse, além do fosso de dentro, também um fosso de fora, não seria ainda mais forte?

Fabrício. Seria, sem dúvida; mas meu raciocínio é que, se quiser fazer um fosso apenas, ele fica melhor dentro do que fora.

Batista. Quereríeis água nos fossos ou gostaríeis que fossem secos?

Fabrício. As opiniões são diferentes; se os fossos cheios d'água te guardam dos túneis subterrâneos, os fossos sem água são mais difíceis de encher. Mas eu, considerando tudo, fá-los-ia sem água, porque são mais seguros; e já se viu no inverno os fossos congelarem e tornarem fácil a conquista de uma cidade, como ocorreu em Mirândola, quando o papa Iúlio a sitiava.[4] E, para guardar-me dos túneis, fá-los-ia tão profundos que quem quisesse descer mais encontraria água.[5] Mesmo as fortalezas eu edificaria da mesma maneira, com relação a fossos e muros, de modo que tivessem dificuldade semelhante para conquistá-las. Uma coisa quero bem recordar a quem defende as cidades: que não façam bastiões do lado de fora, que estejam distantes dos muros; e uma outra a quem fabrica as fortalezas: que não faça reduto algum do lado de dentro, para o qual, quem está dentro, uma vez derrubado o primeiro muro, se possa retirar. O que me faz dar o primeiro conselho é que ninguém deve fazer coisa mediante a qual, sem remédio, comeces a perder tua reputação; a qual, uma vez perdida,

---

[4] O Papa Júlio II (1443–1513) participou pessoalmente em 1511 do sítio de Mirândola, que era um ducado à época e é hoje uma cidade da região italiana da Emília-Romanha. O historiador Francisco Guicciardino (1483–1540), amigo de Maquiavel, dizia que, "de pontífice, o Papa Júlio só tinha o hábito e o nome".

[5] Os lençóis freáticos da Itália central e setentrional não são muito profundos e são sempre abundantes.

faz estimar menos tuas outras ordens e assusta aqueles que te defenderam. E sempre ocorrerá isto que digo, quando faças bastiões fora da terra a defender: porque sempre as perderás, não sendo possível defender as coisas pequenas, quando são submetidas ao furor das artilharias; de modo que, perdendo-as, serão princípio e razão da tua ruína. Gênova, quando se rebelou contra o rei Luís de França, fez alguns bastiões por aquelas colinas que a circundam; os quais, como foram perdidos (e se perderam imediatamente), fizeram também cair a cidade.[6] Quanto ao segundo conselho, afirmo que não há coisa mais perigosa numa fortaleza do que existirem, nela, redutos para onde se possa recuar; porque a esperança que têm os homens ao abandonar um lugar faz que este se perca, e esse perdido faz depois que se perca toda a fortaleza. Um exemplo recente foi a perda da fortaleza de Forlì, quando a condessa Catarina a defendia contra César Bórgia, filho do papa Alexandre VI, que havia conduzido o exército do rei de França.[7] Essa fortaleza era toda cheia de lugares para recuar de um para outro: porque havia primeiro a citadela; entre ela e a fortaleza, havia um fosso, atravessado por uma ponte levadiça; a fortaleza era dividida em três partes, e cada parte era separada da outra por fossos e águas; e se passava de um lugar a outro com pontes. Donde que o duque atacou com a artilharia uma

---

[6] Em 1507. Depois de tomar o bastião edificado pelos genoveses na Montanha do Promontório, como barreira avançada, Luís XII conquistou facilmente a cidade.

[7] O papa Alexandre VI (1431–1503) apoiara a conquista de Milão pelos franceses, em troca do apoio deles à conquista da Romanha por seu filho, César Bórgia (1475–1507), também conhecido como Duque Valentino. Em janeiro de 1500, Bórgia tomou a fortaleza de Forlì, na Romanha. À época, e desde 1488, a Condessa Catarina Sforza (1463–1509) era senhora de Forlì e de Ímola e foi instada a renunciar aos seus direitos feudais sobre as cidades e suas terras. Não renunciou e resistiu por três semanas ao assédio de Valentino. Ficou famosa como "a leoa da Romanha" por esse e outros feitos.

dessas partes da fortaleza e abriu parte da muralha; donde mestre João da Casale, que era chefe daquela guarda, não pensou em defender aquela abertura, mas abandonou-a para retirar-se nos outros lugares; de forma que, tendo entrado naquela parte as gentes do duque sem resistência, num instante tomaram toda a fortaleza, porque se tornaram senhores das pontes que iam de um membro a outro. Perdeu-se, portanto, essa fortaleza por dois defeitos: um por ter tantos redutos, o outro por não ser cada reduto senhor das próprias pontes. A fortaleza mal edificada e a pouca prudência de quem a defendia envergonharam, pois, a magnânima empresa da condessa; a qual teve ânimo para esperar um exército que nem o rei de Nápoles nem o duque de Milão tinham esperado.[8] E, embora seus esforços não tenham levado a bom fim, não obstante trouxeram-lhe aquela honra merecida por sua virtude. O que foi atestado pelos muitos epigramas feitos em seu louvor naquele tempo.[9] Se eu devesse, portanto, construir fortalezas, faria muros fortes e os fossos como dissemos; só faria residências dentro, e estas seriam casas baixas e frágeis, de modo que não impedissem, a quem estivesse no meio da praça, a visão de todos os muros, de forma que o capitão pudesse ver com seus olhos para onde deveria mandar reforços, e que todos soubessem que, perdidos os muros e o fosso, a fortaleza estaria perdida. E, se eu fizesse algum reduto, faria as pontes de tal forma que cada parte fosse senhora das pontes do seu lado, ordenando que se apoiassem sobre pilastras no meio do fosso.

---

[8] O rei e o duque renderam-se sem combater.

[9] Há muitas canções e poemas feitos em homenagem a Catarina Sforza na época. Uma das lendas nascidas em torno dela refere-se à conspiração que matou seu primeiro marido. Os conspiradores instalaram-se na fortaleza e Catarina entrou para negociar, dando os filhos como reféns. Uma vez dentro do castelo, recusou-se a negociar e exigiu o poder. Quando ameaçaram matar seus filhos, diz a lenda, ela os desafiou, erguendo a saia e apontando o próprio púbis: "Tenho aqui tudo de que preciso para fazer outros".

Batista. Dissestes que as coisas pequenas hoje não se podem defender; e a mim parecia ser o contrário: que quanto menor era uma coisa, melhor se defendia.

Fabrício. Não entendestes bem; porque não se pode chamar de forte um lugar onde quem o defende não tenha espaço para recuar, com novos fossos e novas defesas; porque o furor das artilharias é tanto, que aquele que se baseia na guarda de um só muro e de uma só defesa engana-se; e como os bastiões, para não passar sua medida comum, senão seriam terras[10] e castelos, não são feitos de maneira a propiciar uma retirada, acabam por perder-se logo. É, pois, sábio partido deixar de lado esses bastiões de fora e fortificar a entrada das terras e proteger as portas delas com revelins,[11] de modo que não seja possível entrar ou sair da porta por linha reta, e havendo do revelim à porta um fosso com uma ponte. Fortificam-se, ainda, as portas com as saracinescas,[12] para poder trazer para dentro seus homens quando saem para combater e, caso o inimigo os persiga, evitar que, na confusão, entre com eles. E assim encontrarão estas, chamadas pelos antigos de cataratas, as quais, baixando-se, excluem os inimigos e salvam os amigos; porque em tais casos não é possível valer-se nem das pontes nem da porta, sendo umas e outra ocupadas pela multidão.

Batista. Eu vi essas saracinescas de que falais, feitas na Magna de pequenas traves em forma de gradil de ferro, e estas nossas são feitas de tábuas maciças. Desejaria entender de onde vem essa diferença e quais são as mais robustas.

---

[10] Muitas vezes, como aqui, quando escreve "terras", Maquiavel quer dizer cidades fortificadas.

[11] Obra externa que cobre ou defende uma ponte; corredor coberto. Pode ser também um redente, que é um trecho de muralha entre dois baluartes ou portas.

[12] Portas tipo guilhotina, que descem como uma lâmina ou que se enrolam para cima e para baixo. Na Antiguidade, eram também chamadas de cataratas, como Maquiavel mencionará a seguir.

Fabrício. Digo-vos outra vez que os modos e ordens da guerra em todo o mundo, em relação aos dos antigos, estão apagados; mas na Itália estão completamente perdidos; e se há uma coisa um pouco mais forte, ela vem dos transmontanos.[13] Podeis haver percebido, e estes outros podem recordar, com quanta fragilidade se edificava antes que o rei Carlos de França em mil quatrocentos e noventa e quatro entrasse na Itália.[14] As ameias tinham apenas meio braço de largura, as seteiras e bombardeiras[15] eram pequenas do lado de fora e grandes do lado de dentro e com muitos outros defeitos que, para não vos aborrecer, deixarei de lado; porque das ameias finas facilmente se derrubam as defesas, e as bombardeiras edificadas daquele modo abrem-se facilmente. Agora, com os Franceses, aprendeu-se a fazer ameias largas e grandes, e bombardeiras que, embora sejam largas da parte de dentro e se restrinjam até a metade do muro, depois alargam-se de novo até a parte externa; isso faz que a artilharia tenha dificuldade para neutralizar as defesas. Têm, portanto, os Franceses, como estas, muitas outras ordens que, por não terem sido vistas pelos nossos, não foram consideradas. Entre os quais está esse modo de saracinescas feitas como gradis, o qual é muito melhor modo que o vosso; porque, se tendes por proteção uma saracinesca sólida como a vossa, baixando-a, vós vos fechais dentro e não podeis, através dela, ofender o inimigo; de forma que ele, com machados ou com fogo, pode combatê-la seguramente. Mas, se ela é feita como um gradil, podeis, uma vez baixada, através daquelas malhas e daqueles intervalos defendê-la com lanças, com bestas e com qualquer outra geração de armas.

---

[13] Povos para além dos Alpes e das Dolomitas.
[14] Carlos VIII (ver nota 13 do Livro Segundo).
[15] Pequenas janelas para uso dos besteiros e fuzileiros ou de canhões.

Batista. Eu vi na Itália um outro costume transmontano, que é fazer os carros das artilharias com os raios das rodas curvados em direção ao eixo. Gostaria de saber por que os fazem assim, pois me parecem que são mais fortes retos, como os das nossas rodas.

Fabrício. Não creiais jamais que as coisas que se afastam dos modos comuns são feitas ao acaso; e se pensásseis que os fazem assim para ficarem bonitos, erraríeis; porque onde é necessária a força não se leva em conta a beleza, donde resulta que tais carros são muito mais seguros e fortes do que os vossos. A razão é esta: quando carregado, o carro pode equilibrar-se ou pode pender seja para o lado direito ou para a esquerda. Quando se equilibra, as rodas sustentam de maneira equilibrada o peso, o qual, sendo dividido igualmente entre elas, não as onera muito; mas, pendendo, vem a ter toda a carga do carro sobre aquela roda, sobre a qual pende. Se os raios dela forem retos, podem facilmente partir-se, porque, se a roda pende, os raios também pendem e não sustentam o peso corretamente. E, assim, quando o carro está equilibrado e os raios sustentam menos peso, são mais fortes; quando o carro está torto e os raios sustentam mais peso, são mais fracos. O contrário justamente ocorre com os raios tortos dos carros franceses; porque, quando o carro, pendendo para um lado, pressiona-os, como já são tortos tornam-se então retos e podem sustentar bravamente todo o peso; e quando o carro está equilibrado e tem raios tortos, sustentam-no como qualquer outro carro. Mas voltemos às nossas cidades e fortalezas. Os Franceses também usam, para mais segurança das portas de suas terras e para poder, nos assédios, mais facilmente fazer entrar e sair gente por elas, além das coisas já ditas, uma outra ordem, da qual ainda não vi na Itália nenhum exemplo; e essa é que erguem duas pilastras na ponta de fora da ponte levadiça, e sobre cada uma equilibram uma trave; de modo que metade da trave esteja sobre a ponte e a outra metade, fora. Depois, à parte externa acrescentam pequenas traves, as quais tecem de uma trave a outra uma rede, e, da parte de dentro, acrescentam à ponta das duas traves uma corrente. Quando, portanto, querem fechar a ponte do lado de fora, soltam as correntes e deixam cair toda aquela rede, a qual, baixando, fecha a ponte; e quando querem abri-la, puxam as correntes e aquela levanta-se; e se pode levantá-la o suficiente para que passe por baixo um homem e não um cavalo, e o suficiente para que passem o cavalo e o homem, e fechá-la da mesma forma, porque ela se abaixa e se levanta como se fosse uma eclusa de ameia. Essa ordem é mais segura que a saracinesca, porque dificilmente pode ser impedida pelo inimigo, de modo que não caia, já que não cai em linha reta como a saracinesca, que facilmente se pode calçar. Devem, portanto, aqueles que querem fazer uma cidade, fazer ordenar todas as coisas ditas; e, além disso, se desejaria, em ao menos uma milha ao redor dos muros, não deixar cultivar nem murar, mas que fosse tudo campo, nem bosques, nem barreiras, nem árvores nem casas que impedissem a vista e que servissem de proteção ao inimigo que sitia. E notai que uma terra que tenha os fossos de fora com as margens mais altas que o terreno é fraquíssima; porque aquelas servem de proteção ao inimigo que te assalta e não o impedem de ofender-te, porque facilmente podem ser abertas e dar lugar às artilharias dele.

Mas passemos para dentro da terra. Não quero perder muito tempo para vos mostrar como, além das coisas já ditas, convém ter provisões para viver e para combater, porque são coisas que todo mundo sabe e, sem elas, qualquer outra providência é vã. E geralmente se deve fazer duas coisas: prover-se a si mesmo e tirar do inimigo qualquer conveniência para se prover das coisas do teu território. Assim, a palha, o gado, o trigo que não podes receber em casa devem corromper-se. Deve ainda, quem defende uma terra, providenciar para que não se faça coisa alguma de forma tumultuada e desordenada, e ter modos para que, em qualquer incidente, cada um saiba o que deve fazer.

O modo é este: que as mulheres, os velhos, as crianças e os doentes fiquem em casa e deixem a terra livre para os jovens e fortes; os quais armados se distribuem à defesa, estando parte deles nos muros, parte nas portas, parte nos lugares principais da cidade para remediar qualquer inconveniente que possa nascer dentro dela; uma outra parte não seja obrigada a lugar algum, mas esteja equipada para socorrer todos, conforme necessário. E, estando as coisas ordenadas assim, dificilmente nascerão tumultos que te desordenem. Quero ainda que noteis isto, nas ofensas e defesas das cidades: que nada dá mais esperança ao inimigo de poder ocupar uma terra, do que o saber que esta não está acostumada a ver o inimigo; porque muitas vezes, só de medo, sem qualquer outra experiência de força, as cidades se perdem. Assim, quando se assalta uma cidade desse tipo, deve-se fazer todas as ostentações mais terríveis. Do outro lado, quem é assaltado deve prepor, do lado que o inimigo combate, homens fortes e que não se assustem com opiniões mas com armas; pois, se a primeira tentativa for vã, cresce a coragem dos assediados, e depois o inimigo é forçado a superar quem está dentro com a virtude, e não com a reputação. Os instrumentos com os quais os antigos defendiam as terras eram muitos, como balistas, onagros, escorpiões, arcobalistas, fundíbulos, fundas; e também eram muitos aqueles com os quais assaltavam, como aríetes, torres, músculos, *plutei*, *vinee*, foices, testudos.[16] No lugar dessas coisas existem hoje as artilharias, que servem a quem ofende e a quem se defende; assim, não falarei mais a respeito.

---

[16] A balista era semelhante a uma grande besta, mas tanto ela como o onagro (que era uma catapulta também chamada de manganela) podiam arremessar pedras; a balista também arremessava dardos ou materiais incendiados. O escorpião arremessava somente dardos e flechas de tamanho médio. A arcobalista era uma pequena catapulta manejada por dois homens. Fundíbulos e fundas também eram armas de arremesso. O aríete era um cilindro robusto de madeira, carregado por dois ou mais homens, e que servia para arrombar portas e desconjuntar muralhas. As torres móveis, feitas de madeira, superavam a altura da muralha para assediá-la. Os músculos eram

Mas voltemos ao nosso assunto e abordemos as ofensas em detalhe. Deve-se tomar cuidado para não ser tomado pela fome e para não ser combalido por assaltos. Quanto à fome, já se disse que é preciso, antes que o sítio ocorra, munir-se bem de víveres. Mas, quando faltam para um longo cerco, já se viu usarem às vezes algum modo extraordinário a ser usado pelos amigos que gostariam de te salvar, sobretudo se corre um rio pelo meio da cidade assediada; como fizeram os Romanos, sendo seu castelo em Casalino assediado por Aníbal, e não podendo mandar outra coisa pelo rio, jogaram nele grande quantidade de nozes, as quais, levadas pelo rio sem poderem ser impedidas, alimentaram por mais tempo os Casalinenses.[17] Alguns sitiados, para

---

uma espécie de cabana com teto extremamente resistente (ladrilhos cimentados, cobertos por uma camada de couro e outros materiais que acolchoavam a estrutura) e rodas, utilizados para máxima aproximação da muralha; os homens dentro dos músculos, protegidos, dedicavam-se à demolição das estruturas de defesa ou a outras atividades de assalto. Os *plutei* eram uma espécie de biombos semicirculares ou em ângulo reto, em geral em vime e couro, sobre três rodas, que protegiam o movimento de dois ou três homens. A *vinea* (literalmente, vinha) era um telhado longo e móvel, altamente resistente e com as laterais protegidas por vime, também para aproximação protegida das muralhas. As foices de guerra eram grandes lâminas recurvas, em formatos variados, apostas na extremidade de um longo cabo de madeira. O testudo era mais uma cobertura protetora, como as *vinee* e os músculos. Todas essas máquinas de guerra estão descritas detalhadamente na obra *De re militari* (IV, 13, 32), de Vegécio (ver nota 28 do Livro Primeiro).

[17] Casalinum era o nome romano da fortificação erguida junto ao porto fluvial da cidade de Cápua na Antiguidade. Cápua ainda existe, na região italiana da Campânia, mas de Casalinum restam apenas algumas ruínas. O episódio relatado por Maquiavel, que ocorreu logo no início da Segunda Guerra Púnica (218–202 a.C.), está em Lívio (XXIII, 19). Tanto Lívio como Frontino (III, xv, 3) também contam que os cartagineses haviam passado várias vezes com carroças sobre os campos que separavam a fortificação do acampamento inimigo, com o objetivo de destruir qualquer planta que pudesse servir de alimento; os sitiados, então, jogaram sementes de nabo por sobre as muralhas nas terras assim aradas, como a indicar que dispunham de víveres em quantidade suficiente para aguardar a colheita.

mostrar ao inimigo que o grão lhes sobrava e para lhe tirar a esperança de vencê-los pela fome, ou jogaram pão fora das muralhas,[18] ou deram grão a um bezerro e depois o deixaram ser pego, de modo que, uma vez morto, revele-se cheio de grão e mostre aquela abundância que não têm.[19] Por outro lado, os capitães excelentes usaram vários modos para esfaimar o inimigo. Fábio deixou os Campanienses semearem, para que lhes faltasse o trigo que usavam para semear.[20] Dionísio, cercando Reggio, fingiu querer fazer acordo com eles, e, enquanto conversava, exigia que lhe entregassem víveres, e quando depois, dessa maneira, conseguiu acabar com o trigo deles, isolou-os e esfaimou-os.[21] Alexandre Magno, querendo conquistar Leucádia, conquistou todos os castelos ao redor dela, e deixou que os homens destes se refugiassem naquela; e assim, sobrevindo uma multidão, esfaimou-a.[22] Quanto aos assaltos, diz-se que é preciso

---

[18] Frontino (III, xv, 1) diz que, em 390 a.C., assediados pelos gauleses no Capitólio de Roma e já passando fome, os romanos atiraram pão nos postos inimigos para indicar que tinham abundância de víveres.

[19] Episódio extraído de Frontino (III, xv, 5): "Os trácios, sitiados numa montanha muito alta, e inacessível ao inimigo, recolheram entre eles, à base de uma contribuição por cabeça, uma pequena quantidade de trigo e de laticínios, e alimentaram ovelhas, que depois espantaram em direção aos postos inimigos. Apanhadas e mortas, notaram-se, em suas entranhas, os vestígios de trigo; o inimigo, então, convencido de que os trácios tinham copiosas provisões de trigo, já que o usavam até para alimentar animais, abandonou o cerco".

[20] Trata-se de Fábio Máximo (ver nota 12 do Livro Terceiro). O episódio, que ocorreu em 215 a.C., está em Lívio (XXIII, 48).

[21] O tirano Dionísio I de Siracusa (430–367 a.C.), dito o Velho, conquistou a cidade de Reggio, na região italiana da Calábria, em 387 a.C., como relata Frontino (III, iv, 3).

[22] A cidade grega de Leucádia (ou Lefkada) fica na ilha de mesmo nome, no mar Jônico, e na Antiguidade era ligada ao continente. Frontino (III, iv, 5) relata o episódio e o atribui a um Alexandre, sem especificar qual. Mas nem Alexandre Magno (356–323 a.C., rei em 336 a.C.) nem seu tio Alexandre I do Épiro, dito o Molosso (362–331 a.C.), assediaram Leucádia. Já o pai de Magno, Filipe II da Macedônia, a teria sitiado em 343 a.C.

guardar-se do primeiro ímpeto, com o qual os Romanos ocuparam muitas vezes muitas terras, assaltando-as de uma só vez e de todos os lados, e chamavam-no *aggredi urbem corona*,[23] como fez Cipião, quando ocupou Cartago Nova na Espanha.[24] Se logras sustar esse ímpeto, depois com dificuldade serás superado. E se ocorresse que o inimigo entrasse na cidade, por ter derrubado os muros, mesmo assim os defensores têm algum remédio, se não se abandonam; porque muitos exércitos foram, depois de ter entrado numa terra, rechaçados ou aniquilados. O remédio é que os defensores se mantenham nos lugares altos e os combatam das casas ou das torres. Coisa que aqueles que entraram na cidade engenharam vencer de dois modos: um, abrir as portas da cidade e dar passagem aos defensores para que possam fugir; o outro, dar o comando de só ofender os armados e perdoar os que jogarem as armas ao chão. Coisa que tornou fácil a vitória sobre muitas cidades. Além disso, também são fáceis de conquistar as cidades se lhes cais em cima de surpresa; o que se faz mantendo o exército distante, de modo que não se creia ou que tu as queira assaltar, ou que possas fazê-lo sem te revelares, pela distância do lugar. Donde que, se tu secretamente e prontamente as assaltas, quase sempre te sucederá de encontrar a vitória. De propósito, pondero mal sobre as coisas sucedidas nos nossos tempos, porque sobre mim e os meus ser-me-ia árduo pensar; de outros, não saberia o que dizer. Não obstante, a este propósito não posso não acrescentar o exemplo de César Bórgia, dito Duque Valentino; o qual encontrando-se em Nocera com suas gentes, fingiu querer atacar Camerino, voltou-se contra o estado de Urbino, e ocupou um estado num dia e sem nenhum trabalho, o qual

---

[23] Agredir uma cidade "em coroa", ou seja, circundá-la.

[24] Cartago Nova, que é a atual Cartagena espanhola, foi conquistada por Cipião (ver nota 15 do Livro Primeiro) em 209 a.C., durante a Segunda Guerra Púnica.

um outro com muito tempo e despesas só teria ocupado com muita dificuldade.²⁵

Convém, ainda, àqueles que são assediados, guardar-se dos enganos e das astúcias do inimigo; e, assim, não se deve fiar de coisa alguma que o inimigo faça continuamente, mas creiam sempre que o engano esteja subjacente e que pode variar em seu prejuízo. Domício Calvino, assediando uma terra, tomou por hábito circundar todos os dias, com boa parte de suas gentes, os muros daquela. Donde os assediados acreditaram que o fazia para exercitar-se e relaxaram a guarda; de que se deu conta Domício, assaltou-os e conquistou-os.²⁶ Alguns capitães, tendo sabido que devia vir ajuda aos assediados, vestiram seus soldados com as insígnias daqueles que deveriam chegar, e, tendo sido admitidos, ocuparam a terra. O ateniense Cimone²⁷ incendiou um templo que ficava fora da terra, donde os defensores, indo socorrer o prédio, deixaram a terra ao inimigo. Alguns mataram aqueles que saíam do castelo assediado para buscar provisões e vestiram seus soldados com as roupas deles; e assim conquistaram a terra. Antigos capitães também usaram várias outras formas de afastar as guardas das terras que queriam conquistar. Cipião, estando na África e desejando ocupar alguns castelos nos quais os Cartagineses haviam colocado guardas, fingiu várias vezes querer assaltá-los, mas depois, por medo, não

---

²⁵ Em 1502, Bórgia (ver nota 7 do Livro Sétimo) ocupou de surpresa o ducado de Urbino, pertencente a Guidobaldo de Montefeltro, depois de ter até obtido ajuda em soldados e materiais do próprio Guidobaldo para um pretenso ataque a Camerino, do mesmo duque. As três cidades — Nocera, Camerino e Urbino — ficam na região das Marcas, a leste da Itália central.

²⁶ O episódio está em Frontino (III, ii, 1), que diz que a "terra" assediada foi a antiga cidade de Lima, então na Ligúria. O Domício em questão deve ser Gneu Domício Calvino, eleito duas vezes cônsul, em 53 a.C. e em 40 a.C.

²⁷ Cimone (510–450 a.C.) foi um general e político da antiga Grécia.

apenas se absteve, mas se afastou deles. Acreditando ser verdade, Aníbal, para segui-lo com maiores forças e para poder mais facilmente oprimi-lo, retirou todas as guardas dos castelos; ao tomar conhecimento disso, Cipião mandou Massinissa, seu capitão, conquistá-los.[28] Pirro, fazendo guerra na Eslavônia a uma cidade importante daquele país, onde havia muita gente de guarda, fingiu ter perdido as esperanças de conseguir conquistá-la e, tendo concentrado esforços em outros lugares, fez que aquela, para socorrê-los, se esvaziasse de guardas e se tornasse fácil de conquistar.[29] Muitos corromperam as águas e desviaram os rios para tomar as terras, mesmo que depois não conseguissem. Os assediados também se tornam fáceis de se render quando se os assusta com informações de uma vitória obtida ou de reforços que venham em seu desfavor. Antigos capitães procuraram ocupar as terras por meio de traição, corrompendo alguém de dentro; mas o fizeram de maneiras diferentes. Alguns mandaram um dos seus que, sob o disfarce de fugitivo, adquira autoridade e conquiste a confiança do inimigo, a qual depois usa em benefício seu. Alguns, por esse meio, souberam da disposição das guardas e, mediante essa informação, tomaram a terra. Alguns bloquearam a porta com algum pretexto, para que não se pudesse fechar, com um carro e com traves, e desse modo fizeram facilmente entrar o inimigo.[30] Aníbal persuadiu alguém a lhe entregar

---

[28] Fatos da última fase da Segunda Guerra Púnica. Para Massinissa, ver nota 53 do Livro Segundo. Para Cipião, nota 15 do Livro Primeiro.

[29] Maquiavel extraiu o episódio de Frontino (III, vi, 3), que se refere à Ilíria e não à Eslavônia, que é, hoje, uma região da Croácia oriental. A Ilíria ocupava quase toda a margem oriental do mar Adriático, um vasto território que se estendia da península da Ístria, na atual Eslovênia, ao norte da Grécia.

[30] Alusão à tomada da cidade de Pádua pela cavalaria veneziana em julho de 1509: a falsa entrega de três carroças de trigo fez a cidade abrir uma de suas portas — e uma das carroças ficou no meio, impedindo o fechamento da porta.

um castelo dos Romanos fingindo ir à caça de noite, por medo dos inimigos durante o dia, e, voltando depois com a caça, metesse dentro consigo os seus homens e, morta a guarda, lhe abrisse a porta.[31] Engana-se também os assediados levantando o sítio e se afastando da terra, dando mostras de fugir quando eles te assaltam. E muitos, como Aníbal, chegaram até a ceder os próprios alojamentos ao inimigo para tê-lo em seu meio e aproveitar a oportunidade de lhe tomar a terra. Engana-se ainda com o fingir partir, como fez o ateniense Fórmion;[32] o qual, tendo predado o território dos Calcidenses,[33] recebeu depois seus embaixadores, aos quais fez muitas promessas garantindo a segurança da cidade, graças às quais, como homens pouco cautos, foram depois oprimidos por Fórmion.[34]

Os assediados devem guardar-se dos homens de quem desconfiam; mas às vezes podem assegurar-se tanto com o mérito como com a pena.[35] Marcelo, sabendo como o nolense Lúcio Banzio passara a favorecer Aníbal, usou tanta humanidade e liberalidade com ele que, de inimigo, tornou-se seu amicíssimo.[36] Os assediados devem usar

---

[31] Outro episódio da Segunda Guerra Púnica, ocorrido em 212 a.C. Trata-se da cidadela de Tarento, hoje uma cidade da região italiana da Apúlia, conforme relato de Lívio (XXV, 8 e 9), que até nomeia os dois tarentinos que abriram os portões da cidade para Aníbal — Nico e Filomeno.

[32] Fórmion foi um general e almirante grego antes e durante a Guerra do Peloponeso, no século V a.C.. Às várias vitórias navais obtidas por ele em 428 a.C. lhe valeram a reputação atual de primeiro grande almirante da história ocidental.

[33] Naturais de Cálcis ou Cálquida, uma cidade grega da ilha de Eubeia.

[34] O episódio está em Frontino (III, xi, 1).

[35] Tanto com prêmios como com punições.

[36] Para Marcelo, ver nota 10 do Livro Quarto. Nola é uma cidade da Campânia, cujos senadores queriam, durante a Segunda Guerra Púnica, a aliança com Roma, enquanto o povo, liderado por Lúcio Banzio, preferia entregar a cidade a Aníbal. Ao chegar a Nola, como conta Lívio (XXIII, 15 e 16), Marcelo praticamente comprou a lealdade de Lúcio com um belo cavalo e 500 denários. Um denário correspondia ao salário de um dia de trabalho de um camponês.

mais diligência nas guardas quando o inimigo se afastou do que quando ele está próximo; e devem guardar ainda melhor os lugares que acreditam que podem ser menos atacados; porque se perderam muitas terras quando o inimigo as assalta por um lado em que elas não criam serem assaltadas. E esse engano nasce de duas razões: ou por ser o lugar forte e se acreditar que seja inacessível, ou por ser usada arte do inimigo de assaltar de um lado, com ruídos fingidos, e do outro, calados e com assaltos verdadeiros. Assim, os assediados devem prestar muita atenção nisso, e sobretudo a todo momento, e principalmente de noite, fazer boas guardas dos muros; e não apenas homens, mas os cães, e os manter ferozes e prontos, os quais pressentem o inimigo com o faro e o revelam com o latido. E não só os cães, já se viu que os gansos salvaram uma cidade, como aconteceu com os Romanos quando os Franceses assediavam o Capitólio.[37] Alcebíades, para verificar se os guardas vigiavam, ordenou que, quando à noite ele erguesse um lume, todos os guardas deveriam erguer outro, sendo passível de punição quem não observasse a norma.[38] O ateniense Ificrates matou um guarda adormecido e disse que o deixara como o havia encontrado. Os assediados sempre tiveram vários modos de avisar seus amigos; e para

---

[37] Cercados pelos gauleses, em 390 a.C., os romanos refugiaram-se no Capitólio, que fica no alto de uma colina. Os invasores aproximavam-se da muralha incógnitos — diz-se até que cavavam um túnel para entrar na fortaleza — e o alerta foi dado pelos gansos do Capitólio, únicos animais que ainda não tinham sido comidos pelos romanos, porque eram consagrados a Juno, a deusa que aos poucos seria miscigenada à Hera grega.

[38] Alcebíades (450–404 a.C.) foi um famoso general ateniense, de reputação controversa, que lhe valeu um papel pouco lisonjeiro n'*O banquete*, de Platão. Tanto esse episódio, ocorrido durante o cerco dos espartanos a Atenas, como o seguinte, sobre o general ateniense Ificrates, que viveu em meados do século IV a.C., foram extraídos de Frontino (III, xii, 1 e 2).

não mandar embaixadas verbais, escrevem cartas cifradas e as escondem de vários modos: os códigos são de acordo com a vontade de quem os ordena; o modo de escondê-las varia. Há quem tenha escrito por dentro da bainha de uma espada; outros colocaram as cartas em um pão cru, e depois o cozinharam e o deram ao portador como se fosse seu alimento. Alguns colocaram-nas nos lugares mais secretos do corpo. Outros colocaram-nas na coleira de um cão familiar ao portador. Alguns escreveram coisas comuns numa carta e, depois, entre um verso e outro, escreveram com águas que, molhando-as e aquecendo-as, depois aparecem. Esse modo tem sido astutissimamente observado em nossos tempos; donde que, querendo alguém transmitir coisas secretas aos seus amigos que habitam dentro de uma terra, e não querendo confiar em ninguém, mandava excomunhões escritas segundo o costume e com entrelinhas, como eu disse acima, e fazia pendurá-las à porta dos templos; as quais, reconhecidas por aqueles que tinham a contrassenha, eram tiradas dali e lidas. Modo que é cautíssimo, porque o portador pode ser enganado e não corre perigo algum. Há infinitos outros meios que cada um pode imaginar e encontrar. Mas é mais fácil escrever aos assediados do que os assediados aos amigos de fora, porque não podem mandar essas cartas a não ser por meio de alguém que sai da terra sob o disfarce de fugitivo; o que é coisa dúbia e perigosa mesmo quando o inimigo é pouco cauto. Mas os que mandam para dentro podem fazer o portador entrar no campo que assedia sob muitos disfarces e, de lá, na ocasião conveniente, pular para dentro da terra.

Mas vamos falar das atuais conquistas; e digo que, se ocorre que sejas combatido na tua cidade, que não esteja ordenada com os fossos da parte de dentro, como há pouco demonstramos, se quiser que o inimigo não entre pelas rupturas no muro que a artilharia faz (não há remédio para esse estrago), te é necessário, enquanto a artilharia bate, cavar um fosso dentro do muro que está sendo alvejado, com largura de ao menos trinta braças, e jogar tudo que se cava na direção da cidade, para que faça paludes, e para que o fosso seja o mais profundo possível; e te convém solicitar essa obra de forma que, quando o muro caia, o fosso tenha pelo menos cinco ou seis braças de profundidade. É necessário fechar cada flanco do fosso, enquanto se cava, com uma casamata. E quando o muro for tão forte que te dê tempo de fazer o fosso e as casamatas, torna-se mais forte aquela parte derrubada do que o resto da cidade; porque tal proteção vem a ter a forma que demos aos fossos de dentro. Mas quando o muro é fraco, e não te dê tempo, aí é que é preciso mostrar a virtude, e se opor com as gentes armadas e com todas as tuas forças. Esse modo de proteção foi observado pelos Pisanos, quando vós fostes a campo;[39] e podiam fazê-lo, porque tinham os muros fortes, que lhes davam tempo. E o terreno tenaz e adequadíssimo a erguer paludes e fazer proteções. Se não tivessem essas comodidades, estariam perdidos. Portanto, providenciar-se-á antes, prudentemente, fazendo os fossos dentro da cidade e por todo o seu circuito, como há pouco vislumbramos; porque, neste caso, espera-se o inimigo ociosa e seguramente, estando as proteções feitas. Os antigos muitas vezes ocupavam as terras com túneis subterrâneos de dois modos: ou faziam uma via subterrânea secretamente, que chegava à terra, e por ali entravam (desse modo os Romanos tomaram a cidade dos Veianos),[40] ou com os túneis solapavam o muro e faziam-no ruir. Este último modo é hoje mais forte e faz

---

[39] Por duas vezes, Pisa rebelou-se e a República Florentina atacou-a. Em 1505, fracassaram. Em 1509, Pisa rendeu-se, depois de uma longa resistência.

[40] Os conflitos com a vizinha cidade etrusca de Veios, que controlava as salinas na margem direita do Rio Tibre, remontam ao passado mítico do primeiro rei de Roma (ver nota 23 do Livro Quarto). Mas Maquiavel se refere ao cerco de Veios por Roma em 396 a.C., quando Marco Furio Camilo (446–365 a.C.) construiu uma galeria subterrânea que o levou ao centro da cidade.

que as cidades elevadas sejam mais fracas, porque se pode cavar melhor; e, depois, colocando nos túneis pólvora, que acende num instante, não apenas arruína o muro, mas os montes se abrem e as fortalezas todas dissolvem-se em muitas partes. O remédio para isso é edificar no plano e fazer o fosso que cinge tua cidade tão fundo, que o inimigo não possa cavar mais baixo do que ele sem encontrar água, a qual é inimiga desses túneis. E se, por acaso, a terra que defendes está num morro, não há outro remédio senão cavar muitos poços profundos dentro dos muros; os quais funcionarão como barreira aos túneis e buracos que o inimigo pudesse ordenar contra ti. Um outro remédio é fazer um túnel em direção a ele, quando souberes onde ele cava; modo que facilmente o impede, mas dificilmente se prevê, se és assediado por um inimigo cauto. Quem é assediado deve sobretudo cuidar para não ser oprimido nos tempos de repouso, como depois de uma batalha, depois das rondas das guardas, ao amanhecer, ao entardecer entre dia e noite, e sobretudo quando se come; nesses tempos muitas terras são conquistadas e muitos exércitos foram arruinados pelos de dentro. Mas se deve, com diligência, estar sempre guardado por toda parte e em boa parte armado.

Não quero deixar de vos dizer que o que torna difícil defender uma cidade ou um alojamento é ter todas as forças que tens desunidas ali; porque, enquanto o inimigo te pode assaltar com todos juntos de qualquer lado, tu deves ter todos os lados guardados; e, assim, ele te assalta com todas as forças e tu te defendes com parte das tuas. O assediado também pode ser vencido em tudo; o de fora só pode ser rechaçado; donde muitos que foram assediados ou no alojamento ou numa terra, embora inferiores em forças, saíram com todas as suas gentes de uma vez para fora e superaram o inimigo. Foi isso que fez Marcelo em Nola; foi o que fez César em França quando, sendo assaltado em seus alojamentos por um número grandíssimo de Franceses e vendo que não podia defendê-los porque devia dividir suas forças em várias partes, e porque não podia, estando dentro das paliçadas, com força ferir o inimigo, abriu um lado do alojamento e, voltado para aquela parte com todas as suas forças, avançou com tanto ímpeto e com tanta virtude que os venceu.[41] Também a constância dos assediados pode desesperar e assustar os que assediam. Quando Pompeu afrontava César, e o exército cesariano já sofria muito de fome, mandou entregar seu pão a Pompeu; o qual, vendo que o pão era feito de capim, comandou que não fosse mostrado ao seu exército para não assustá-lo ao ver o tipo de inimigos que tinham de enfrentar.[42] Nada honrou tanto os Romanos na guerra de Aníbal quanto a constância deles, porque mesmo na fortuna mais inimiga e mais adversa jamais pediram paz, jamais deram qualquer sinal de temor; ao contrário, quando Aníbal estava nos arredores de Roma, os campos em que instalara seus alojamentos foram vendidos por preços superiores ao habitual; e eram tão obstinados em suas empresas que, para defender Roma, não queriam suspender o sítio a Cápua, a qual, ao mesmo tempo que Roma era assediada, os Romanos sitiavam.[43] Sei que vos disse muitas coisas que já sabíeis e

---

[41] Sobre Marcelo, que resistiu em Nola a um assédio dos cartagineses em 216 a.C., durante a Segunda Guerra Púnica, e acabou saindo da cidade para enfrentá-los em campo aberto (Lívio, XXIII, 16), ver nota 10 do Livro Quarto. Quanto a César, ele relata o episódio em seu *De bello gallico* (III, 2, 6), mas o protagonista não é ele mesmo e sim o general Sérvio Sulpício Galba (95–43 a.C.), legado de César de 58 a 50 a.C., durante a guerra de conquista da Gália.

[42] O episódio ocorreu entre 49 e 45 a.C., durante a chamada Guerra Civil de César, que opôs as legiões deste às de Pompeu (ver nota 14 do Livro Primeiro).

[43] O episódio do pão de capim é narrado na biografia de Júlio César escrita pelo historiador do primeiro século Caio Suetônio Tranquilo (70–126), também conhecido como Svetônio, na sua obra sobre os doze Césares (*De vita (duodecim) Caesarum*, 68). A venda dos campos ocorreu em 211 a.C., durante a Segunda Guerra Púnica (Lívio, XXVI, 11).

que já havíeis considerado, por vós mesmos; não obstante, fi-lo, como hoje vos disse, para poder mostrar-vos melhor, mediante aquelas, a qualidade deste exercício e ainda para satisfazer aos que, se houver algum, não tiveram a mesma oportunidade que vós. Nem me parece que reste algo mais a dizer-vos do que algumas regras gerais, as quais reconhecereis como familiaríssimas; que são estas[44]:

O que favorece o inimigo te prejudica, e o que te favorece prejudica o inimigo.

Quem for mais vigilante para observar os desígnios do inimigo na guerra, e trabalhar mais no treinamento de seu exército, incorrerá em menores perigos e mais poderá esperar a vitória.

Jamais conduzir teus soldados à jornada sem antes confirmar o ânimo deles e saber que estão ordenados e sem medo; e jamais o saberás com certeza senão quando vês que esperam vencer.

É melhor vencer o inimigo com a fome do que com o ferro, na vitória do qual pode muito mais a fortuna do que a virtude.

Nenhum plano é melhor do que aquele que está oculto do inimigo até que o executes.

Nada vale mais, na guerra, do que saber reconhecer a oportunidade e aproveitá-la.

A natureza gera poucos homens fortes; a indústria e o exercício fazem muitos.

Na guerra, a disciplina pode mais que o furor.

Quando alguns se separam da parte inimiga para se colocar a teu serviço, se forem leais serão sempre grandes aquisições; porque as forças do adversário diminuem tanto com a perda dos que fogem como com a dos que são

---

[44] Seguem-se 27 máximas que são muitas vezes consideradas como a essência do pensamento político-militar e moral de Maquiavel. Somente parte delas foi extraída de obras do classicismo romano.

mortos, ainda que o nome dos fugitivos seja suspeito para os novos amigos e odioso para os velhos.

Ao ordenar a jornada, é melhor reservar muitas ajudas por trás do primeiro fronte do que, para tornar o fronte maior, dispersar os seus soldados.

Dificilmente é vencido aquele que sabe conhecer as próprias forças e as do inimigo.

Mais vale a virtude dos soldados do que a multidão; às vezes, mais vale o sítio do que a virtude.

As coisas novas e repentinas assustam os exércitos; as coisas habituais e lentas são pouco estimadas por eles; assim, farás teu exército experimentar e conhecer com pequenas escaramuças um inimigo novo, antes que venhas à jornada com ele.

Aquele que, em desordem, persegue o inimigo depois de o vencer só quer transformar-se de vitorioso em perdedor.

Aquele que não prepara os víveres necessários para viver é vencido sem ferro.

Quem confia mais nos cavalos do que nos infantes, ou mais nos infantes do que nos cavalos, que saiba escolher o terreno adequado.

Quando queres verificar se, durante o dia, algum espião entrou no acampamento, faze que cada um volte ao seu alojamento.

Muda de plano, quando te dás conta de que o inimigo o previu.

Aconselha-te com muitos sobre o que deves fazer; o que de fato farás discute com poucos.

Os soldados, quando estão acampados, devem ser mantidos com temor e punição; depois, quando vão à guerra, com esperança e com prêmio.

Os bons capitães não vão jamais à jornada se a necessidade não os constrange ou a ocasião não os conclama.

Age de modo que teus inimigos não saibam como queres ordenar o exército para o combate; e, seja qual for o modo que ordenes, faze que os primeiros grupos possam ser recebidos pelos segundos e pelos terceiros.

Durante o combate, se não queres fazer desordem, jamais uses uma batalha para outra coisa além daquela que lhe foi designada.

Remedia-se com dificuldade os acidentes repentinos e com facilidade os previstos.

Os homens, o ferro, o dinheiro e o pão são o nervo da guerra; mas, desses quatro, os mais necessários são os dois primeiros, porque os homens e o ferro encontram o dinheiro e o pão, mas o pão e o dinheiro não encontram os homens e o ferro.

O desarmado rico é o prêmio do soldado pobre.

Habitua teus soldados a desprezar o viver delicado e o vestir luxuoso.

Isto é o que me ocorre recordar-vos, em termos gerais; e sei que se poderiam dizer muitas outras coisas em todo este meu discorrer, como, por exemplo: como e em quantos modos os antigos ordenavam as fileiras; como se vestiam e como se exercitavam em muitas outras coisas, e acrescentar muitos detalhes, os quais não julguei necessário narrar, seja porque vós mesmos podeis verificá-los, seja porque minha intenção não era apenas mostrar como a antiga milícia era feita, mas como nestes tempos poder-se-ia ordenar uma milícia que tivesse mais virtude do que aquela que temos. Donde que não me pareceu ser preciso falar de outras coisas antigas além daquelas cuja introdução julguei necessária. Também sei que me deveria ter estendido mais sobre a milícia a cavalo e depois falar da guerra naval, porque a milícia se distingue como exercício de mar e de terra, a pé e a cavalo. Do de mar, não me arvoro a falar, porque não tenho nenhuma informação; mas deixarei falarem os Genoveses e os Venezianos, os quais fizeram grandes coisas no passado com estudos similares. Dos cavalos tampouco quero dizer mais do que tenha dito, sendo esta parte, como eu disse, menos corrompida. Além disso, uma vez bem ordenadas as infantarias, que são o nervo do exército, fazem-se necessariamente bons cavalos. Só recordarei a quem ordenasse a milícia em seu país que, para enchê-lo de cavalos, tomasse duas providências: uma, que distribuísse cavalos de boa raça pelo seu condado e acostumasse seus homens a criar potros, como neste país criais mulos e bezerros; outra, para que os criadores encontrassem compradores, proibiria a propriedade do mulo a quem não tivesse cavalo; de forma que, se quisesse ter apenas uma cavalgadura, fosse constrangido a ter cavalo; e, além disso, que só os proprietários de cavalos pudessem vestir seda. Esta ordem me parece ter sido feita por algum príncipe de nossos tempos, e em brevíssimo tempo teve em seu país uma ótima cavalaria. Com relação às outras coisas, no que se refere a cavalos, remeto-me ao que vos disse hoje e ao que se costuma fazer. Gostaríeis talvez de saber quais qualidades deve ter um capitão? Satisfar-vos-ei brevissimamente, porque não saberia escolher outro homem senão aquele que soubesse fazer todas as coisas sobre as quais falamos hoje; as quais ainda não bastariam se ele não soubesse descobrir por si mesmo, porque ninguém sem invenção foi jamais grande homem no seu ofício; e, se a invenção honra nas outras coisas, nesta sobretudo te honra. E se vê todo invento, mesmo débil, ser celebrado pelos escritores; como se vê que louvam Alexandre Magno, que, para levantar acampamento mais secretamente, não dava o sinal com a trombeta, mas com um chapéu sobre uma lança. É louvado ainda por ter ordenado aos seus soldados que, no primeiro confronto com o inimigo, ajoelhassem a perna esquerda, para poder melhor resistir ao impulso dele; o que, tendo-lhe dado a vitória, rendeu-lhe ainda tanto louvor que todas as estátuas erguidas em sua homenagem estavam nessa posição.

Mas como é tempo de acabar esta conversa, quero voltar ao assunto inicial; e, em parte, fugirei da pena a que se costuma condenar nesta terra aqueles que não voltam a ele. Se vos recordais bem, Cósimo, dissestes-me que, sendo eu, de um lado, glorificador da antiguidade e censor daqueles que não a imitam nas coisas graves e, de outro, não a tendo eu imitado nas coisas da guerra, a que muito me dediquei, não encontravas a razão; ao que respondi que, aos homens que querem fazer uma coisa, convém primeiro preparar-se para saber fazê-la, para poder depois executá--la quando a ocasião o permita. Se eu saberia organizar a milícia nos modos antigos ou não, quero por juízes a vós, que me haveis ouvido discutir o assunto longamente; donde pudestes perceber quanto tempo consumi nestas ideias, e creio, ainda, que possais imaginar quanto desejo há em mim de as colocar em prática. Facilmente podeis conjeturar se pude fazê-lo ou se jamais se me apresentou a ocasião. Assim, para tornar-vos mais certos, e para aumentar minha justificação, quero ainda acrescentar as razões; e vos relatarei quanto prometi demonstrar-vos: as dificuldades e as facilidades atuais para tais imitações. Digo, portanto, que nenhuma atividade que se faça hoje entre os homens é mais fácil de adaptar aos modos antigos do que a milícia, mas somente para aqueles que são príncipes de um estado que pudesse ao menos, entre seus súditos, reunir quinze ou vinte mil jovens.[45] Por outro lado, nada é mais difícil do que isso para aqueles que não dispõem desse estado. E, para que entendais melhor esta parte, deveis saber que há dois tipos de capitães que são louvados. Uns são aqueles que, com um exército ordenado pela sua natural disciplina, fizeram grandes coisas, como é o caso da maior parte dos cidadãos romanos e outros que guiaram exércitos; os quais não tiveram outro trabalho senão mantê-los em ordem e guiá-los com segurança. Outros são aqueles que não apenas conseguiram vencer o inimigo mas, antes de chegarem a tanto, precisaram organizar e disciplinar seu próprio exército; os quais, sem dúvida, merecem ainda mais louvor do que

---

[45] Esse era o caso da Florença de Maquiavel.

mereceram aqueles que operaram virtuosamente os bons exércitos antigos. Estes foram Pelópidas e Epaminondas,[46] Túlio Hostílio, Filipe da Macedônia pai de Alexandre, Ciro rei dos Persas, o romano Graco. Todos esses tiveram de, primeiro, tornar o exército bom e, depois, usá-lo para o combate. Todos esses puderam fazê-lo, seja pela própria prudência, seja por terem súditos que podiam envolver em semelhante exercício. Jamais teria sido possível que um deles, ainda que fosse homem cheio de toda excelência, pudesse em uma província estrangeira, cheia de homens corrompidos, não habituados a qualquer obediência honesta, fazer alguma obra louvável. Portanto, não basta, na Itália, saber governar um exército pronto, mas primeiro é necessário saber fazê-lo e, depois, saber comandá-lo. E estes devem ser aqueles príncipes que, por ter muito estado e suficientes súditos, podem fazê-lo. Entre eles não estou eu, que nunca comandei nem posso comandar senão exércitos forasteiros e homens obrigados a outrem e não a mim. Se é possível ou não introduzir nestes alguma das coisas de que se falou hoje, quero deixar a vosso juízo. Quando poderei eu levar ao soldado de hoje mais armas que as habituais e, além das armas, a comida para dois ou três dias e a pá? Quando poderei eu fazê-lo usar a pá ou mantê-lo todo dia muitas horas sob as armas nos exercícios de prática para poder valer-me dele nos verdadeiros? Quando se absteria ele dos jogos, das lascívias, das blasfêmias, das insolências que todos fazem? Quando se submeteriam eles a tanta disciplina e reverência que uma árvore carregada de pomos no meio do acampamento fosse deixada intacta, como se

---

[46] Pelópidas (c. 420–364 a.C.) foi um político e general tebano, amigo de Epaminondas (ver nota 15 do Livro Terceiro). Para Túlio Hostílio, ver nota 23 do Livro Quarto; para Filipe da Macedônia, nota 7 do Livro Segundo; para Ciro, nota 50 do Livro Segundo; para os irmãos Graco, nota 18 do Livro Primeiro e nota 41 do Livro Sexto.

lê que nos exércitos antigos muitas vezes ocorreu?[47] Que coisa posso eu prometer-lhes, mediante a qual amem-me ou temam-me com reverência, se, uma vez terminada a guerra, eles não têm mais nada a ver comigo? De que posso fazê-los envergonhar-se, se nasceram e foram criados sem vergonha? Por que devem eles obedecer-me, se não me conhecem? Por qual Deus ou por quais santos devo eu fazê-los jurar? Por aqueles que eles adoram ou por aqueles que eles blasfemam? Que os adorem, não conheço nenhum; mas sei bem que os blasfemam todos. Como posso crer que observem as promessas feitas àqueles que a todo momento desprezam? Como podem aqueles que desprezam Deus reverenciar os homens? Qual seria, pois, a boa forma que se pudesse imprimir a esta matéria? E se me alegásseis que os Suíços e os Espanhóis são bons, eu confessar-vos-ia como são muito melhores que os Italianos; mas se notáreis meu discorrer e o modo de proceder de ambos, vereis que ainda lhes faltam muitas coisas para chegar à perfeição dos antigos. E os Suíços se tornaram bons por um costume natural a eles, causado pelo que hoje vos disse, e os outros, por uma necessidade; porque, militando numa província estrangeira e lhes parecendo estar constrangidos a morrer ou vencer, já que não lhes parecia possível haver possibilidade de fuga, tornaram-se bons. Mas é uma bondade defeituosa sob muitos aspectos, porque nela não há nada bom exceto o fato de que se acostumaram a esperar o inimigo na ponta do pique ou da espada. Nem estaria alguém apto a ensinar-lhes o que lhes falta, muito menos se não for na língua deles.

Mas voltemos aos Italianos, os quais, por não terem tido príncipes sábios, não adotaram nenhuma boa ordem, e, por

---

[47] Frontino (IV, iii, 13) realmente diz que isso aconteceu muitas vezes e descreve, como exemplo, o caso ocorrido no acampamento do exército comandado por Marco Emílio Escauro (163–c. 69 a.C.), que foi pretor, cônsul, censor e, finalmente, senador romano.

não terem tido a necessidade que tiveram os Espanhóis, não a adotaram por si mesmos. Mas os povos não têm culpa e sim seus príncipes; os quais foram castigados, e receberam justas penas por sua ignorância, perdendo ignominiosamente o estado, e sem nenhum exemplo virtuoso. Quereis ver se o que digo é verdade? Considerai quantas guerras houve na Itália desde a invasão do rei Carlos[48] até hoje; e, como as guerras costumam fazer homens belicosos e reputados, estas quanto mais foram grandes e ferozes, tanto mais fizeram perder reputação a seus membros e chefes. Daí convém que se conclua que as ordens costumeiras não eram e não são boas; e ninguém soube adotar ordens novas. Nem crede jamais que as armas italianas venham a ser reputadas, senão pela via que demonstrei e mediante aqueles que tenham grandes estados na Itália; porque esta forma se pode imprimir nos homens simples, brutos e próprios, não nos maus, mal controlados e estrangeiros. Nem se encontrará jamais um bom escultor que creia poder fazer uma bela estátua com um pedaço de mármore já mal esboçado, mas sim de um pedaço bruto. Criam nossos príncipes italianos, antes que provassem os golpes das guerras transmontanas, que a um príncipe bastasse saber pensar, em sua biblioteca, numa resposta perspicaz, escrever uma bela carta, mostrar nos ditos e nas palavras argúcia e prontidão, saber tecer uma fraude, ornar-se de gemas e de ouro, dormir e comer com maior esplendor que os outros, ter muitas lascívias ao seu redor, tratar os súditos com avareza e soberba, apodrecer no ócio, distribuir as patentes da milícia por graça, desprezar quem lhes mostrasse alguma via louvável, querer que suas próprias palavras fossem respostas de oráculo; os pobres nem se davam conta de que se preparavam para ser presa de qualquer um que os assaltasse. Daí nasceram, depois, em mil quatrocentos e noventa e

---

[48] Invasão de Carlos VIII, rei da França, em 1494.

quatro, os grandes sustos, as súbitas fugas e as milagrosas perdas; e assim três potentíssimos estados da Itália foram saqueados várias vezes e devastados.[49] Mas o pior é que aqueles que nos restam cometem o mesmo erro e vivem na mesma desordem, e não consideram que aqueles que antigamente queriam ter o estado faziam e faziam fazer todas aquelas coisas de que falei, e que o estudo deles era preparar o corpo para o desconforto e o ânimo para não temer o perigo. Donde César, Alexandre e todos aqueles príncipes excelentes eram os primeiros entre os combatentes, andavam armados e a pé, e se chegassem a perder o estado preferiam perder a vida; de tal forma, que viviam e morriam virtuosamente. E se, neles, ou em alguns deles, se podia encontrar excessiva ambição de reinar, nunca se poderá condená-los por frouxidão ou por alguma coisa que torne os homens delicados e ineptos para a guerra. Coisas que, se por esses príncipes fossem lidas e cridas, seria impossível que eles não mudassem a forma de viver e que não se alterasse a fortuna de suas províncias. E porque vós, no princípio desta nossa conversa, reclamastes desta vossa ordenança, eu vos digo que, se a tivésseis ordenada como eu descrevi e não tivesse sido uma boa experiência, seria razoável que vos queixásseis; mas, se não for ordenada e exercitada como eu disse, ela é que pode queixar-se de vós, que fizestes um aborto, não uma figura perfeita.[50] Os Venezianos e o duque de Ferrara começaram-na e não

---

[49] Milão, Roma e Nápoles. As chamadas Guerras Italianas do Renascimento (1494–1498) opuseram, de um lado, o Rei Carlos VIII (ver nota 13 do Livro Segundo), da França, aliado inicialmente com Milão e Gênova, contra, de outro, o Sacro Império Romano (que correspondia basicamente ao atual território da Alemanha), a Espanha e uma aliança composta pelo Vaticano (sob Alexandre VI) com Veneza, Nápoles e, no final, também o ducado de Milão, que mudou de lado.

[50] Provável referência a duas clamorosas e então recentes derrotas de Florença: contra Pisa, em 1505, e contra Prato, em 1512.

deram continuidade; o que foi por defeito deles, não de seus homens.[51] E eu vos afirmo que qualquer um deles, que têm hoje estados na Itália, que primeiro entrar por esta via será, antes que qualquer outro, senhor desta província; e intervirá em seu estado como Filipe no dos Macedônios, o qual aprendeu o modo de ordenar os exércitos com o tebano Epaminondas e se tornou tão potente, com esta ordem e com estes exercícios, enquanto a outra Grécia estava no ócio e se dedicava a recitar comédias, que pôde em poucos anos ocupá-la toda, e deixar ao filho tal fundamento que pôde fazer-se príncipe do mundo inteiro. Aquele, portanto, que despreza estas ideias, se é príncipe, despreza seu principado; se é cidadão, despreza sua cidade. E me queixo da natureza, que ou não me deveria fazer conhecedor disto, ou me deveria dar a faculdade de poder realizá-lo. Já nem penso, estando velho, poder ter alguma oportunidade; e por isso fui liberal convosco, que, sendo jovens e qualificados, poderíeis, quando as coisas que disse vos agradem, nos tempos devidos, em favor de vossos príncipes, ajudá-los e aconselhá-los. Do que não quero que tenhais medo ou desconfiança, porque esta província parece ter nascido para ressuscitar as coisas mortas, como se viu na poesia, na pintura e na escultura. Mas, quanto ao que se espera de mim, por ser entrado em anos, não faço fé. E, realmente, se a fortuna me tivesse concedido no passado tanto estado quanto baste a uma empresa semelhante, creio que, em brevíssimo tempo, eu demonstraria ao mundo quanto valem as antigas ordens; e, sem dúvida, ou o teria aumentado com glória ou perdido sem desonra.

---

[51] Referência às tentativas de convocação militar feitas por Veneza, durante a guerra contra a Liga de Cambrai (1508–1510), e pelo Duque Ercole I d'Este, de Ferrara, em 1479.

APÊNDICE

NICOLAU MAQUIAVEL
CIDADÃO E SECRETÁRIO FLORENTINO
A QUEM LÊ

Creio que seja necessário, se quiser que vós, leitores, possais sem dificuldade entender a ordem das batalhas dos exércitos e dos alojamentos, como se dispõe na narração, mostrar-vos as figuras de cada um deles. Convém, pois, primeiro declarar-vos abaixo quais sinais e caracteres representam os infantes, os cavalos e qualquer outro membro específico. Saibais, portanto, que esta letra

o	significa	*Infantes com escudo*	T	significa	*Condestáveis das batalhas*
n	"	*Infantes com pique*	D	"	*Chefe do Batalhão*
x	"	*Decuriões com pique*	A	"	*Capitão geral*
y	"	*Decuriões com escudo*	S	"	*O corneteiro*
v	"	*Vélites ordinários*	Z	"	*A bandeira*
u	"	*Vélites extraordinários*	r	"	*Homens d'armas*
C	"	*Centuriões*	e	"	*Cavalaria ligeira*
			0	"	*Artilharias*

FIGURA 1
FORMA DE UMA BATALHA AO CAMINHAR

EXÉRCITO QUE, AO CAMINHAR,
SE DUPLICA PELOS FLANCOS

```
        Fronte                                    Fronte
     C         C                               C                        C
   xnnnn    nnnnn                            vxnnnnnnnnnnnnnnnnnnnnxv
   xnnnn    nnnnn                            vxnnnnnnnnnnnnnnnnnnnnxv
   xnnnn    nnnnn                            vxnnnnnnnnnnnnnnnnnnnnxv
   xnnnn    nnnnn                            vxnnnnnnnnnnnnnnnnnnnnxv
   xnnnn    nnnnn                            vxnnnnnnnnnnnnnnnnnnnnxv
   yoooo    ooooo                            vyoooooSTZooooooooooyv
   yoooo    ooooo                     o      vy ooooooooooooooooo yv      o
   yoooo    ooooo                     d      vy oooooooooooooooooo yv     t
   yoooo    ooooo                     r      vy oooooooooooooooooo yv     i
   yoooo    ooooo                     e      vy oooooooooooooooooo yv     e
   yoooo    ooooo                     u      vy oooooooooooooooooo yv     r
   yoooo    ooooo                     q      vy oooooooooooooooooo yv     i
   yoooo    ooooo                     s      vy oooooooooooooooooo yv     d
   yoooo    ooooo                     e      vy oooooooooooooooooo yv
   yoooo    ooooo                     o      vy oooooooooooooooooo yv     o
   yoooo    ooooo                     c      vy oooooooooooooooooo yv     c
   yoooo    ooooo                     n      vy oooooooooooooooooo yv     n
   yoooo    ooooo                     a      vy oooooooooooooooooo yv     a
   yoooo    ooooo                     l      vy oooooooooooooooooo yv     l
   yoooo    ooooo                     F      vy oooooooooooooooooo yv     F
   yoooo    ooooo                            vy oooooooooooooooooo yv
                                              C    vvvvvvvvvv      C
     C         C
   nnnnn    nnnnx    vvvvv
   nnnnn    nnnnx    vvvvv
   nnnnn    nnnnx    vvvvv
   nnnnn    nnnnx    vvvvv
   nnnnn    nnnnx    vvvvv
   ooSTZ    ooooy    vvvvv
   ooooo    ooooy    vvvvv
   ooooo    ooooy    vvvvv
   ooooo    ooooy    vvvvv
   ooooo    ooooy    vvvvv
   ooooo    ooooy
   ooooo    ooooy
   ooooo    ooooy
   ooooo    ooooy
   ooooo    ooooy
   ooooo    ooooy
   ooooo    ooooy
   ooooo    ooooy
   ooooo    ooooy
   ooooo    ooooy
   ooooo    ooooy
```

Na primeira figura, descreve-se a forma de uma batalha ordinária e de que maneira se duplica pelos flancos, como está descrito na sua ordem (ver *Livro Segundo*, pág. 94). Na mesma figura, demonstra-se como a mesma ordem das oitenta fileiras, mudando apenas as cinco fileiras de piques, que estão adiante das centúrias de trás, estejam atrás, faz-se, ao duplicá-las, com que todas os piques voltem para trás; o que se faz quando se caminha adiante e se teme o inimigo na retaguarda.

FIGURA 2
FORMA DE CAMINHAR

Na segunda figura, demonstra-se como uma batalha que caminha adiante, e deve combater pelos flancos, se ordena como se explica no tratado (ver *Livro Segundo*, pág. 97).

```
        Fronte
   C           C
 xxxxx        yyyyy
 nnnnn        ooooo
 nnnnn        ooooo
 nnnnn        ooooo
 nnnnn        ooooo
 nnnnn        ooooo
 nnnnn        ooooo
 nnnnn        ooooo
 nnnnn        ooooo
 nnnnn        ooooo
 nnnnn        ooooo
 nnnnn        ooooo
 nnnnn        ooooo
 nnnnn        ooooo
 nnnnn        ooooo
 nnnnn        ooooo
 nnnnn        ooooo
 nnnnn        ooooo
 xxxxx        yyyyy
   C           C
 yyyyy        yyyyy
 ooooo        ooooo
 ooooo        ooooo
 ooooo        ooooo
 ooooo        ooooo
 ooooo        ooooo
 ooooo        ooooo
 ooooo        ooooo
 ooooo        ooooo
 Soooo        ooooo
 Toooo        ooooo
 ooooo        ooooo
 Zoooo        ooooo
 ooooo        ooooo
 ooooo        ooooo
 ooooo        ooooo
 ooooo        ooooo
 ooooo        ooooo
 ooooo        ooooo
 yyyyy        yyyyy
```

```
               Fronte
      C                    C
    xxxxxyyyyyyyyyyyyyyyyy
    nnnnnooooooooooooooooo
    nnnnnooooooooooooooooo
    nnnnnooooooooooooooooo
    nnnnnooooooooooooooooo
    nnnnnooooooooooooooooo
    nnnnnooooooooooooooooo
    nnnnnooooooooooooooooo
    nnnnnooooooooooooooooo
    nnnnnSoooooooooooooooo
    nnnnnToooooooooooooooo
    nnnnnooooooooooooooooo
    nnnnnZoooooooooooooooo
    nnnnnooooooooooooooooo
    nnnnnooooooooooooooooo
    nnnnnooooooooooooooooo
    nnnnnooooooooooooooooo
    nnnnnooooooooooooooooo
    nnnnnooooooooooooooooo
    xxxxxyyyyyyyyyyyyyyyyy
      C                    C
```

Flanco esquerdo — Flanco direito

FIGURA 3
FORMA DE CAMINHAR

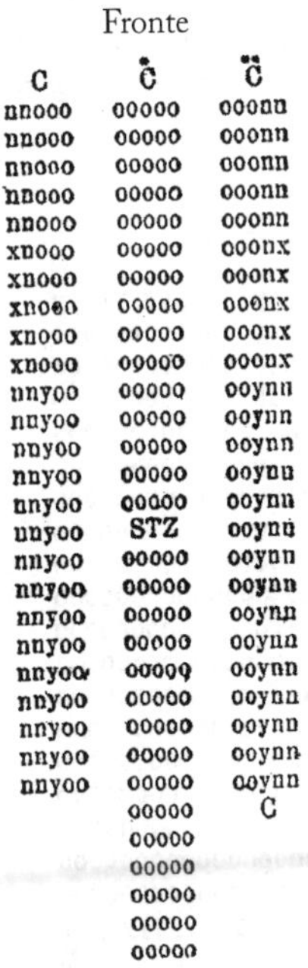

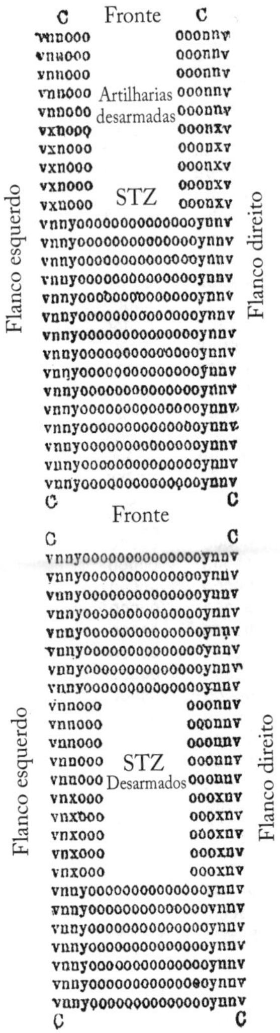

Fronte

```
  c        č         c̈
nnooo    ooooo     ooonn
nnooo    ooooo     ooonn
nnooo    ooooo     ooonn
nnooo    ooooo     ooonn
nnooo    ooooo     ooonn
xnooo    ooooo     ooonx
xnooo    ooooo     ooonx
xnooo    ooooo     ooonx
xnooo    ooooo     ooonx
xnooo    ooooo     ooonx
nnyoo    ooooo     ooynn
nnyoo    ooooo     ooynn
nnyoo    ooooo     ooynn
nnyoo    ooooo     ooynn
nnyoo    STZ       ooynn
nnyoo    ooooo     ooynn
nnyoo    ooooo     ooynn
nnyoo    ooooo     ooynn
nnyoo    ooooo     ooynn
nnyoo    ooooo     ooynn
nnyoo    ooooo     ooynn
nnyoo    ooooo     ooynn
nnyoo    ooooo     ooynn
         ooooo       c
         ooooo
         ooooo
         ooooo
         ooooo
         ooooo
```

Na terceira figura, demonstra-se como se ordena uma batalha com dois bicos e, em seguida, com a praça no meio, como se dispõe no tratado (ver *Livro Segundo*, pág. 100).

c   Fronte   c

```
vnnooo                    ooonnv
vnnooo                    ooonnv
vnnooo                    ooonnv
vnnooo  Artilharias       ooonnv
vnnooo  desarmadas        ooonnv
vxnooo                    ooonxv
vxnooo                    ooonxv
vxnooo                    ooonxv
vxnooo                    ooonxv
vxnooo    STZ             ooonxv
vnnyoooooooooooooyynnv
vnnyoooooooooooooyynnv
vnnyoooooooooooooyynnv
vnnyoooooooooooooyynnv
vnnyoooooooooooooyynnv
vnnyoooooooooooooyynnv
vnnyoooooooooooooyynnv
vnnyoooooooooooooyynnv
vnnyoooooooooooooyynnv
vnnyoooooooooooooyynnv
vnnyoooooooooooooyynnv
vnnyoooooooooooooyynnv
vnnyoooooooooooooyynnv
vnnyoooooooooooooyynnv
c                            c
```

Flanco esquerdo / Flanco direito

c   Fronte   c

```
vnnyoooooooooooooyynnv
vnnyoooooooooooooyynnv
vnnyoooooooooooooyynnv
vnnyoooooooooooooyynnv
vnnyoooooooooooooyynnv
vnnyoooooooooooooyynnv
vnnyoooooooooooooyynnv
vnnyoooooooooooooyynnv
vnnooo                    ooonnv
vnnooo                    ooonnv
vnnooo                    ooonnv
vnnooo    STZ             ooonnv
vnnooo  Desarmados        ooonnv
vnxooo                    ooonxv
vnxooo                    ooonxv
vnxooo                    ooonxv
vnxooo                    ooonxv
vnxooo                    ooonxv
vnnyoooooooooooooyynnv
vnnyoooooooooooooyynnv
vnnyoooooooooooooyynnv
vnnyoooooooooooooyynnv
vnnyoooooooooooooyynnv
vnnyoooooooooooooyynnv
vnnyoooooooooooooyynnv
c                            c
```

Flanco esquerdo / Flanco direito

FIGURA 4

Na quarta figura, demonstra-se a forma de um exército ordenado para fazer a jornada com o inimigo, como se dispõe no tratado (ver *Livro Terceiro*, pág. 120).

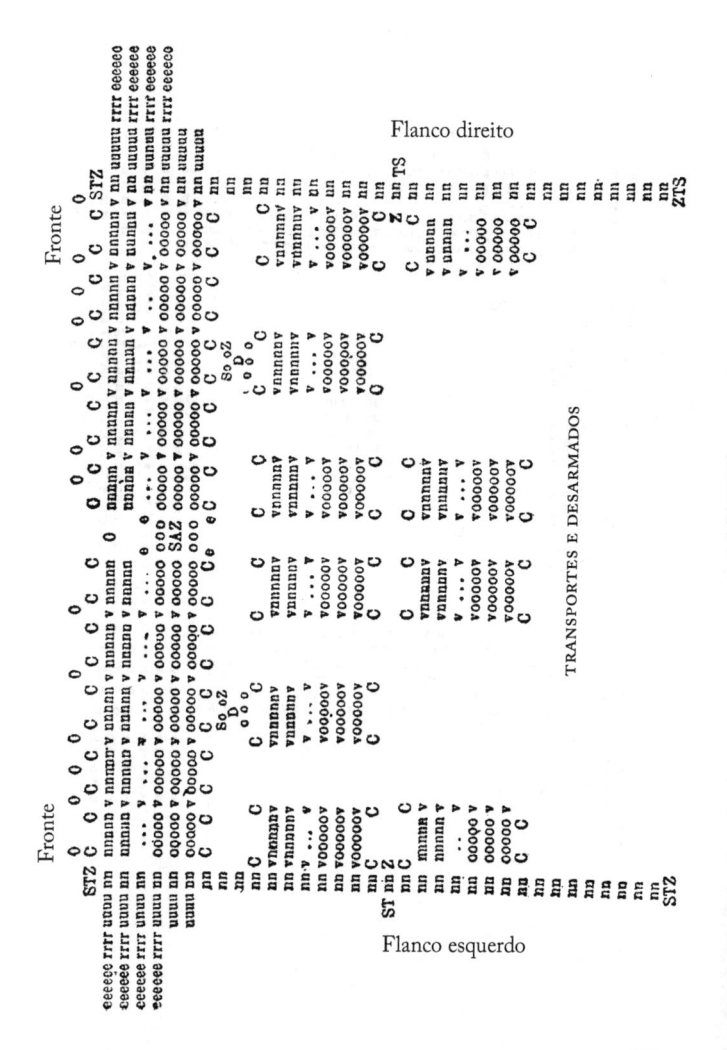

FIGURA 5

Na quinta figura, demonstra-se a forma de um exército quadrado, como está no tratado (ver *Livro Quinto*, pág. 165).

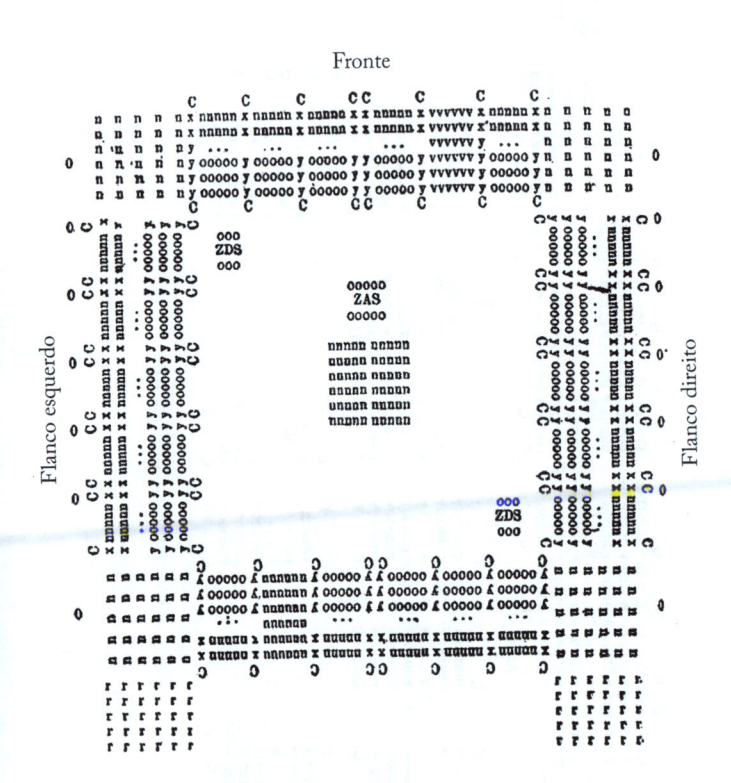

FIGURA 6

Na sexta figura, demonstra-se a forma reduzida de um exército quadrado à forma de um ordinário para fazer jornada, como está no texto (ver *Livro Quinto*, pág. 167).

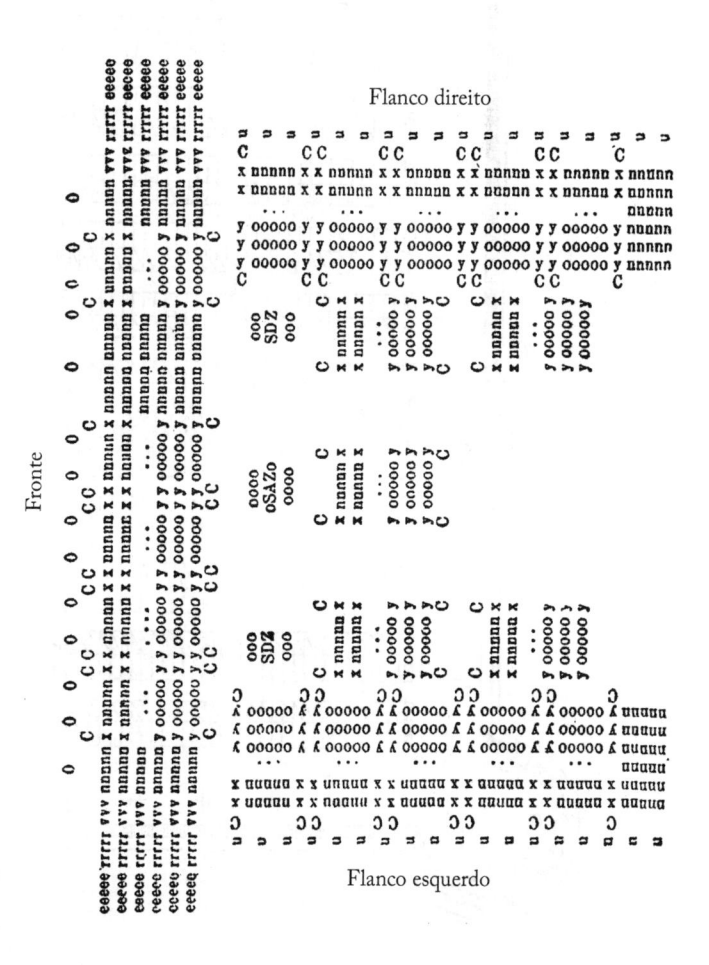

FIGURA 7

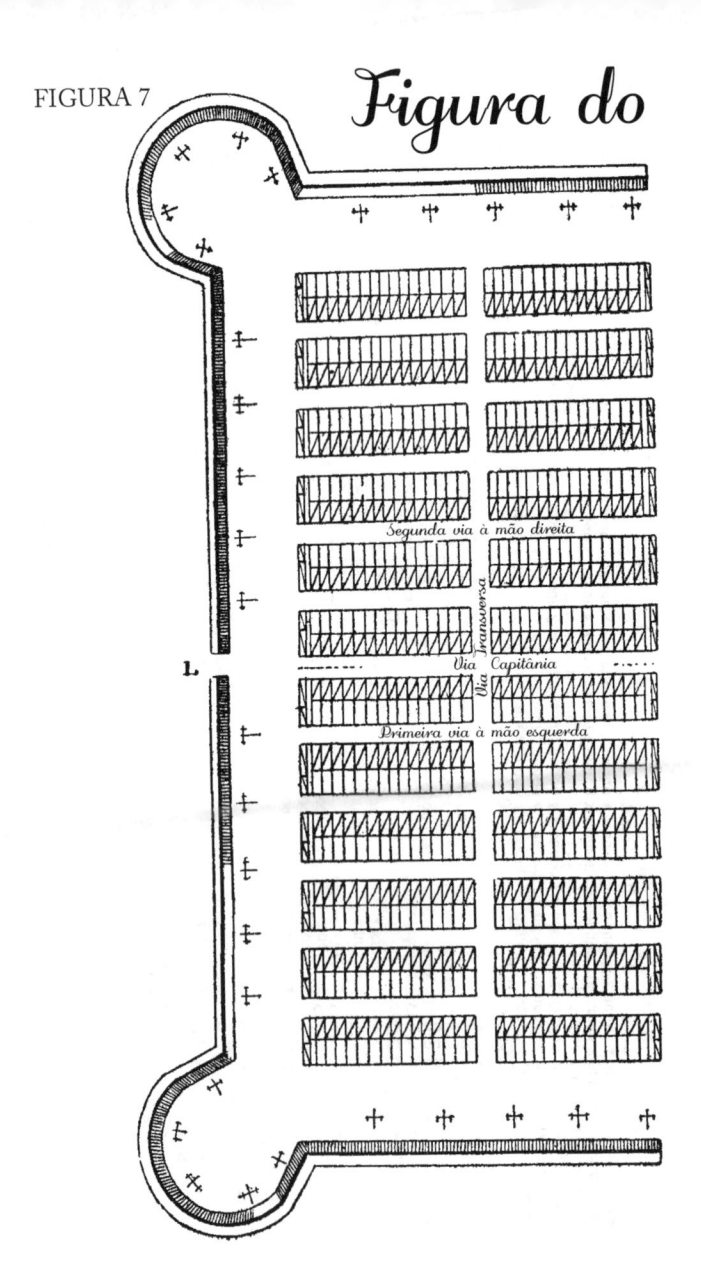

Figura do

Segunda via à mão direita

Via Transversa

Via Capitânia

Primeira via à mão esquerda

L

Alojamento

LIVRO VI

Via de cruz
Via de frente
Praça

Munições de víveres
Rebanhos
Munições de armada
Artifícios privados e públicos

P

T

Braças Florentinas
0   100   200   300   400   500

8